CODE
MILITAIRE,
O U
COMPILATION
DES ORDONNANCES
D E S
ROIS DE FRANCE,

Concernant les Gens de Guerre.

Par M. DE BRIQUET, Chevalier de l'Ordre de S. Michel, & l'un des premiers Commis de M. de Breteuil, Secrétaire d'Etat de la Guerre.

Nouvelle Edition augmentée des dernieres Ordonnances.

TOME SECOND.

❧

A PARIS,

Chez PRAULT pere, Imprimeur-Libraire, quai de Gêvres.

―――――――

MDCCLXI.

Avec Approbation & Privilege du Roi.

TABLE
DES TITRES ET PIECES
CONTENUS
DANS LE IIᵉ. VOLUME.

TITRE XXX. *De l'attache du Colonel général de la Cavalerie,* page 1

TITRE XXXI. *Des Etendards,* 3

TITRE XXXII. *De l'Armement de la Cavalerie & des Dragons,* 4

Ordonnance du Roi, portant Reglement pour l'habillement, équipement & armement de la Cavalerie, du 28 Mai 1733, 9

Reglement du 16 Janvier 1734, la Lame, 13

Ordonnance du Roi concernant l'habillement, l'équipement & l'armement de la Cavalerie, du premier Juin 1750, 15

Reglement arrêté par Sa Majesté, sur ce qui doit être dorénavant observé dans l'habilment, équipement & armement de la cavalerie, 17

Habillement, *ibid.*

Housses & Chaperons, 19

Epaulettes, 20

Armement & équipement, *ibid.*

Ordonnance du Roi, concernant l'habillement, l'équipement & l'armement de ses régimens de Dragons, du premier Mai 1750, 23

Reglement arrêté par Sa Majesté, sur ce qui doit être dorénavant observé pour l'habillement, équipement & armement de ses régimens de Dragons, 26

Habillement, *ibid.*

Equipement, 28

a ij

iv   T A B L E

TITRE XXXIII. *De la Taille des Chevaux de la Cavalerie & des Dragons,*   31

TITRE XXXIV. *Des Timbaliers, Trompettes & Hautbois,*   33

TITRE XXXV. *Des Majors de Cavalerie,* 34

TITRE XXXVI. *Des Contrôles qui seront tenus par les Majors d'Infanterie, de Cavalerie & de Dragons,*   37

Reglement de M. le Comte d'Auvergne, Colonel général de la Cavalerie, sur le service de ladite Cavalerie, approuvé par le feu Roi Louis XIV. imprimé dans le Recueil des Ordonnances,   43

Campement,   *ibid.*

Détachement,   43

Quartier,   *ibid.*

TITRE XXXVII. *Du Service des Dragons lorsqu'ils sont mêlés avec la Cavalerie,*   45

Extrait de la Lettre écrite par M. de Mauroy à M. de Barbezieux, le 24 Août 1692, au Camp de Batie,   48

Extrait de la Lettre écrite par M. de Barbezieux à M. de Mauroy, le 3 Septembre 1692, à Versailles,   *ibid.*

TITRE XXXVIII. *Du Régiment Royal des Carabiniers*   51

Ordonnance du Roi, portant Reglement pour le Régiment Royal des Carabiniers, du 6 Novembre 1756,   53

Ordonnance du Roi pour mettre son Régiment des Carabiniers, sous le titre de M. le Comte de Provence, du 13 Mai 1758,   61

TITRE XXXIX. *Concernant la Cavalerie,* 65

Ordonnance du Roi concernant le commandement des Brigades de Cavalerie & de Dragons, du premier Mars 1757,   *ibid.*

TITRE XL. *Concernant les Cornettes de Cavalerie & de Dragons,*   66

Ordonnance du Roi en faveur des Cornettes de Cavalerie & de Dragons, du 28 Février 1731,   *ibid.*

Ordonnance du Roi, du 8 Sept. 1656,   69

Ordonnance du Roi, du 5 Janvier 1657, 71

Ordonnance du Roi, du 5 Janvier 1757, 74

Caval rie. Prix des Régimens & Compagnies de Cavalerie & de Dragons,   76

TITRE XLI. *Concernant les Fourr. ers de Cavalerie & de Dragons,*   77

Ordonnance du Roi, portant création d'un Fourrier dans chaque Compagnie de fes Régimens de Dragons, & qui regle leur rang & leur traitement,   *ibid.*

Ordonnance du Roi, concernant les Fourriers que Sa Majefté a fait établir dans fes Régimens de Cavalerie, au premier Novembre 1758,   80

TITRE XLII. *Concernant l'établiffement de l'ufa e des Hachoirs dans le corps de la Gendarmerie, & dans les régimens de Cavalerie & de Dragons, deftinés pour les armées du Rhin & de la Mofelle,*   83

Ordonnance du Roi du prem. Avril 1754, *ibid.*

Projet d'inftruction concernant la marche d'un régiment de Cavalerie en route, & le fervice de la Cavalerie en campagne,   87

Ordre dans lequel un régiment de Cavalerie doit marcher en route,   *ibid.*

Logement & diftribution du Fourrage & de l'Etape,   90

Arrivée du Régiment au Quartier,   91

Officier de campement,   96

Cordeau pour le campement,   97

Place de la garde des Etendards, Efcorte de campement, Gardes ordinaires, &c. 99 *& fuiv.*

Différens Ordres relatifs aux Majors de Brigade, Majors particuliers & Aides-majors,
105

Diftribution de l'Ordre, 106
Du Piquet, 107 & fuiv.
Du Guet, 113
Affemblée des Gardes, 115
Garde de l'Etendard, 116 & fuiv.
Détachemens & Gardes de toute efpece,
120 & fuiv.
Fourrage, 129 & fuiv.
Rentrée d'une Troupe au Camp, 132
Confeil de Guerre, 135
Projet d'inftruction pour les Evolutions de la Cavalerie, 139
Commandement defdites Evolutions marquées, 148
Ordre de bataille hors les jours de combat,
149

TITRE XLIII. *Concernant l'Exercice de la Cavalerie,* 154
Ordonnance du Roi, fur l'Exercice de la Cavalerie, du 22 Juin 1755, *ibid.*
Des Obligations des Officiers, & de la Maniere dont ils doivent faluer, *ibid.*
De l'Ecole du Cavalier, 157
Du maniement des Armes, à pied, 158
Commandemens, 162
De l'Infpection à pied, 183
Des Maximes générales pour les Manœuvres ; 194
Des Manœuvres pour une Compagnie, I, II, III, &c. 197 & fuiv.
Des Manœuvres pour un Régiment, 212
Place des Officiers, 214
Etendards, *ibid.*
Petite Troupe, 215
Se mettre en Bataille, 216
Première Manœuvre, II, III, &c. 217 & fuiv.

Des Signaux, 231

TITRE XLIV. *Concernant le Service dans les Compagnies, pour les régimens de Cavalerie & de Dragons,* 235

Du Campement, ibid.

De l'établissement dans le Camp, 244

De la Garde de l'Etendard (Cavalerie,) 252

De la Garde du Camp, 260

Du Piquet (Cavalerie,) 264

Du Piquet (Dragons,) 271

Des Brigades, 277

De l'Ordre, 278

Du Guet & de l'Appel, 284

De la Retraite & autres Regles du Camp, 285

De l'Ordre à observer pour commander les Gardes & Détachemens, 289

De la Garde ordinaire, 297

Du Service des Gardes ordinaires dans leurs postes, 302

Des Vedettes, 311

Des Cavaliers d'Ordonnance, 313

Des Gardes à pied, ibid.

Du Service des Gardes à pied dans leurs postes, 316

Des Sentinelles, 322

Des Dragons d'Ordonnance, 324

Des Détachemens, ibid.

Des Marches, 329

Des Marches pour les Dragons, 334

Des Cuirasses, 336

Des Equipages, ibid.

Des Fourrages, 340

Des Distributions, 342

De la Discipline & Police du Camp, 344

TITRE XLV. *Concernant les Carabiniers,* 351

Ordonnance du Roi portant nouveau Reglement pour le régiment de Carabiniers de M. le Comte de Provence, ibid.

TITRE XLVI. *De la nécessité du Serment pour le payement des Gages & Appointemens des Charges militaires,* 360

TITRE XLVII. *Reglemens pour les Brevets d'assurance,* 364

Extrait des Regiftres du Conseil d'Etat concernant les Brevets d'assurance, 375

Autre Arrêt du Conseil d'Etat concernant les Brevets d'assurance, 378

TITRE XLVIII. *Des Commissaires & Contrôleurs ordinaires des Guerres;* 381

Arrêt du Conseil d'Etat du Roi, concernant les Priviléges des Commissaires & Contrôleurs des guerres, du 16 Juin 1693, 384

Autre Arrêt du Conseil d'Etat du Roi, concernant les Priviléges des Commissaires & Contrôleurs des Guerres, du 4 Août 1693, 385

TITRE XLIX. *Des Commissaires provinciaux des Guerres,* 399

TITRE L. *Concernant les Commissaires provinciaux & ordinaires des Guerres,* 412

Lettre de M. de Louvois à M. de la Grange, Intendant en Alsace, fur le Rang des Commissaires avec les Majors des Places, du 14 Juillet 1687, *ibid.*

Lettre circulaire de M. de Chamillart, aux Commissaires ordinaires, fur le droit de Serment, du 16 Septembre 1704, à Marly, *ibid.*

Arrêt du Conseil d'Etat du Roi, portant Reglement pour les Commissaires & Contrôleurs des Guerres, créés par l'Edit de S. M. du mois de Décembre 1691, 413

Extrait des Regiftres du Siége général de la Connétablie & Maréchauffée de France à la Table de marbre du Palais à Paris, 416

TITRE LI. *Des Montres; &c.* 422

FIN de la Table des Titres du Tome II.

CODE

CODE MILITAIRE,

Ou compilation des Ordonnances des Rois de France, concernant les gens de guerre.

SUITE DE LA CAVALERIE
ET DES DRAGONS.

TITRE XXX.

De l'Attache du Colonel général de la Cavalerie.

ARTICLE PREMIER.

SA Majesté ordonne & enjoint très-expreſſément à ceux qu'Elle a fait pourvoir de charges de meſtres-de-camp, de lieutenans-colonels, de majors, de capitaines, & autres charges dans ſa cavalerie, & qui ont été reçûs ſans avoir pris l'attache de M. le comte d'Auvergne, colonel général, de ſe rendre près de lui dans la fin du mois de Décembre de la préſente année, & de lui préſenter leurs commiſſions pour la recevoir. *Louis XIV. ordonnance du 15 Juin 1701,*

Tome II.   A

*renouvellée le 25 Juin 1714, en faveur de M.
le comte d'Evreux.*

II. A l'égard de ceux que Sa Majesté fera
pourvoir de pareilles charges à l'avenir, Sa
Majesté a ordonné & ordonne qu'ils ne
pourront y être reçûs qu'après avoir pris
l'attache du colonel général fur leurs commiſſions ou brevets ; à-moins qu'il n'arrive
que leſdites commiſſions ou brevets leur
foient envoyés aux régimens, lorſqu'ils ſe
trouveront dans les pays étrangers, ou dans
une armée où le colonel général ne ſe trouvera pas ; auxquels cas, Sa Majesté trouve
bon qu'ils ſoient reçûs dans les charges
qu'Elle leur aura données ; à condition néanmoins que la campagne finie, & dans un
mois après la ſéparation de l'armée, ou le
retour du régiment des pays étrangers, ils
feront tenus de ſe rendre près du colonel
général, pour recevoir fon attache, fur
peine d'être interdits des fonctions des charges où ils auront été reçûs.

III. Défend Sa Majesté à tout meſtre-de-
camp, lieutenant-colonel, ou autre commandant d'une troupe de cavalerie, d'y
recevoir aucun officier qui n'aura point
l'attache du colonel général, à peine auſſi
d'interdiction.

IV. Mande Sa Majesté au fieur Rozen,
meſtre-de-camp général de ladite cavalerie,
de remettre à donner fon attache auxdits
officiers, juſqu'à ce qu'ils ayent pris celle du
colonel général.

Maᴺde & ordonne Sa Majeſté aux commiſſaires de ſes guerres, de lire la préſente
ordonnance à la tête de ſes troupes de cavalerie, aux premieres revûes qu'ils en feront,
à ce qu'aucun n'en prétende cauſe d'ignorance.

Nota. *Par ordonnance du 28 Août 1746,
en faveur de M. le comte d'Evreux, & du
premier Janvier 1749, en faveur de M. le
prince de Turenne, le Roi a renouvellé les défenſes portées par les ordonnances de 1701 &
de 1714, contre les officiers qui négligeroient
de prendre l'attache du colonel général de la
cavalerie. La même regle s'obſerve à l'égard
des officiers de dragons, qui ſont tenus de
prendre l'attache des colonels & meſtres-de-
camp généraux du corps des dragons.*

TITRE XXXI.
Des Etendards.

ARTICLE PREMIER.

IL y aura dorénavant, en chaque eſcadron
de cavalerie ou de dragons, deux étendards
de la livrée du meſtre-de-camp; & afin d'é-
viter la confuſion, & qu'on puiſſe les diſ-
tinguer d'avec ceux des ennemis, Sa Majeſté
veut & ordonne qu'aux étendards où il n'y
aura pas de fleur-de-lis, il y ait du côté droit
un ſoleil; & que la deviſe du meſtre-de-
camp ou colonel ſoit ſeulement ſur le revers;

lefquels deux étendards feront portés par les cornettes des compagnies de chaque efcadron. *Louis XIV. ordonnance du premier Février* 1689.

II. Les lances defdits étendards feront de la longueur de dix pieds moins un pouce, compris le fer qui eft au bout d'en-haut, & la douille qui eft à celui d'en-bas ; enforte qu'elles foient toutes uniformes. *Louis XIV. du 7 Mars* 1684.

TITRE XXXII.

De l'armement de la Cavalerie & des Dragons.

ARTICLE PREMIER.

SA Majefté ordonne & enjoint très-expreffément à tous officiers de gendarmerie & de cavalerie, de porter régulierement à l'avenir des cuiraffes à l'épreuve au-moins du piftolet, fur peine de defobéiffance. *Louis XIV. ordonnance du premier Février* 1703.

II. L'habitude de porter des cuiraffes étant le moyen le plus fûr de les rendre moins embaraffantes, veut Sa Majefté que toutes fes troupes de gendarmerie & de cavalerie foient cuiraffées également en tems de paix ou de guerre. *Louis XV. du* 27 *Décembre* 1743.

III. Les maréchaux-des-logis, ainfi que les cavaliers, feront tenus de porter des plaftrons toutes les fois qu'ils feront commandés pour monter à cheval ; & ils ne pourront les quitter que lorſqu'ils mettront pied à terre. *Louis XV. ibid.*

IV. Tous officiers de gendarmerie & de cavalerie, y compris les cornettes & guidons, ſe pourvoiront de cuiraſſes à l'épreuve, & les porteront toûjours ſur eux lorſqu'ils ſeront à cheval à la tête de leurs troupes, tant aux jours d'action, de détachemens ou autre ſervice de guerre, qu'aux jours d'exercice ou de revûe. *Louis XV. ibid.*

V. Permet cependant Sa Majeſté aux commandans des corps, de diſpenſer les officiers qui ſe trouveront incommodés, de porter leur cuiraſſe pendant qu'ils marcheront en route dans le royaume, ou pendant les jours deſtinés à l'exercice. *Louis XV. ibid.*

VI. Pourront pareillement leſdits officiers ôter leurs cuiraſſes dans les marches d'armée, lorſque les officiers généraux qui commanderont les colonnes, le jugeront à-propos ; à condition toutefois qu'ils les tiendront à portée, entre les mains d'un domeſtique, ou ſur un cheval de main, afin qu'ils puiſſent les reprendre dans le moment qui leur ſera ordonné. *Louis XV. ibid.*

VII. Aucun des officiers généraux, de leurs aides-de-camp, ou des officiers des états-majors de l'armée, ne pourra ſe diſpenſer de porter des cuiraſſes les jours de combat ou autre action de guerre. Enjoint Sa Majeſté aux généraux deſdites armées, de leur en donner l'exemple, de tenir exactement la main à ce que lefdits officiers généraux qui feront commandés pour des détachemens, faffent porter à leur fuite leurs cuiraffes, pour les prendre toutes les fois qu'il y aura occafion de combattre, & d'informer Sa Majefté de ceux qui auront manqué de fe conformer à ce qui eft en cela de fes intentions. *Louis XV. ibid.*

VIII. Ceux à qui il eft prefcrit par l'article précédent de porter des cuiraffes, ne pourront fe difpenfer de les avoir fur eux les jours de revûe générale de l'armée.

IX. A l'égard de l'infanterie, veut Sa Majefté que les brigadiers & officiers majors des régimens, y compris les aide-majors, dont les fonctions exigent qu'ils foient à cheval les jours de combat, portent des cuiraffes ainfi que les officiers de cavalerie. *Louis XV. ibid.*

X. A l'entrée de chaque campagne, tout officier affujetti à la cuiraffe par la préfente ordonnance, fera tenu de fe préfenter à cheval avec la cuiraffe, aux revûes des directeurs & infpecteurs généraux, auxquels Sa Majefté enjoint de marquer dans les extraits defdites revûes, ceux qui auront contrevenu à cet article, afin qu'elle faffe faire la retenue d'un mois de leurs appointemens. *Louis XV. ibid.*

XI. S'il arrivoit qu'en un jour de combat quelque officier général ou autre ci-deffus défigné, s'y préfentât fans être cuiraffé, veut & entend Sa Majefté qu'il foit, par ordre du général de l'armée, envoyé dans une place pour y refter fans fonction jufqu'à ce que Sa Majefté en ait ordonné autrement. *Louis XV. ibid.*

XII. Défend très-expreffément Sa Majefté aux directeurs & infpecteurs généraux de fa cavalerie, & aux commiffaires de fes guerres, de paffer dans leurs revûes aucuns defd. officiers, s'ils n'ont fur le corps de bonnes cuiraffes, qui foient, comme il eft marqué ci-deffus, à l'épreuve au-moins du piftolet. *Louis XIV. ibid.*

XIII. Tous les officiers de cavalerie & de dragons feront tenus de faire armer les cavaliers & dragons de leur compagnie, chacun d'une bonne épée dont la lame foit au-moins de la longueur de deux pieds neuf pouces mefure de Roi, fans comprendre la garde & la poignée, d'un bon moufqueton, & en outre de deux piftolets pour les cavaliers; & pour les dragons, d'une bayonnette. *Louis XIV. des 9 Mars & 16 Mai 1676.*

Nota. Le moufqueton monté eft de quatre pieds de long, le canon ayant trois pieds de longueur. Son calibre eft de vingt balles à la livre. Le piftolet doit avoir quatorze pouces de canon. Quoique l'ordonnance ne parle point de piftolets pour les dragons, ils en ont un à l'arçon de la felle : & à la place de l'autre, ils portent une bêche, ferpe, hache ou autre inftrument propre à ouvrir des paffages.

XIV. Les cavaliers auront tous des bottes, & les dragons des bottines. *Louis* XIV. *ibidem.*

XV. Chacun des officiers réformés de cavalerie & de dragons, sera armé d'un mousqueton, & ne pourra autrement être reconnu dans la troupe avec laquelle il aura ordre de servir, ni dans le commandement qui lui est attribué. *Louis* XIV. *du* 12 *Décembre* 1684.

XVI. Défend Sa Majesté aux commissaires de ses guerres, de passer dans leurs revûes aucun capitaine ou commandant de compagnie, dont le gendarme, chevauleger ou dragon ne soit armé, monté & équipé de la maniere susdite ; leur enjoignant de faire retenir la solde desdits capitaines-commandans, à peine d'interdiction & de privation de leurs appointemens. *Louis* XIV. *du* 16 *Mai* 1676.

XVII. Défend pareillement Sa Majesté auxdits commissaires, de passer en revûe aucun officier réformé de cavalerie & dragons, s'il n'est armé d'un mousqueton. *Louis* XIV. *du* 12 *Décembre* 1684.

ORDONNANCE DU ROI,

Portant Réglement pour l'habillement, équipement & armement de la Cavalerie ;

Du 28 Mai 1733.

ARTICLE PREMIER.

L'Habillement des brigadiers & cavaliers demeurera composé d'un juste-au-corps de drap de Lodeve ou de Berry, blanc, bleu ou rouge, selon la couleur affectée au régiment, doublé de serge d'Aumale, ou autre étoffe de même qualité, avec un buffle ou une veste de tricot, couleur de chamois, suivant qu'il sera convenu dans le régiment, d'un chapeau dont la forme aura quatre pouces deux lignes au-moins de profondeur ; ensorte qu'il puisse être aisément garni d'une calotte de fer ou de meche ; le bordé en or ou en argent sera d'une once. Défend Sa Majesté d'employer les couleurs fines aux habits de brigadiers ou cavaliers, & permet seulement un bordé d'or ou d'argent du poids d'une once à la manche des brigadiers ; défend pareillement Sa Majesté les cartouches sur les housses, bourses ou chaperons, auxquels il sera mis un simple bordé en laine ou galon de livrée.

II. Les habits uniformes des officiers seront en tout semblables à ceux des cavaliers, à l'exception qu'ils seront de drap d'Elbeuf, ou autre manufacture semblable ; il n'y sera employé de doublure d'aucune autre étoffe que de laine, ni aucun galon ou fil d'or ou d'argent sur les juste-au-corps, ni sur les vestes, mais seulement des boutons de cuivre doré ou d'argent sur bois.

III. Il ne sera fait à l'avenir aucun habillement pour les régimens de cavalerie, que sur des marchés contenant les qualités, les quantités & le prix des différentes especes de fournitures ; lesquels marchés seront présentés par les officiers chargés du détail aux inspecteurs, pour être par eux examinés & envoyés avec leur avis au secrétaire d'état ayant le département de la guerre, pour en rendre compte à Sa Majesté, faisant défense de mettre à exécution lesdits marchés, qu'après qu'Elle les aura approuvés.

IV. N'entend Sa Majesté comprendre dans les articles ci-dessus, le régiment royal des carabiniers, celui de royal allemand, & les régimens de hussards, à l'habillement desquels il ne sera fait aucun changement.

V. Les brigadiers & cavaliers des régimens de cavalerie, y compris les carabiniers & royal allemand, seront tous en bottes molles, sans qu'à l'avenir les capitaines puissent en donner de fortes, sous quelque prétexte que ce soit.

VI. Les brigadiers & cavaliers des régimens de cavalerie continueront d'être armés d'un mousqueton, deux pistolets & un sabre : & attendu que Sa Majesté a été informée qu'il n'y a point d'uniformité entre les régimens, soit pour les longueurs ou pour le calibre desdites armes, Sa Majesté veut qu'à l'avenir la longueur des mousquetons demeure fixée à trois pieds six pouces six lignes, la longueur du canon à deux pieds quatre pouces, ayant chacun une grenadiere, & la longueur des pistolets à seize pouces tout montés ; que lesdits mousquetons & pistolets soient mis au calibre de l'infanterie, pour recevoir la balle de dix-huit à la livre ; & que les lames des sabres soient de deux pieds neuf pouces de longueur sans la poignée, qui sera faite de façon que la main & le pouce soient couverts, & auront lesdits cavaliers des bandoulieres de buffle à anneau roulant de la largeur de deux pouces une ou deux lignes, le ceinturon de même qualité & moins large, le tout simplement piqué dans les bords, suivant les modeles qui seront envoyés au régiment. Veut néanmoins Sa Majesté, que le régiment royal des carabiniers, le régiment royal allemand & les hussards demeurent armés comme ils le sont à présent.

VII. Sa Majesté ayant reconnu qu'il est important que toutes ses troupes, tant de gendarmerie que de cavalerie, soient cuirassées & plastronnées, même en tems de paix, pour être accoûtumées à l'usage des armes défensives en tems de guerre; Sa Majesté a ordonné & ordonne, que conformément à l'ordonnance du premier Février 1703, tous

les officiers, tant de gendarmerie que de cavalerie, se pourvoiront incessamment de
cuirasses à l'épreuve au moins du pistolet,
ensorte qu'ils en ayent tous à la revûe que
les directeurs & inspecteurs feront l'année
prochaine 1734, & que les brigadiers, gendarmes, chevau-legers & cavaliers, à l'exception des hussards, auront des plastrons,
& les porteront dans tous les exercices, aux
revûes & dans les marches, à commencer
du jour que Sa Majesté leur en aura fait distribuer de ses magasins, ce qui sera fait pour
une premiere fois, après quoi les capitaines
demeureront chargés de l'entretien.

VIII. Sa Majesté pareillement informée
que, quoique la taille des chevaux ait été
réglée par différentes ordonnances, notamment celles des 25 Septembre 1680, & 25
Octobre 1689, néanmoins les capitaines
achetent des chevaux beaucoup plus élevés
que ce qui est prescrit par lesdites ordonnances, Sa Majesté veut qu'il ne soit dorénavant point reçu de chevaux pour la remonte
de la cavalerie-legere de la taille au-dessus
de quatre pieds huit à dix pouces au plus,
mesurés depuis le dessous du fer, jusqu'à la
naissance des crins sur le garrot ; qu'ils soient
tous à longue queue, & que les directeurs
& inspecteurs généraux, & commissaires des
guerres qui feront les revûes, réforment
tous les nouveaux chevaux qui feront donnés aux cavaliers d'une taille autre que celle
marquée ci-dessus.

IX. Les changemens ci-deſſus pour les bottes, armement, & la taille des chevaux, auront lieu à meſure qu'il ſera beſoin de les renouveller; voulant Sa Majeſté que les directeurs & inſpecteurs, à la premiere revûe qu'ils feront, preſcrivent à chaque régiment un tems fixe pour s'y conformer, & qu'ils en donnent avis à Sa Majeſté : Mandant Sa Majeſté à M. le comte d'Evreux, colonel général de ſa cavalerie, & au ſieur de Châtillon, meſtre-de-camp général de ladite cavalerie, de tenir la main chacun, ainſi qu'il lui appartiendra, à l'exécution de la préſente. *Louis XV. du 28 Mai* 1733.

Nota. *La conſtruction & les proportions des ſabres à l'uſage de la cavalerie, ſont expliquées dans le réglement de Louis XV. du 16 Janvier* 1734, *dont la teneur enſuit.*

REGLEMENT du 16 Janvier 1734.

La Lame.

LA lame à double tranchant ſera à double arrête dans le milieu; elle aura deux pieds neuf pouces de longueur, la ſoye non compriſe, ſeize lignes de large à ſa naiſſance, terminant à huit, à cinq lignes près de la pointe.

La ſoye ſera de l'épaiſſeur de la lame, ayant ſept lignes de largeur à ſa naiſſance; elle aura ſept pouces de long, & finira en pointe.

Une pareille lame ne doit peſer qu'une li-vre cinq onces fort.

Il ſera loiſible aux troupes de la cavalerie, de prendre des lames à un tranchant, & à dos; & en ce cas, elle ne ſera pas à double arrête. Les lames à un tranchant & à dos auront d'ailleurs les mêmes proportions que celles à double arrête, & ſeront de même poids, ou tout au plus d'une demi-once en ſus.

La poignée & la garde.

La poignée ſera droite, afin que la ſoye puiſſe ſe river plus ſolidement.

Le pontat du ſabre, autrement nommé coquille, ſera aſſez enfoncé, pour qu'il ne gêne pas la main du cavalier. La coquille prenant ſa naiſſance à côté du quillon, ſera en forme d'ovale, & finira en pointe vers la branche; elle aura de largeur deux pouces quatre lignes, à prendre dans ſon centre, & ſa longueur ſera de quatre pouces.

Le pontier ſera couvert d'une coquille de la largeur de la lame.

Il n'y aura qu'une ſeule branche qui ſera de même que le pommeau, proportionnée à la monture.

La poignée aura quatre pouces de long, ſera faite en ovale, garnie d'un fil de laiton égal, & d'une bonne virole à chaque bout.

La garde ſera d'un bon cuivre ou laiton, & peſera une livre & une once.

Le fourreau.

Le fourreau ſera garni de deux chapes,

portant chacune un bouton à olive.

La premiere chape commençant à la naiffance du fourreau, aura deux pouces & dix
lignes de long ; le bouton fera pofé à un pouce & neuf lignes de fon ouverture.

La feconde chape aura deux pouces &
trois lignes de long ; le bouton fera placé
dans le milieu.

Les boutons à olive des deux chapes feront éloignés l'un de l'autre de neuf pouces.

Le bout du fourreau fera à gros bouton,
& de la longueur de deux pouces huit lignes.

Le faux-fourreau prendra depuis le bout,
& s'accrochera au premier bouton à olive.

ORDONNANCE DU ROI,

*Concernant l'habillement, l'équipement &
l'armement de la Cavalerie.*

Du 1. Juin 1750.

SA Majefté ayant réglé par fon ordonnance du 28 Mai 1733, ce qui devoit être
obfervé fur l'habillement, l'équipement &
l'armement de fa cavalerie, à l'effet de dé-
truire les différens ufages contraires au bien
de fon fervice, qui s'y étoient introduits :
Et voulant encore expliquer plus particulierement fes intentions à ce fujet, & faciliter
en même tems les moyens de parvenir à
l'entretien de ce corps d'une maniere ftable
& uniforme, Elle a ordonné & ordonne
que tous les régimens de fa cavalerie, tant

françoise qu'étrangere, ne pourront dorénavant habiller en totalité, mais seulement par
tiers, par quart, ou suivant la partie qui sera jugée nécessaire par les directeur & inspecteurs généraux de sa cavalerie, lors de
leurs revûes ; Sa Majesté voulant que lesdits
régimens se conforment à cette disposition,
ainsi qu'au réglement qu'Elle a arrêté, & qui
sera joint à la présente ordonnance, contenant ce qu'Elle a résolu qui soit réguliérement suivi touchant ledit habillement, l'é-
quipement & l'armement de sa cavalerie.
Ordonne Sa Majesté aux commandans &
majors, d'y tenir la main ; & de faire observer, à mesure qu'il y aura des remplacemens
à faire de quelques parties dudit entretien,
les modeles mentionnés audit réglement qui
leur seront adressés, à peine de répondre de
l'inexécution ; n'entendant au surplus Sa Majesté déroger à ses ordonnances précédentes,
& notamment à celle du 28 Mai 1733, qu'à
l'égard de ce qui se trouve contraire à la présente, & au réglement y attaché : MANDANT
Sa Majesté à M. le prince de Turenne colonel général de sa cavalerie, & au sieur marquis de Bethune, mestre-de-camp général de
ladite cavalerie, de tenir la main, chacun
ainsi qu'il lui appartiendra, à l'exécution de
la présente.

MANDE & ordonne Sa Majesté, &c.
FAIT à Versailles, le premier Juin mil sept
cent cinquante. *Signé* LOUIS. *Et plus bas,*
M. P. DE VOYER D'ARGENSON.

GODEFROI

GODEFROI-CHARLES-HENRI DE LA TOUR D'AUVERGNE, *Prince de Turenne, Grand-Chambellan de France en survivance, Colonel général de la Cavalerie, tant françoise qu'étrangere.*

VU l'ordonnance du Roi, du premier Juin 1750, pour l'habillement, l'équipement & l'armement de ses régimens de cavalerie, & le réglement qui y est joint, &c. Mandons & ordonnons, &c. Fait à Paris le huit Juin mil sept cent cinquante. *Signé*, GODEFROI - CHARLES-HENRI DE LA TOUR D'AUVERGNE, Prince de Turenne. *Et plus bas*, Par Monseigneur, GAULTIER, Secrétaire général de la Cavalerie.

REGLEMENT *arrêté par Sa Majesté sur ce qui doit être dorénavant observé dans l'habillement, équipement & armement de sa Cavalerie.*

HABILLEMENT.

LE justaucorps des brigadiers & cavaliers sera composé de deux aunes un douze de drap de Lodeve ou de Berry, d'une aune de largeur entre les deux lisieres, bleu, rouge, ou gris mêlé ou piqué de bleu, d'un quart de drap de pareille qualité & largeur, en demi-écarlate, tant pour les paremens que pour les revers, qui ne descendront que jusqu'à la taille suivant le modele.

Les régimens du colonel général, ceux de la Reine, de Harcourt, de Fitzjames & de Noailles, dont la couleur est rouge, ne

Tome II. B

pourront employer de couleur fine, pas même de la demi-écarlate, pour le fond de l'habit des cavaliers.

Les régimens de la Reine, de Harcourt & de Fitzjames continueront d'avoir les revers & paremens bleus.

Les pattes feront fans poches; les poches feront de toile, & placées dans les plis de l'habit, des deux côtés, entre la doublure & le drap.

Le juſtaucops fera doublé de trois aunes & demie de ferge d'Aumale, ou de quatre aunes trois quarts de cadis refoulé de la canourgue.

Le juſtaucorps fera garni de trente-huit gros boutons & quatre petits, de deux épaulettes de laine pour contenir la bandouliere & la cartouche, au lieu de l'éguillette qui demeurera fupprimée.

Les paremens des manches des cavaliers feront ronds, de fix pouces de haut; & de dix-huit pouces de tour, ainſi que ceux des brigadiers; lefquels feront garnis d'un bordé en argent large de dix lignes, & d'un galon de quinze lignes de large; les deux enſemble du poids d'une once : Le parement des manches des carabiniers, d'un bordé en argent de dix lignes de large, du poids de quatre gros.

D'un buffle plus court que le juſtaucorps d'environ neuf pouces.

D'un chapeau de laine, du poids de treize à quinze onces, la forme d'environ quatre

pouces de hauteur, les aîles d'un pouce neuf
lignes de plus, bordé d'un galon d'argent de
feize lignes de largeur, du poids d'une once, dont quatre lignes en dedans & douze
en dehors.

Le manteau fera compofé de quatre aunes
de drap de Lodeve, d'une aune de large,
fabriqué & apprêté à deux envers, parementé
de ferge ou cadis-canourgue, de couleur à
l'ufage des corps, avec trois agrémens de
chaque côté, pareils à l'épaulette.

Houffe & chaperons.

La houffe & les chaperons feront compofés des deux tiers & demi de drap de Lodeve ou de Berry, bleu, d'une aune de largeur, doublés de toile, & bordés d'un galon de laine de dix-huit lignes de largeur.

Sçᴀᴠᴏɪʀ.

Pour les régimens royaux, d'un galon
aurore mêlé des différentes couleurs de la livrée du Roi.

Ceux des princes, de leur livrée; & ceux
des gentilshommes, des couleurs diftinctes
dont les modeles leur feront envoyés.

Les régimens de Harcourt, de Fitzjames
& de Noailles auront des houffes bleues ainfi
que le refte de la cavalerie, & le bordé auffi
conforme au modele qui leur fera pareillement envoyé. Le régiment de la Reine feulement confervera fes houffes de la livrée de
Sa Majefté, telles qu'il les a aujourd'hui.

Epaulettes.

Les épaulettes feront pareilles & uniformes aux galons des houffes de chaque régiment.

Les cordons des fabres feront de la même couleur des épaulettes dans chaque régiment.

Les rubans de laine pour trouffe-queue, feront dans tous les régimens de couleur rouge.

Armement & équipement.

Un moufqueton & deux piftolets, conformes aux dimenfions & longueurs preferites par l'article VI. de l'ordonnance du 28 Mai 1733, laquelle fera également obfervée pour ce qui concerne les calottes & plaftrons pour les cavaliers, & les cuiraffes dont les officiers doivent être pourvûs : Sa Majefté entendant que lefdits officiers portent leurs cuiraffes, & les cavaliers leurs plaftrons & calottes dans tous les exercices, aux revûes & dans les marches, ainfi qu'Elle l'a réglé par les articles I. & VII. de fadite ordonnance.

Le fabre à monture de cuivre à double branche, la lame à dos, de trente-trois pouces de longueur,

Un ceinturon de buffle piqué à deux pendans, bien coufu, fans clous, de deux pouces & demi de largeur.

Une bandouliere de pareille largeur, qui

fera blanche pour les régimens royaux feulement, & de buffle pour les régimens des princes & des gentilshommes, piquée de blanc.

Une cartouche à douze coups, portée en
bandoulière de gauche à droite.

Il fera envoyé un modele à chaque régiment, de toutes les parties de l'équipement
mentionnées ci-deſſus, ainſi que des gants,
coquardes & cravates.

Il leur fera pareillement donné un modele
de l'équipement général du cheval, auquel
Sa Majeſté entend qu'ils fe conforment.

Les brigadiers & cavaliers feront tous en
bottes molles, conformément à l'article V.
de l'ordonnance du 28 Mai 1733, & il n'y
aura de changement que dans la genouillere
& l'éperon, qui feront dorénavant conformes au modele envoyé à chaque régiment.

Leſdits brigadiers & cavaliers feront obligés, fuivant l'ufage, de s'entretenir de cu-
lottes, qui feront de peau à double ceinture,
de linge, de chauſſure, leurs chevaux de ferrage, & de tenir leurs armes en bon état,
conformément à l'ordonnance du payement
des troupes du premier Décembre 1747.

Les habits uniformes des officiers feront
femblables à ceux des cavaliers, excepté
qu'ils n'auront pas d'épaulettes, & qu'ils
auront, felon l'ufage, des poches à leurs
habits, qui feront de drap d'Elbeuf, ou des
manufactures de pareille qualité. Il ne fera
employé de doublure aux habits, d'aucune
autre étoffe que de laine, ni aucun galon ni

boutonnieres de fil d'or ou d'argent fur les juftaucorps ni fur les veftes, lefquelles feront de la couleur des paremens des habits, mais feulement des boutons d'argent fur bois.

Les houffes defdits officiers feront de couleur femblable à celle du cavalier, & bordées d'un fimple galon d'argent ; fçavoir, celles des capitaines, d'un galon de deux pouces de large, & celles des lieutenans, d'un pouce & demi.

Ils auront des épées uniformes, dont la garde fera de cuivre doré, la lame à dos, de trente-un pouces de long, fuivant le modele qui en fera envoyé.

Les habits des maréchaux-des-logis feront de drap de Romorantin, de cinq quarts de large, ou autre de pareille qualité, doublés de laine fans galon ni boutonnieres de fil d'or ni d'argent.

Les houffes defdits maréchaux-des-logis auront un bordé d'argent, d'un pouce de largeur : ils auront des fabres uniformes, à double branche, la lame à dos, & plus large que celle des officiers, fuivant le modele qui en fera pareillement adreffé à chaque corps.

Les trois régimens de l'état-major conferveront les paremens & revers, de panne noire, de la grandeur prefcrite par le préfent réglement, ainfi que les galons des houffes, & les autres diftinctions dont ils ont joui jufqu'à préfent, en fe conformant néanmoins aux modeles qui leur feront envoyés, & fans que les officiers puiffent avoir aucun

galon fur leurs habits & veftes, ainfi qu'il
eft ordonné pour le refte de la cavalerie.

Le régiment Royal des carabiniers, & celui de Royal-allemand, continueront d'avoir
les juftaucorps fans revers, ainfi que celui de
Royal-cuiraffiers, qui feul aura des veftes au
lieu de buffles.

Aucuns régimens ne pourront porter des
bonnets, à l'exception des Allemands, qui
font dans l'ufage d'en avoir ; & nul officier
ne paroîtra à la tête de fa troupe avec un
manteau ou redingotte, que de la couleur
uniforme de fon régiment.

La cafaque & les gages du timbalier de
chaque régiment, feront à la charge du meftre-de-camp.

A l'égard du cheval du timbalier, le premier capitaine payera 400 livres, lorfqu'il
s'agira de le renouveller, le furplus de ce
qu'il en coûtera devant être fourni par les
autres capitaines. Fᴀɪᴛ à Verfailles le premier Juin mil fept cent cinquante. *Signé*
LOUIS. *Et plus bas*, M. P. ᴅᴇ Vᴏyᴇʀ
ᴅ'Aʀɢᴇɴsᴏɴ.

ORDONNANCE DU ROI,

Concernant l'habillement, l'équipement & l'ar-
mement de fes régimens de Dragons.

Du premier Mai 1750.

S A Majefté voulant régler l'habillement,
l'équipement & l'armement de fes régimens

B iiij

de dragons, d'une maniere invariable, &
qui puiſſe en même tems faciliter à ce corps
les moyens de pourvoir à ſon entretien, a
ordonné & ordonne que l'habillement deſdits régimens ne pourra être fait à l'avenir
en totalité, mais ſeulement par tiers, par
quart, ou ſuivant la partie qui ſera jugée néceſſaire à chaque régiment, par les directeur
& inſpecteurs généraux de ſa cavalerie, lors
de leurs revûes ; Sa Majeſté entendant que
tous leſdits régimens ſe conforment à cette
diſpoſition, ainſi qu'à ce qui eſt porté par
le réglement qu'Elle a arrêté, & qui ſera
joint à la préſente ordonnance, concernant
leur uniforme, leur équipement & armement ; à l'exception des régimens Colonel-
général & Meſtre-de-camp-général, auxquels Sa Majeſté veut bien permettre de
conſerver les trophées qu'ils ſont dans l'uſage de porter à leurs houſſes. Ordonne Sa
Majeſté à tous ſes régimens de dragons de ſe
conformer audit réglement, & aux meſtres-
de-camp, commandans & majors, d'y tenir
régulierement la main, en faiſant obſerver
dans tous ſes points, les qualités, quantités
& dimenſions qui y ſont preſcrites, à meſure des renouvellemens qu'il y aura à faire,
& ſuivant les modeles déſignés par ledit réglement, qui leur ſeront adreſſés, à peine
d'en répondre : MANDANT Sa Majeſté au
ſieur maréchal duc de Coigny, colonel général des dragons, & au ſieur duc de Che-
vreuſe, meſtre-de-camp général deſdits dra-

gons, de tenir la main à l'exécution de la présente ordonnance.

MANDE & ordonne Sa Majesté, &c. Fait à Versailles, le premier Mai mil sept cens cinquante. *Signé* LOUIS. *Et plus bas,* M. P. DE VOYER D'ARGENSON.

FRANÇOIS DE FRANQUETOT, Duc de COIGNY, Maréchal de France, Colonel général des Dragons, Chevalier des Ordres du Roi, & de celui de la Toison d'Or, Gouverneur des provinces de la haute & basse Alsace, & y commandant en chef, &c.

VU l'Ordonnance du Roi, du premier Mai 1750, pour l'habillement, l'équipement & l'armement de ses régimens de Dragons, & le réglement qui y est joint, sur ce qui doit être dorénavant observé à ce sujet, lequel nous a été adressé avec ordre de tenir la main à son exécution : Mandons à M. le duc de Chevreuse, mestre-de-camp général des Dragons, de tenir la main à ce que ladite ordonnance soit exactement observée : Ordonnons à tous brigadiers, mestres-de-camp commandant lesdits Dragons, & autres qu'il appartiendra, de s'y conformer, & de la faire observer selon sa forme & teneur. Fait à Paris le seize Mai mil sept cent cinquante. *Signé,* LE MARÉCHAL DUC DE COIGNY. *Et plus bas,* Par Monseigneur, BERNARD, secrétaire général des Dragons.

REGLEMENT *arrêté par Sa Majesté, sur ce qui doit être dorénavant observé pour l'habillement, équipement & armement de ses régimens de Dragons.*

HABILLEMENS.

LEs juftaucorps & veftes des brigadiers, caporaux, anfpeffades, carabiniers & dragons, feront compofés de trois aunes un quart de drap de Lodeve ou de Berri, d'une aune de large, des couleurs bleu, rouge-garence, ou en vermillon, affectées à chaque régiment, fuivant ce qui fera ci-après expliqué; doublés de cinq aunes un quart de ferge d'Aumale, ou de fept aunes cadis-canourgue; la doublure de la vefte toujours blanche.

Les paremens feront en botte, de la hauteur de fix pouces, & de dix-huit de tour, avec des boutonnieres ouvertes; le devant de l'habit garni de boutons jufqu'à la poche, & de boutonnieres blanches des deux côtés auffi jufqu'à la poche.

Les pattes feront fans poches.

Les poches feront de toile, & placées dans les plis de l'habit des deux côtés, entre la doublure & le drap.

Les veftes feront garnies de boutonnieres des deux côtés jufqu'en bas, & de boutons feulement d'un côté jufqu'à la poche.

Les pattes des veftes feront fans poches &

fans boutons , garnies de boutonnieres ; les manches defdites veftes à la mariniere , fermées , fans boutons.

Il y aura fur l'habit une épaulette au lieu de l'éguillette qui demeurera fupprimée , & l'épaulette fera à l'ordinaire , placée fur l'épaule gauche , pour contenir la bandouliere de la cartouche.

Un bonnet de drap , bordé d'un galon de laine d'un pouce de large , de la couleur qu'il fera expliqué ci-après pour chaque régiment.

Un chapeau de laine du poids de douze à quatorze onces , dont la forme fera d'environ quatre pouces de hauteur , les aîles d'un pouce & demi de plus , bordé d'un galon d'argent du poids d'une once , de feize lignes de largeur , dont quatre en dedans & douze en dehors.

Les manches des brigadiers & des caporaux feront garnies de trois agrémens en treffe moitié argent & foie , large de dix lignes , de quatre pouces de hauteur ; le tout pefant une once.

Les carabiniers & les anfpeffades , un bordé feulement moitié argent & foie , large de dix lignes , pefant cinq gros.

Les manteaux feront de drap de Lodeve , d'une aune de largeur , rouge ou bleu , apprêté à deux envers , parementés de ferge d'Aumale ou cadis-canourgue , des couleurs affectées à chaque régiment , avec trois agrémens de chaque côté , de la couleur des épaulettes.

La houffe & le chaperon feront compofés de demi-aune un douze de drap de Lodeve ou de Berry, d'une aune de large, doublés de toile, & bordés d'un galon de laine de dix-huit lignes de largeur, comme il fera ci-après expliqué pour chaque régiment.

Equipement.

Le fabre à poignée de cuivre, à double branche, la lame à dos, de trente-trois pouces de longueur.

La demi-giberne a trente coups, fuivant le modele pour l'infanterie, à poche & patelette de vache rouge ; ladite giberne nervée, & collée d'une bonne toile, le cordon de bufle en blanc, piqué de la largeur de vingt-deux lignes.

Le ceinturon à un pendant de bufle pareillement blanc, piqué de la largeur de deux pouces deux lignes.

Les dragons tant à pied qu'à cheval, feront armés d'un fufil garni de cuivre jaune, de la longueur & du calibre de ceux de l'infanterie, avec fa bayonnette.

Ceux à cheval auront de plus un piftolet avec un outil.

Il y aura dans chaque compagnie de dragons à pied, vingt outils, dont huit groffes haches, quatre pelles, quatre pioches & quatre ferpes.

Il fera envoyé à chaque régiment des modeles des parties d'habillement, armement & équipement ci-deffus, ainfi que des gants,

coquardes & cravates, & il leur fera pareillement adreſſé le modele de l'équipement
général d'un cheval, auxquels ils feront tenus de fe conformer.

Les fergens, brigadiers, caporaux, anf-
peſſades, carabiniers & dragons, feront obligés, fuivant l'ufage, de s'entretenir de linge
& chauſſure, de culotte de peau à double
ceinture ; & ceux à cheval, de ferrage, & de
tenir leurs armes en bon état.

Les dragons tant à pied qu'à cheval, auront des bottines de veau paſſé à l'huile,
fuivant le modele qui fera envoyé ; les uns &
les autres auront auſſi des guêtres blanches.

Les tambours des régimens royaux continueront d'être à la livrée du Roi ; & ceux de
l'état-major & des gentilshommes, à la livrée des colonels.

Il y aura un tambour-major, indépendamment des douze exiſtans dans chaque régiment, lequel fera toujours attaché, & fera nombre dans la premiere compagnie.

La dépenfe des manteaux & des houſſes
ne fera point prife fur les maſſes, & fera à la
charge des capitaines des compagnies à
cheval.

Les habits uniformes des officiers feront
en tout femblables à ceux des dragons, à
l'exception qu'ils feront de drap d'Elbeuf,
ou autres manufactures de pareille qualité.

Il ne fera employé de doublure aux habits d'aucune autre étoffe que de laine, ni
aucun galon fur les juſtaucorps, ni fur les

veſtes ; mais ſeulement des boutonnieres de fil d'argent, & des boutons d'argent ſur bois.

Les houſſes deſdits officiers ſeront des couleurs affectées à chaque régiment, & bordées ſeulement d'un galon d'argent ; ſçavoir, de deux pouces de largeur pour celles des capitaines, & d'un pouce & demi pour celles des lieutenans.

Ils auront tous des épées uniformes, dont la garde ſera de cuivre doré, la lame à dos, de trente-un pouces de longueur, conformes au modele, & pareilles à celles des officiers de cavalerie.

Seront tous leſdits officiers armés d'un fuſil avec ſa bayonnette, & auront une gibbeciere garnie de ſix cartouches, ſuivant les modeles qui en ſeront envoyes à chaque régiment.

Les maréchaux-des-logis & les ſergens ſeront habillés de drap de Romorantin, de cinq quarts de large, ou autre de pareille qualité ; teint en laine pour les régimens bleus, & en demi-écarlate pour les régimens rouges ; obſervant toutefois que les uns ni les autres n'auront des boutonnieres en fil d'argent, ni ſur l'habit, ni ſur la veſte.

Ils auront des ſabres à doubles branches, la lame auſſi à dos, plus large que celle des officiers, & pareille à celle des maréchaux-des-logis de la cavalerie.

Les houſſes deſdits maréchaux-des-logis ſeront des couleurs affectées à chaque régiment, & bordées d'un galon d'argent de la largeur d'un pouce. Fait à Verſailles , le premier Mai mil ſept cens cinquante. *Signé*, LOUIS. *Et plus bas* , M. P. ᴅᴇ Vᴏʏᴇʀ ᴅ'Aʀɢᴇɴꜱᴏɴ.

TITRE XXXIII.

De la Taille des chevaux de la Cavalerie & des Dragons.

· Aʀᴛɪᴄʟᴇ Pʀᴇᴍɪᴇʀ.

ENjoint Sa Majeſté aux meſtres-de-camp, lieutenans-colonels & majors de cavalerie & de dragons, d'empêcher ſoigneuſement que les capitaines ou commandans des compagnies démontent leurs cavaliers ou dragons, ſous quelque prétexte que ce ſoit, pour ſe ſervir de leurs chevaux dans leurs équipages ; déclarant Sa Majeſté auxdits meſtres-de-camp, lieutenans-colonels & majors, qu'Elle les privera de leurs charges, ſi Elle apprend que pareille contravention ſoit arrivée, ſans qu'ils ayent eu ſoin de l'en avertir. *Louis* XIV. *ordonnance du* 30 *Janvier* 1690.

II. Veut Sa Majeſté, que les cavaliers & dragons ſoient montés ſur des chevaux ; défendant Sa Majeſté à tous capitaines de ſe ſervir de cavalles en leurs compagnies, & aux commiſſaires des guerres, de paſſer en revûe les cavaliers ou dragons qui ne ſeront pas montés fur des chevaux de la qualité requife. *Louis XIV. du* 15 *Novembre* 1679.

La quantité de cavalerie ayant été confidé-rablement augmentée depuis 1679, *la difficulté de trouver les chevaux néceffaires a fait qu'on s'eft relâché fur l'obfervation de cette ordonnance.*

III. Les chevaux de cavaliers ne feront plus hauts que de quatre pieds quatre pouces, ni plus bas que de quatre pieds deux pouces; & les chevaux de dragons ne pourront être plus hauts que de quatre pieds deux pouces, ni plus bas que de quatre pieds; le tout à mefurer depuis le deffous du fer jufqu'à la naiffance du crin fur le garrot: voulant en outre Sa Majefté, que lefdits chevaux foient tous à longue queue. *Louis* XIV. *du* 24 *Novembre* 1691.

IV. Défend Sa Majefté aux infpecteurs de cavalerie & de dragons, & aux commiffaires des guerres, de fouffrir qu'il foit reçu dans les compagnies de cavalerie ou de dragons, aucuns chevaux qui ne foient de la taille & qualité ci-deffus. *Louis* XIV.

Nota. Par ordonnance du 25 *Septembre* 1680. *le feu Roi Louis* XIV. *avoit réglé la taille des chevaux de cavaliers à quatre pieds fept pouces ou environ, & ordonné qu'ils ne pourroient être au-deffus de quatre pieds huit pouces, ni au-deffous de quatre pieds fix pouces.*

Par autre ordonnance du 25 Octobre 1689, le Roi informé que les chevaux de la taille ci-deſſus étoient extrêmement chers ; & conſidérant que ceux de moindre taille ſubſiſtoient plus aiſément, & ſupportoient mieux la fatigue, Sa Majeſté ordonna que les chevaux de la gendarmerie ne pourroient être de moindre taille que de quatre pieds cinq pouces, ni de plus grande que de quatre pieds ſept pouces : que ceux de la cavalerie ne pourront être au-deſſous de quatre pieds quatre pouces, ni plus hauts que de quatre pieds ſix pouces ; & que les chevaux de dragons ne pourroient être au-deſſous de quatre pieds deux pouces, ni plus hauts que de quatre pieds quatre pouces.

TITRE XXXIV.

Des Timbaliers, Trompettes & Hautbois.

ARTICLE PREMIER.

IL ne ſera entretenu qu'un trompette par chaque compagnie de cavalerie françoiſe & étrangere, & un timbalier dans chaque régiment. A l'égard des dragons, il y aura un tambour en chaque compagnie, & en outre il ſera entretenu un hautbois en chacune des trois compagnies de chaque régiment de dragons. *Louis XIV.* ordonnances des 17 Mars 1672, 10 Septembre 1677, & 24 Janvier 1680.

Il n'eſt pas fait mention de timbalier dans leſdites ordonnances ; mais il ſuffit qu'il y en ait un d'employé dans toutes celles qui font expédiées pour le payement des troupes, dans chaque régiment de cavalerie.

II. Défend Sa Majeſté aux tréſoriers de ſes troupes d'en payer davantage, & aux commiſſaires des guerres d'en paſſer un plus grand nombre dans leurs revûes. *Louis* XIV. *des 17 Mars 1672 & 10 Septembre* 1677.

TITRE XXXV.

Des Majors de Cavalerie.

ARTICLE PREMIER.

A L'avenir les majors de cavalerie tiendront ſoigneuſement la main à l'exécution des ordonnances concernant la police & la diſcipline de ladite cavalerie. *Louis* XIV. *du* 12 *Juillet* 1686. *Tous les articles de ce titre, à l'exception des* VII. & VIII. *ſont tirés de la même ordonnance.*

II. Ils auront toujours devers eux un état du régiment dont ils feront, dans lequel il fera marqué le nom, le ſurnom, le ſignal & l'enrôlement ou engagement de chaque cavalier, & le ſignal de leurs chevaux; y ſpécifiant la qualité des uns & des autres, & diſtinguant les bons, les médiocres & les mauvais.

III. Ils examineront ſoigneuſement les cavaliers & chevaux de recrue, & n'en ſouf-

friront que de biens faits & propres à bien
servir.

IV. Ils assisteront à toutes les revûes que
les inspecteurs & commissaires feront desdits régimens & compagnies de cavalerie,
afin de sçavoir toujours l'état auquel elles
seront, ce qu'il y aura à faire pour leur
maintien & conservation, afin de pouvoir
tenir la main à l'exécution de ce qui sera nécessaire pour leur rétablissement & la réparation de ce qui y manquera.

V. Ils visiteront les compagnies de leurs
quartiers, soit dans les villes ou dans le
plat pays, & ce aussi souvent qu'ils le jugeront à-propos.

VI. Ils se trouveront présens aux dé-
comptes que l'on devra faire aux cavaliers
desdites compagnies, & requerreront les
commandans des corps, d'ordonner qu'ils
leur soient ponctuellement faits dans le tems
accoutumé & sans délai.

VII. Ils seront aussi tenus de visiter souvent les armes des cavaliers, & de les faire
tirer souvent à cheval, afin qu'ils puissent
répondre du bon état où il convient que
soient les armes pour qu'on puisse s'en
servir utilement ; voulant Sa Majesté que
lesdits majors soient tenus d'en répondre.
Louis XIV. *du 7 Août* 1686.

VIII. Et généralement ils s'employeront
à toutes les choses qui regardent la cavalerie, tout ainsi que font & doivent faire les
majors de dragons & d'infanterie. *Ibidem.*

Nota. Les fonctions de major de cavalerie avoient été attachées par ordonnance du 8 Avril 1672 au grade de premier capitaine, qui par ce grade commandoit à tous les autres capitaines du régiment. Il n'y avoit pas alors de lieutenans colonels dans la cavalerie.

Par autre ordonnance du 10 Mars 1674, il fut réglé que dans les détachemens les majors ne rouleroient pas avec les capitaines des autres régimens, mais qu'ils les commanderoient, quand même les commissions desdits capitaines seroient plus anciennes.

Par ordonnance du 20 Novembre 1675, le Roi se réserva de choisir les capitaines les plus capables de remplir les majorités, dérogeant à l'ordonnance du 8 Avril 1672, qui affectoit ces fonctions au premier capitaine, & ordonna que les compagnies de ceux que Sa Majesté auroit choisis, prendroient rang dans les régimens après les compagnies mestres-de-camp, & que lesdits majors commanderoient à tous capitaines, en vertu de leur brevet de major.

Le rang des majors de cavalerie fut changé par ordonnance du 20 Février 1686, & confirmé par celle du 25 Février 1690, à l'occasion de l'établissement des lieutenans-colonels. Cette ordonnance porte que les majors qui avant d'être pourvûs de leurs majorités étoient capitaines, tiendroient rang avec les autres capitaines de leur régiment, du jour de leur commission de capitaine ; que ceux qui n'étoient pas capitaines lorsqu'ils avoient été faits majors, tiendroient avec les autres capitaines du jour de leurs brevets de major; & que dans les détachemens ils tiendroient rang, ou du jour de leur commiffion de capitaine, ou du jour de leur brevet de major; enforte qu'ils pourroient fe mettre à la tête d'un efcadron, fi leur ancienneté leur en donnoit le commandement.

TITRE XXXVI.

Des Contrôles qui feront tenus par les Majors d'Infanterie, de Cavalerie & de Dragons.

ARTICLE PREMIER.

SA Majefté a ordonné & ordonne qu'à l'avenir les majors des régimens, tant d'infanterie que de cavalerie & de dragons, & les aides-majors des bataillons qui feront féparés des corps des régimens, envoyeront au commencement du quartier d'hiver au fecrétaire d'état & des commandemens de Sa Majefté, ayant le département de la guerre, un mémoire des routes dont chaque capitaine aura befoin, foit pour les recrues d'hommes ou les chevaux de remonte de leurs compagnies: qu'ils y marqueront le nombre dont ils auront befoin pour rendre leurs compagnies complettes, fur le pied de la derniere revûe qui en aura été faite: & qu'ils y nommeront auffi le premier lieu d'étape, d'où la route devra commencer; l'intention de Sa Majefté étant que lefdite;

routes foient envoyées le plus diligemment
qu'il fe pourra aufdits majors & aides-majors, dans les lieux de leur garnifon, afin
qu'ils en prennent un contrôle exact, &
qu'ils les adreffent enfuite aux officiers de
leurs régimens, fans qu'ils en puiffent déli-
vrer à aucun autre, fur peine d'être caffés
& privés de leurs charges. *Louis XIV. ordonnance du 25. Juillet* 1705.

II. Veut Sa Majefté qu'à la fin du quartier d'hyver, lefdits majors & aides-majors
envoyent au fecrétaire d'état de la guerre, le
contrôle defdites routes qui leur auront été
envoyées, & qu'ils marquent à côté de chacune les hommes de recrue ou chevaux de
remonte qui auront été amenés à la compagnie. *Ibidem.*

III. Et à l'égard des routes fur lefquelles
il ne fera arrivé aucune recrue, ils obligeront les officiers qui les auront reçûes, de
les leur remettre pour les renvoyer avec ledit contrôle; enforte que Sa Majefté puiffe
être pleinement inftruite de l'emploi defdites routes. *Ibidem.*

IV. Comme Sa Majefté a reçû plufieurs
plaintes des maires, échevins, confuls &
fyndics des lieux d'étape, fur les violences
qui leur font faites de la part des officiers
qui conduifent les recrues, pour les obliger
à leur paffer le nombre d'hommes & de
chevaux porté dans les routes, quoiqu'ils
ne foient pas préfens ni effectifs : & confidérant combien cette dépenfe feroit à charge

à ſes finances, ſi elle avoit lieu, Sa Majeſté a défendu & défend très-expreſſément aux officiers de ſes troupes d'uſer d'aucune violence ni menaces contre leſdits maires, échevins, conſuls & ſyndics, ni d'exiger d'eux aucun billet de logement au-delà de l'effectif, tant pour les hommes que pour les chevaux, à peine à ceux qui y contreviendront d'être caſſés & privés de leurs charges, & contraints à la reſtitution de l'étape qu'ils auront reçûe de trop, ſur les ſimples procès-verbaux que leſdits maires, échevins, conſuls & ſyndics en envoyeront au ſecrétaire d'état de la guerre. *Louis XIV. ibidem.*

V. Ordonne Sa Majeſté qu'à l'avenir les majors deſdits régimens d'infanterie, de cavalerie & de dragons, ou les aides-majors en leur abſence, ſeront obligés de tenir un contrôle exact de tous les officiers des régimens ou bataillons dont ils font le détail, dans lequel ils marqueront la date de commiſſions, lettres du Roi ou brevets, en vertu deſquels les officiers qui les compoſent, depuis les colonels ou meſtres-de-camp, juſqu'aux ſous-lieutenans ou cornettes incluſivement, auront été reçus en leurs charges, & le jour de leur réception : qu'ils y marqueront auſſi les charges vacantes ; depuis quand elles le ſont ; ſi c'eſt par la mort de 1 officier qui en étoit pourvû, par ſon abandonnement ou autrement. *Louis XIV. ordonnance du premier Août* 1714. *Tous les articles ſuivans de ce titre ſont tirés de la même ordonnance.*

VI. Leur défend très-expreſſément Sa Majeſté d'employer dans ledit contrôle les officiers qui auront été nommés à leur place, & qui n'auront pas encore été reçûs, quand bien bien même les expéditions que Sa Majeſté aura jugé à propos de leur accorder auroient été adreſſées aux colonels ou meſtres-de-camp deſdits régimens.

VII. Veut Sa Majeſté qu'ils y marquent les noms des officiers abſens, le tems de leur départ, le lieu de leurs demeures, s'ils ont congé ou non, pour combien de tems, & leurs raiſons.

VIII. Et afin que Sa Majeſté puiſſe être réguliɛrement informée des charges vacantes & des officiers abſens, Elle ordonne auſdits majors de donner dans la ſuite aux commiſſaires des guerres dans le département deſquels ſe trouveront les régimens dont ils ſont, à la premiere revûe qui ſe fera après l'arrivée dudit régiment, & à chaque changement de garniſon, une copie dudit contrôle ſignée d'eux ; comme auſſi mois par mois à chaque revûe, un état particulier pareillement ſigné d'eux, des changemens arrivés audit régiment par vacance ou promotion de charges, ou abſence d'officiers depuis la revûe précédente.

IX. Enjoint Sa Majeſté auſdits commiſſaires des guerres, de marquer exactement dans les revûes qu'ils feront des troupes, & dans les extraits qu'ils en envoyeront au ſecrétaire d'état ayant le département de la guerre,

guerre, à commencer du premier jour du mois de Septembre prochain, les charges vacantes, même celles des colonels & meſtres-de-camp, depuis quand elles le ſont, les noms des officiers qui en étoient pourvûs, ſi elles ſont vacantes par leur mort, leur abandonnement ou autrement ; & lorſqu'elles auront été remplies, de marquer pendant deux mois le tems de la réception de celui qui en aura été pourvû, & le nom de celui qui la rempliſſoit, & ce qu'il eſt devenu, ſi ſa charge étoit vacante par ſa mort, ſon abandonnement ou autrement.

X. Défend très-expreſſément Sa Majeſté auſdits commiſſaires, de comprendre dans leſdites revûes comme abſens les officiers auxquels Elle aura fait expédier des commiſſions, lettres ou brevets pour des charges auſquelles ils n'auront pas été reçûs ; leur ordonnant Sa Majeſté, quand un officier qui aura été reçu à ſa charge, s'en trouvera abſent lors de la revûe, de marquer dans ladite revûe & dans l'extrait qu'il en envoyera au ſecrétaire d'état, depuis quand il eſt abſent ; ſi c'eſt par congé, pour combien de tems il lui aura été accordé, le ſujet de ſon abſence, & la province d'où il eſt ; le tout conformément à ce qu'il aura appris par l'état que les majors ou aides-majors doivent lui donner.

XI. S'il arrivoit que leſdits commiſſaires ne puſſent ſatisfaire à tout ce qui eſt contenu dans la préſente ordonnance, faute par les majors ou aides-majors de leur avoir donné lesdits états dans la forme ci-dessus prescrite, l'intention de Sa Majesté est qu'ils en avertissent le secrétaire d'état du département de la guerre, afin que sur le compte qu'il lui en rendra, Elle puisse lui donner les ordres pour punir lesdits majors ou aides-majors de leur négligence; leur déclarant qu'Elle les rendra responsables du préjudice que son service pourroit recevoir, de ce que les commissaires des guerres seroient obligés d'omettre dans leurs revûes.

XII. Ordonne aussi Sa Majesté aux colonels d'infanterie, mestres-de-camp de cavalerie & de dragons, qui auront proposé aux charges vacantes dans les régimens dont Elle leur a donné le commandement, des officiers qui n'auront pû s'y rendre & s'y faire recevoir; de renvoyer les commissions, lettres ou brevets qui leur auront été expédiés lorsqu'ils en proposeront d'autres, afin que lesdites expéditions soient supprimées comme nulles.

REGLEMENT de M. le Comte d'Auvergne, Colonel Général de la Cavalerie, sur le service de ladite Cavalerie, approuvé par le feu Roi Louis XIV. & imprimé dans le Recueil des Ordonnances.

CAMPEMENT.

LOrsque l'armée sera arrivée au campement, les majors des régimens de cavalerie demeureront à la tête du camp, jufqu'à ce qu'ils ayent vû exécuter toutes les chofes néceffaires, pour que leurs régimens foient campés dans l'ordre qu'il faut qu'ils foient ; & auront auffi foin que les gardes à l'étendard foient pofées ; & lorfque le guet fera donné, lefdits majors vifiteront les gardes, & feront pofer les fentinelles où befoin fera.

Les capitaines poferont leurs tentes à la queue de leurs compagnies ; & le commandant du régiment ne pourra déplacer celles des capitaines.

Lorfque l'Armée fera campée, & qu'il fe trouvera des maifons dans le campement, le brigadier en pourra choifir une dans fa brigade ; & le furplus fera occupé par les meftres-de-camp des régimens où ils fe trouveront.

Détachemens.

Il fera permis aux commandans des détachemens qui fe feront, de choifir tel officier qu'il leur plaira pour commander les coureurs, ou un détachement particulier lorfqu'ils jugeront à-propos d'en faire : mais quand ils voudront prendre par le rang, ils commenceront par le plus ancien régiment ; & quand il y aura plufieurs capitaines, chacun demeurera à la tête de fon détachement, à-moins que l'un d'eux ne devînt par ancienneté le commandant de tout le détachement ; auquel cas il fe mettra à la tête de tout le détachement.

Quartiers.

Le commandant du quartier prendra fon logement par préciput.

Lorfque plufieurs brigades fe trouveront en un même quartier, chaque brigadier ou commandant de brigade prendra fon logement par préférence dans le canton de fa brigade, & les majors de brigade feront le logement suivant la force des brigades, & prendront leur logis le plus près qu'il se pourra de celui de leur brigadier ; & si le brigadier est absent, on prendra sur toute la brigade un logis pour loger son équipage pareil à celui d'un mestre-de-camp.

Après que les cantons des brigades seront faits, chaque mestre-de-camp ou commandant de régiment prendra de même son logement par préférence dans le canton de son régiment ; & s'il se trouve qu'il y ait deux mestres-de-camp dans un même régiment, le second mestre-de-camp aura aussi un logement de préférence ; mais il sera aussi obligé de donner au major une chambre & le couvert pour six chevaux : & lorsque le mestre-de-camp sera absent, le commandant sera obligé de loger dans son logement l'équipage dudit mestre-de-camp.

Lorsque le major ne commandera pas le régiment, il aura, par préférence aux autres capitaines, une chambre & six chevaux à couvert ; & quand il occupera le logement du commandant, il ne pourra avoir cette augmentation de logement, qui ne sera donnée qu'à ceux qui sont majors en titre.

Pour éviter les desordres qui arrivent d'ordinaire pour les fourrages qui se trouvent dans les quartiers, lesdits fourrages appartiendront aux compagnies dans le canton desquelles ils se trouveront.

Pour la sûreté du quartier, & éviter le desordre, il y aura toujours une garde nuit & jour, telle que le commandant du quartier jugera à-propos.

Lors du logement des quartiers, le commandant fera détacher des officiers de chaque régiment, avec le nombre nécessaire de cavaliers, & chargera les officiers de faire éteindre les feux,

Que si par faute des commandans, les quartiers sont brûlés, ils seront responsables du dommage.

Aucun cavalier ne pourra quitter, sans congé de son capitaine; mais si on lui refuse injustement, il pourra s'en plaindre à son mestre-de-camp ou au commandant de la cavalerie.

Nota. Que les prérogatives portées par ce réglement en faveur des majors, doivent présentement être attribuées aux lieutenans-colonels; parce que lors dudit réglement, les majors étoient les premiers capitaines après le mestre-de-camp, & qu'en 1686, Sa Majesté ayant substitué des lieutenans-colonels à la place des majors, lesdits lieutenans-colonels ont pris les rangs & les fonctions des majors, & les majors ont conservé simplement rang de capitaines du jour de leur brevet.

TITRE XXXVII.

Du Service des Dragons lorsqu'ils sont mêlés avec la Cavalerie.

ARTICLE PREMIER.

L'Officier chargé du détail des dragons dans une armée, dans un camp-volant, ou dans un autre corps séparé, soit qu'il n'y ait qu'un régiment de dragons, ou qu'il s'en trouve plusieurs, prendra dans l'armée le mot du maréchal-de-camp de jour, & dans le camp-volant ou corps séparé, de l'officier-général qui le commandera, soit que le-

C iij

dit officier-général foit lieutenant-général fans maréchal-de-camp fous lui , ou qu'il foit maréchal-de-camp, commandant ledit camp ou corps féparé. *Louis XIV. ordonnance du* 20. *Février* 1690.

II. L'officier qui fe trouvera commander un corps ou détachement compofé de cavalerie & de dragons , pourra faire marcher les dragons à la tête & à la queue , ou les mêler parmi les troupes de cavalerie, ainfi qu'il le jugera plus à propos fuivant l'occafion , & que le bien du fervice de Sa Majefté le pourra requerir. *Louis XIV. du premier Mai* 1708.

III. Lorfque les dragons feront mêlés dans les brigades de cavalerie, y faifant le fervice avec la cavalerie , ils obéiront à ceux qui commanderont lefdites brigades ; & s'il arrive que ce foit un officier de dragons qui commande le corps ou le détachement par fon ancienneté , il fera en ce cas fous les ordres du général de la cavalerie, ne pouvant dans ce fervice en être féparé. *Ibidem.*

IV. S'il fe trouve avec les officiers de dragons qui feront mis dans les brigades de cavalerie , un brigadier de dragons , l'intention de Sa Majefté eft qu'il roule avec les brigadiers de cavalerie , & qu'il foit de piquet à fon rang, & obligé de reconnoître le général ou le commandant de la cavalerie. *Ibidem.*

V. Les officiers de cavalerie & de dragons de pareils poftes , tiendront entr'eux

le rang de la date de leurs commiſſions ; ordonnant Sa Majeſté, que lorſqu'elles ſeront
datées du même jour, l'offieier de cavalerie
commandera à celui de dragons ; & que lorſque par l'ancienneté, le brigadier, colonel,
ou autre officier de dragons ſe trouvera commander un corps ou un détachement com-
poſé de cavalerie & de dragons, ledit officier de dragons en ce cas, après avoir rendu
compte au général de l'armée, le rende enſuite au général de la cavalerie, ou à celui
qui la commandera, comme étant le premier corps : & qu'après il rende compte à
celui qui commandera les dragons. Entendant Sa Majeſté, que dans tout autre ſervice
regardant les dragons, lorſqu'ils ne ſeront
pas mêlés avec la cavalerie, ils n'ayent aucun compte à rendre, ni aucun ordre à recevoir de celui qui commandera la cavalerie ;
les dragons faiſant un corps diſtinct & ſépa-
ré. *Ibidem.*

Nota. *Avant cette ordonnance, les officiers
de dragons n'alloient pas rendre compte au général de la cavalerie ; M. le maréchal de Vil-
lars, commandant-général de la cavalerie,
ayant voulu les y aſſujettir en 1686, M. de
Louvois lui écrivit la lettre ſuivante :*

De Marly, *le premier Septembre* 1689.

« Monſieur, j'ai reçû la lettre que vous avez
» pris la peine de m'écrire le vingt-quatre du
» mois paſſé. Le Roi n'a pas trouvé qu'il fût juſte
» que les capitaines de dragons qui vont en parti

» avec de la cavalerie & des dragons, vinssent
» vous rendre compte à leur retour de ce qu'ils
» auroient fait ; puisque les capitaines de cava-
» lerie qui y menent des dragons, ne rendent
» point un pareil compte au commandant desdits
» dragons. Je suis, &c. »

M. de Mauroy, maréchal-des-logis de la ca-
valerie, ayant écrit à feu M. de Barbezieux
sur le même sujet, le 24 Août 1692, il reçut
une semblable réponse du 3 Septembre 1692.
Les deux lettres sont ici rapportées.

Extrait de la lettre écrite par M. de Mauroy à
M. de Barbezieux, le 24 Août 1692, au
camp de Batie.

« Dans la distribution du service de ce camp,
» la cavalerie fait trois cinquiemes, & les dra-
» gons en font deux : ainsi l'on est obligé de
» faire rouler alternativement les officiers de ca-
» valerie & de dragons. Lorsque les officiers de
» ce dernier corps commandent en chef les par-
» tis qui vont à la guerre, composés de cavale-
» rie & de dragons, ils font difficulté à leur re-
» tour de rendre compte au commandant de la
» cavalerie, se contentant de le rendre à l'ancien
» brigadier de dragons. Je vous supplie, Mon-
» seigneur, de me faire savoir l'intention de Sa
» Majesté à ce sujet. Je suis, &c. »

Extrait de la lettre écrite par M. de Barbe-
zieux à M. de Mauroy, le 3 Septembre
1692, à Versailles.

« Je ne crois pas qu'un officier de dragons qui
» va à la guerre doive rendre compte au com-
» mandant de la cavalerie de ce qu'il a fait,

» mais bien à celui qui commande les dragons ;
» de même qu'un officier de cavalerie ne rend
» point compte au commandant des dragons de
» ce qui s'est passé dans un parti qu'il a mené à
» la guerre ».

VI. Quant au détail du service que le corps
de dragons devra faire avec la cavalerie, le
major général des dragons en recevra le mémoire du maréchal-des-logis de la cavalerie,
qui lui fera sçavoir verbalement, ou par
écrit, combien il sera demandé d'escadrons,
ou seulement d'officiers & de dragons commandés, & l'heure & le lieu où ils devront
se trouver. *Louis XIV. des 20 Février 1690,
& premier Mai 1708. Les articles suivans de
ce titre sont tirés des mêmes ordonnances.*

VII. Le major général des dragons cam-
pera dans le quartier général, le plus près
que faire se pourra du lieu où sera campé
le maréchal-des-logis de la cavalerie ; & il
aura près de lui les dragons de l'ordonnance, afin qu'il puisse faire promptement porter les ordres du général qui lui seront remis par le maréchal-des-logis de la cavalerie.

VIII. Si le major général des dragons se
trouve campé dans un quartier éloigné du
quartier général, en ce cas il sera obligé
d'envoyer chez le maréchal-des-logis cinq ou
six dragons, pour lui porter diligemment les
ordres qu'il aura à recevoir pour les détachemens qui seront à faire ; & à mesure qu'il
lui sera arrivé un dragon de la part dudit
maréchal-des-logis de la cavalerie, il lui en

C v

renvoyera un autre, de maniere qu'il ne puiffe arriver, que ledit maréchal-des-logis de la cavalerie fe trouve fans avoir près de lui les dragons dont il aura befoin, pour faire porter audit major général des dragons les ordres du général.

IX. Le détail du fervice des dragons fe fera uniquement par le major général, fous l'autorité de l'officier de dragons qui les commandera, foit dans une armée, foit dans un camp-volant, ou autre corps féparé, commandé par un lieutenant-général, fans maréchal-de-camp fous lui, ou par un maréchal-de-camp, fans que le maréchal-des-logis de la cavalerie puiffe y entrer en aucune maniere, fi ce n'eft feulement pour marquer le nombre d'efcadrons que l'on demandera, & l'heure & le lieu où ils auront à fe rendre.

X. Lorfque les dragons feront arrivés où ils devront fe trouver, le maréchal-des-logis de la cavalerie expliquera à celui qui fe trouvera commandant du corps, foit qu'il foit officier de cavalerie, ou officier de dragons, les ordres du général, & ce qu'il devra exécuter avec la troupe affemblée fous fon commandement, fans qu'en ce que deffus le commandant de la cavalerie puiffe prétendre aucune forte de droit ni de jurifdiction particuliere fur les dragons, pour lefquels Sa Majefté a créé & établi des officiers généraux & commandans, entiérement diftincts de ceux de la cavalerie.

TITRE XXXVIII.

Du Régiment Royal des Carabiniers.

ARTICLE PREMIER.

L E Roi s'étant fait repréfenter l'état des régimens dont les quarante compagnies de fon régiment royal de carabiniers font forties, & confidérant qu'elles fe maintiendront plus facilement complettes, en tirant les hommes dont elles auront befoin, dans tous les régimens de cavalerie confervés en entier à la paix de Rifwick; Sa Majefté a ordonné & ordonne, que les hommes néceffaires pour remplacer ceux qui viendront à manquer dans lefdites compagnies, feront pris à l'avenir dans les foixante & douze régimens confervés à ladite paix. *Louis XIV. du* 14 *Avril* 1701.

II. Veut Sa Majefté qu'ils y contribuent chacun à fon tour felon les rangs qui leur ont été réglés par l'ordonnance de Sa Majefté du premier Mai 1699, & qu'un régiment de douze compagnies porte autant de cette charge, que deux régimens de huit compagnies chacun. *Ibidem.*

III. Ordonne pour cette fin Sa Majefté, que le régiment de colonel-général de la cavalerie qui eft à la tête defdits foixante & douze, & qui fe trouve compofé de douze compagnies, fournira le premier deux de les meilleurs cavaliers, pour remplacer les deux premiers carabiniers qui viendront à manquer; & que les autres régimens en fourniront enfuite à leur tour, de maniere que ceux de douze compagnies en donneront toujours deux, & ceux de huit un feulement, fans que cet ordre puiſſe être aucunement interrompu. *Louis* XIV. *ibidem.*

IV. Le commandant meſtre-de-camp, & en fon abſence le lieutenant-colonel, ou le major du régiment qui devra fournir des cavaliers, fera tenu, avant de les préſenter, de les faire tirer, pour juger s'ils feront propres à remplacer leſdites places de carabiniers. *Louis* XIV. *du 7 Août* 1686.

V. Chaque capitaine des compagnies où il fera pris des cavaliers pour remplacer des carabiniers, pourra marquer deux de fes cavaliers, outre les deux brigadiers qu'il ne fera pas permis de tirer de fa compagnie. *Louis* XIV. *du* 25 *Octobre* 1690.

Cette ordonnance exceptoit outre les deux brigadiers & les deux cavaliers choiſis, les deux carabiniers qui étoient alors entretenus dans chaque compagnie; mais depuis la création du régiment royal carabiniers en 1693, *il n'y a plus de carabiniers entretenus dans les compagnies.*

VI. Le capitaine des carabiniers qui aura befoin d'hommes, les prendra nuds, & payera pour chacun cinquante livres argent comptant, ſi c'eſt pendant l'hyver; ſi c'eſt en campagne, il donnera un billet de ladite fomme payable à l'entrée du quartier d'hyver : voulant Sa Majefté, que fi ledit capitaine de carabiniers venoit à manquer, celui qui remplira fa place foit tenu d'acquitter ledit billet. *Ibidem.*

VII. Veut Sa Majefté que les lieutenans, les cornettes & les maréchaux-des-logis des compagnies de carabiniers, ainfi que les carabiniers defdites compagnies, foient armés d'une carabine rayée. *Ibidem.*

ORDONNANCE DU ROI,

Portant réglement pour le Régiment Royal-des-Carabiniers ; du 6 Novembre 1756.

SA Majefté voulant déclarer fes intentions fur la maniere dont fon régiment des carabiniers fera compofé à l'avenir, & établir une regle qui en affurant de plus en plus les bons fervices qu'Elle a retirés jufqu'à préfent de ce corps, puiffe mettre non-feulement par un ordre invariable, les officiers de fa cavalerie à portée de participer aux avantages d'entrer dans une troupe auffi diftinguée, mais reftreindre en même tems à une jufte mefure l'obligation où ils font de fournir à l'entretien de ce corps, Sa Majefté a ordonné & ordonne ce qui fuit :

ARTICLE PREMIER.

Le régiment des carabiniers continuera d'être compofé de quarante compagnies, divisées en cinq brigades de deux escadrons chacune.

II. Chaque chef de brigade aura le détail de sa brigade, dont il rendra compte, ainsi que les autres mestres-de-camp de la cavalerie, au secrétaire d'état ayant le département de la guerre, tant que Sa Majesté ne jugera pas à propos d'y mettre un commandant en chef ; & quand plusieurs brigades seront réunies, le chef de brigade le plus ancien en grade, en aura le commandement.

XIII. Lorsque les brigades viendront à vaquer, Sa Majesté en disposera alternativement en faveur des mestres-de-camp de cavalerie & des lieutenans-colonels du corps ; & quand une place de lieutenant-colonel vaquera, les capitaines des cinq brigades concourront pour la remplir, suivant l'ordre de leur ancienneté, & la qualité de leurs services.

IV. A l'égard des compagnies qui vaqueront, il en sera donné alternativement une à un capitaine de cavalerie dans l'ordre & aux conditions qui seront expliquées ci-après, & une autre à un lieutenant du corps, que Sa Majesté jugera par l'ancienneté & le mérite de ses services, être dans le cas d'y monter.

V. Les capitaines qui seront choisis dans la cavalerie pour remplir des compagnies vacantes, devront avoir au moins cinq années d'ancienneté de capitaine en pied ; Sa Majesté se réservant néanmoins d'y admettre les capitaines actuellement réformés, pourvû qu'ils ayent été précédemment capitaines en pied dans les mêmes régimens d'où ils feront tirés.

VI. Sa Majesté voulant que tous fes régimens de cavalerie participent également à la diftiction de fournir des officiers dans le régiment des carabiniers, Elle entend que la premiere compagnie qui vaquera au tour de la cavalerie, foit donnée à un capitaine en pied ou réformé, fuivant qu'il eft dit ci-deffus, qu'Elle choifira dans le colonel-général ; la feconde à un capitaine du meftre-de-camp-général, & ainfi fucceffivement aux capitaines des autres régimens de cavalerie françoife qui contribuent au remplacement des carabiniers, & ce fuivant le rang defdits régimens, de maniere qu'après que le dernier aura fourni à fon tour, on reprenne le colonel-général en fuivant le même ordre ci-deffus prefcrit.

VII. Les capitaines de cavalerie qui entreront dans le corps des carabiniers, devant y conferver leur rang d'ancienneté de commiffion, & pouvant fe trouver par ce moyen à portée de prétendre promptement à la place de lieutenant-colonel, Sa Majesté entend qu'ils ne puiffent y parvenir qu'après avoir été au moins dix ans dans le corps.

VIII. Sa Majesté voulant de plus en plus donner au corps des carabiniers des marques de diftinction, & procurer aux officiers de ce corps la facilité d'y faire entrer leurs enfans, ce qui leur donnera les moyens de les former fous leurs yeux, Elle a jugé à propos d'ordonner qu'à l'avenir & en tout tems 'orfqu'il n'y aura point de cornettes entretenus dans les autres régimens de cavalerie, il en fera toujours confervé un dans ce corps par efcadrons ; lefquelles places de cornettes feront remplies de préférence par les enfans des officiers dudit régiment, qui auront quinze ans accomplis, & il fera payé quarante-cinq fols d'appointemens par jour à chacun defdits cornettes.

IX. A mefure qu'il vaquera des places de lieutenant, il en fera donné alternativement une à un lieutenant de cavalerie en pied ou réformé, qui aura été lieutenant en pied, & aura continué de fervir à fon corps, ou à un autre cornette lorfqu'il y en aura dans la cavalerie ; lefquels lieutenans ou cornettes, pour être admis, devront avoir trois ans au moins d'ancienneté de fervice dans leur grade ; & l'autre lieutenance à un cornette dudit régiment des carabiniers, qui aura pareillement trois années d'ancienneté, ou à un maréchal-des-logis dudit régimens qui fe fera le plus diftingué, & qui aura cinq ans de fervice en cette qualité.

X. L'intention de Sa Majefté étant que le fonds de ce corps continue à être compofé d'hommes de choix tirés de fes régiment de cavalerie, il fera adreffé chaque année au fecrétaire d'état ayant le département de la guerre, des états certifiés par les commandans & majors des brigades dudit corps, du nombre des carabiniers à remplacer.

XI. Les inspecteurs de cavalerie apporteront une attention particuliere au choix des carabiniers de remplacement qu'ils feront chargés d'envoyer au corps : ils s'informeront dans les régimens d'où ils auront à les tirer, des meilleurs sujets tant du côté des mœurs que de la valeur, & examineront s'ils sont d'une figure & d'une tournure convenables ; en se conformant d'ailleurs à ce qui est porté par l'instruction que Sa Majesté a fait expédier le 20 Mars 1751, suivant laquelle ces carabiniers de remplacement doivent être de la taille de cinq pieds quatre pouces & au-dessus, de l'âge de vingt-cinq ans jusqu'à quarante, non mariés, servant au moins depuis deux ans, & ayant encore pour le moins trois ans de service à remplir suivant leur engagement.

XII. On ne tirera point dans les compagnies de cavalerie qui seront en tour de fournir des carabiniers, les deux brigadiers, ni les quatre carabiniers, à moins qu'il ne s'y trouvât point d'autres sujets convenables, & en ce cas, il n'y aura que les deux brigadiers d'exceptés ; & s'il n'y avoit absolument aucun homme propre pour les carabiniers, l'inspecteur portera alors son choix sur d'autres compagnies, & celles qui n'auront point contribué à leur tour, seront reprises & assujetties aux remplacemens qui seront demandés l'année suivante.

XIII. Les capitaines de carabiniers continueront de payer aux régimens de cavalerie, la somme de quatre - vingt - dix livres pour chaque cavalier aussi-tôt qu'ils seront arrivés aux brigades, excepté en tems de guerre, que l'officier chargé du détail, donnera sa reconnoissance payable à l'entrée de l'hyver, de ce qui sera dû pour lesdits cavaliers de remplacement.

XIV. Les cavaliers choisis & partis pour se rendre au corps des carabiniers, qui viendront à mourir en route, seront à la charge des carabiniers; mais les capitaines de cavalerie ne pourront exiger aucun payement pour les cavaliers qui déserteront en pareil cas.

XV. Si quelques-uns des cavaliers envoyés aux brigades, sont reconnus dans l'espace de six mois, à compter du jour de leur arrivée, incapables de servir dans le corps, les chefs de brigades en informeront le secrétaire d'état ayant le département de la guerre, & cependant ces cavaliers resteront aux brigades jusqu'à la revûe prochaine de l'inspecteur, afin qu'en conséquence de l'examen qu'il en fera, les cavaliers défectueux puissent être renvoyés à leur régiment, aux dépens du major & du capitaine qui auront dissimulé leurs défauts, dont Sa Majesté les rend responsables. Lesdits capitaines seront de plus obligés de fournir à leurs dépens d'autres cavaliers qui ayent toutes les qualités requises pour être admis dans les carabiniers, Sa

Majesté se réservant d'ailleurs de leur en marquer son mécontentement.

XVI. Il sera arrêté par les inspecteurs, lors de leurs revûes, des états des congés absolus qui devront être délivres aux carabiniers qui se trouveront dans le cas de les obtenir par l'ancienneté de leur service, suivant la distribution qui en aura été ordonnée par Sa Majesté. Ils arrêteront pareillement des états des congés à donner à ceux qu'ils jugeront susceptibles d'être reçûs à l'hôtel royal des invalides ; & il ne pourra, sous quelque prétexte que ce soit, être donné par les capitaines aucuns congés absolus, qu'aux cavaliers compris dans lesdits états, & ces congés seront signés desdits capitaines, & visés par les commandant & major de brigades.

VIII. Sa Majesté voulant que les remplacemens qui seront à faire audit corps, ne soient point trop à charge à sa cavalerie, & qu'elle puisse les supporter également dans toutes les circonstances & dans tous les tems, Elle entend qu'il ne pourra être tiré de sa cavalerie, pour les carabiniers, plus d'un cavalier par escadron chaque année, en sorte que chaque capitaine n'ait à fournir au plus, qu'un cavalier en quatre ans ; & lorsque le corps aura besoin d'un plus grand nombre d'hommes, il sera tenu d'y pourvoir par des recrues de choix & de distinction, qu'il fera à ses frais.

XVIII. Veut au surplus Sa Majesté, que

son régiment des carabiniers soit de tout point affujetti aux régles générales du corps de fa cavalerie, tant pour la difcipline intérieure, que pour fes exercices, manœuvres, évolutions & formation d'efcadron.

XIX. Lorfque ce régiment ne fera point en campagne, l'intention de Sa Majefté eft que toutes les brigades foient raffemblées chaque année, autant qu'elles feront à portée d'être téunies, pour être exercées conjointement & uniformément ; & l'infpecteur général de cavalerie, qui fera chargé d'en faire l'infpection, y reftera, & en aura le commandement pendant tout le tems de l'affemblée.

Mandant Sa Majefté à M. le Prince de Turenne, colonel-général de fa cavalerie, & au fieur Marquis de Bethune, meftre-decamp-général de ladite cavalerie, de tenir la main à l'exécution de la préfente ordonnance.

Mande & ordonne Sa Majefté, &c. Fait à Fontainebleau, le fix Novembre mil fept cens cinquante-fix. *Signé* LOUIS. *Et plus bas*, M. P. de Voyer d'Argenson.

GODEFROI-CHARLES-HENRI DE LA TOUR D'AÜVERGNE, Prince de Turenne, Grand-Chambellan de France en furvivance, Colonel général de la Cavalerie tant françoife qu'étrangere.

VU l'ordonnance du Roi du 6 Novembre 1756, par laquelle Sa Majefté prefcrit la manière dont fon régiment des carabiniers fera compofé à l'avenir ; ladite ordonnance à nous adreffée, avec ordre de tenir la main à fon exécution. Mandons à M. le marquis de Béthune, meftre-de-camp général de la cavalerie, de tenir la main à ce qu'elle foit exactement obfervée. Ordonnons à tous brigadiers, meftres-de-camp, commandans de cavalerie & autres, de s'y conformer, & de la faire exécuter felon fa forme & teneur. Fait à Fontainebleau le fix Novembre mil fept cent cinquante-fix. *Signé*, LE PRINCE DE TURENNE. *Et plus bas*, par Monfeigneur, GAULTIER.

ORDONNANCE DU ROI,

Pour mettre fon Régiment des Carabiniers, fous le titre de M. le Comte de Provence;

Du 13 Mai 1758.

SA Majefté jugeant à-propos de donner le commandement de fon régiment des carabiniers à M. le Comte de Provence, & d'y faire quelques changemens qu'Elle a cru néceffaires, elle a ordonné & ordonne ce qui fuit :

ARTICLE PREMIER.

Ce régiment qui eft compofé de cinq brigades, formant dix efcadrons, continuera de porter le nom de *Régiment des Carabiniers*, avec celui de M. *le comte de Provence*, que Sa Majefté a établi meftre-de-camp dudit régiment, lequel prendra rang dorénavant dans l'ordre de ceux des fils de France, après celui de M. le duc de Berry ; & M. le comte de Provence aura fous lui un meftre-de-camp lieutenant, qui fera en même tems infpecteur du corps.

Les meftres-de-camp lieutenans des brigades auront, comme ci-devant, le commandement de leurs brigades, fous l'autorité du meftre-de-camp & du meftre-de-camp lieutenant du corps.

III. Sa Majefté ayant reconnu que, pour mettre plus d'uniformité & d'exactitude dans plufieurs parties effentielles au fervice & à la police dudit régiment, il convenoit que les fonctions de major fuffent réunies en une feule perfonne, Elle entend que la majorité particuliere de chaque brigade foit fupprimée, & qu'à l'avenir il n'y ait qu'un feul major pour tout le régiment, lequel aura, par fon état, le rang de meftre-de-camp, & commandera le corps en l'abfence du meftre-de-camp & du meftre-de-camp-lieutenant, concurremment avec les meftres-de-camp-lieutenans des brigades, fuivant la date de fa commiffion de meftre-de-camp, & fupérieurement aux lieutenans-colonels du corps, nonobftant ce qui eft porté par l'ordonnance de Sa Majefté du 5 Décembre 1741, à laquelle Elle veut qu'il foit dérogé dans ce cas particulier feulement.

IV. Sa Majefté fera pourvoir de compagnies les majors de brigades qui fe trouvent fupprimés ; & en attendant qu'Elle les y ait nommés, ils continueront de recevoir les appointemens dont ils jouiſſent, en reſtant attachés à la ſuite du régiment.

V. L'aide-major particulier de chaque brigade ſera conſervé pour en faire le détail ſous les ordres du major du régiment, & le grade de capitaine ſera à l'avenir attaché à l'état deſdits aides-majors.

VI. Pour ſoulager les aides-majors dans leurs détails, il ſera établi un ſous-aide-major dans chaque brigade, lequel ſera choiſi entre les ſubalternes, lieutenans ou cornettes, les plus capables & les plus intelligens; & Sa Majeſté accordera à ces ſous-aides-majors le grade de capitaine, lorſqu'ils ſe trouveront l'avoir mérité par leur application à leurs fonctions, & qu'ils les auront remplies pendant le tems qu'Elle exige pour faire cette grace aux aides-majors de ſa cavalerie.

VII. Ce régiment ſera établi, à commencer du 16 de ce mois, ſur le pied preſcrit par la préſente ordonnance; & à commencer dudit jour, il ſera payé par an, ſavoir, la ſomme de vingt mille livres au meſtre-de-camp-lieutenant dudit régiment, dont douze mille livres en ladite qualité, & huit mille livres comme inſpecteur du corps; celle de ſix mille livres au major, dix-huit cens livres aux aides-majors, & mille quatre-vingt livres aux ſous-aides-majors. A l'égard des autres officiers dudit régiment, ils continueront de recevoir leurs appointemens ſur le pied qui leur eſt réglé par l'ordonnance de Sa Majesté concernant le payement de ses troupes, du 25 du mois de Février dernier.

VIII. Entend Sa Majesté que le mestre-de-camp-lieutenant inspecteur dudit régiment, lui rende compte directement & reçoive ses ordres sur les différens objets qui intéresseront le corps, jusqu'à ce que M. le comte de Propence puisse le faire par lui-même, & ce en présence du secrétaire d'état ayant le département de la guerre.

IX. Veut au surplus Sa Majesté que son réglement du 6 Nov. 1756 concernant ledit régiment, ait son exécution en ce qui ne s'y trouve pas de contraire à la présente.

Mandant Sa Majesté à Monsieur le prince de Turenne, colonel général de sa cavalerie, & au sieur marquis de Béthune, mestre-de-camp général de ladite cavalerie, de tenir la main à l'exécution de la présente ordonnance.

Mande & ordonne Sa Majesté, &c. Fait à Versailles le treize Mai mil sept cent cinquante-huit. *Signé*, LOUIS. *Et plus bas,* LE MARÉCHAL DUC DE BELLE-ISLE.

GODEFROI-CHARLES-HENRI DE LA TOUR D'AUVERGNE, Prince de Turenne, Grand Chambellan de France en survivance, Colonel général de la Cavalerie, tant légere, françoise, qu'étrangere.

VU l'ordonnance du Roi du 13 Mai 1758, par laquelle Sa Majesté ordonne que son régi-

mens

ment des Carabiniers fera dorénavant mis fous le titre de *M. le comte de Provence,* & qu'il y fera fait les changemens qu'Elle a jugé néceſſaires ; lad. ordonnance à nous adreſſée, avec ordre de tenir la main à ſon exécution. Mandons à M. le marquis de Béthune, meſtre-de-camp général de la cavalerie, de tenir la main à ce qu'elle ſoit exactement obſervée. Ordonnons à tous brigadiers, meſtres-de-camp, commandans de cavalerie, & autres, de s'y conformer ; & à tous qu'il appartiendra, de la faire exécuter ſelon ſa forme & teneur. Fait à Paris ce quatorze Mai mil ſept cent cinquante-huit. *Signé,* LE PRINCE DE TURENNE. *Et plus bas,* par Monſeigneur, GAULTIER.

TITRE XXXIX.

Concernant la Cavalerie.

ORDONNANCE DU ROI,

Concernant le commandement des Brigades de Cavalerie & de Dragons;

Du premier Mars 1757.

SA Majeſté s'étant fait repréſenter ſon ordonnance du 17 Février 1753, par laquelle en dérogeant à celle du 20 Juillet 1741, Elle a ordonné que le commandement des brigades d'infanterie ſeroit déféré aux brigadiers-colonels en pied, par préférence aux autres officiers revêtus de ce grade, quoique plus anciens. Et voulant que la même regle ſoit obſervée dans les brigades de cavalerie & de dragons, Elle a ordonné & ordonne que

chaque brigade de cavalerie & de dragons
fera commandée par le meftre-de-camp des
régimens qui la compofent, qui fera le plus
ancien brigadier; & s'il n'y a point dans la
brigade de meftre-de-camp qui foit brigadier, le plus ancien brigadier entre les
lieutenans-colonels ou autres officiers de
ces régimens la commandera.

Mande & ordonne Sa Majefté, &c. Fait
à Verfailles le premier Mars 1757. *Signé*,
LOUIS. *Et plus bas*, R. DE VOYER.

TITRE XL.

Concernant les Cornettes de Cavalerie & de
Dragons.

ORDONNANCE DU ROI,

En faveur des Cornettes de Cavalerie & de
Dragons ; du 28 Février 1737.

SA Majefté ayant réglé par fes ordonnan-
nances du 8 du mois de Janvier dernier, portant réduction des compagnies de cavalerie
françoife & étrangere, de carabiniers & de
dragons, qu'il feroit choifi dans chaque régiment deux cornettes par efcadron, qui
continueroient d'être entretenus, a jugé à
propos d'expliquer fes intentions fur ce qui
les concerne, ainfi que fur les autres cornettes
qui s'y trouveront au-delà de ce nombre, &
Elle a ordonné & ordonne ce qui fuit.

ARTICLE PREMIER.

Les deux cornettes par escadron, qui auront été conservés lors de l'exécution desdites ordonnances (indépendamment des cornettes qui servent de tout tems dans les régimens de l'état-major de la cavalerie & des dragons), demeureront dans les compagnies où ils se trouvent, quand même elles ne seroient pas du nombre des anciennes, en attendant qu'il leur soit expédié des ordres pour y passer, & continueront d'y faire le service & d'être payés de leurs appointemens, ainsi qu'il est réglé par l'ordonnance de Sa Majesté pour le payement de ses troupes.

II. Les cornettes qui n'ayant pû être conservés auront été jugés dignes par leur application de rester aux régimens où ils sont, en attendant les places vacantes, continueront en vertu des brevets dont ils sont pourvûs, de servir dans leur même compagnie, sans avoir besoin de nouveaux ordres; auront leur logement par-tout où sera leur régiment, tant en marche qu'en garnison; recevront l'étape en route, & passeront en revûe comme les autres, mais ne toucheront aucuns appointemens, & il en sera fait mention dans les revûes, pour les distinguer des autres cornettes; ils seront obligés de servir régulierement pendant les mois de Mai, Juin, Juillet & Août de chaque année, & ne pourront s'absenter sans la permiffion du commandant de la place où ils fe trouveront en garnifon, & fans celle du commandant du régiment.

III. Lorfqu'une des places de cornettes confervés avec appointemens, viendra à vaquer, elle fera remplie par le plus ancien de ceux qui feront reftés au régiment fans appointemens ; bien entendu qu'il y aura fervi régulierement pendant lefdits quatre mois ; & fi le plus ancien ne les avoit pas fervi, celui qui le fuivra lui fera préféré.

IV. Immédiatement après la réforme faite dans chaque régiment, il fera envoyé aux majors par le fecrétaire d'état ayant le département de la guerre, un état des cornettes confervés avec appointemens, & de ceux qui y devront refter fans appointemens.

V. Les majors auront foin de donner aux commiffaires des guerres qui auront la police des régimens, une copie dudit état figné d'eux, afin que dans les revûes il foit fait mention des cornettes qui ne doivent point avoir d'appointemens.

Mandant Sa Majefté à Monfieur le comte d'Evreux, colonel général de fa cavalerie, au fieur marquis de Clermont-Tonnerre, meftre-de-camp général de ladite cavalerie, au fieur comte de Coigny colonel-général de fes dragons, & au fieur duc de Chevreufe meftre-de-camp général defdits dragons, de tenir la main à l'exécution de la préfente ordonnance.

Mande & ordonne Sa Majefté, &c. Fait

à Versailles le vingt-huit Février mil sept cent trente-sept. *Signé*, LOUIS. *Et plus bas*, BAUYN.

ORDONNANCE DU ROI,

Du 8 Septembre 1756.

SA Majesté voulant établir des cornettes dans quelques régimens de sa cavalerie françoise & étrangere, Elle a ordonné & ordonne ce qui suit :

ARTICLE PREMIER.

Il sera établi dans chacune des compagnies des régimens Commissaire-général, Cuirassiers, Royal-Roussillon, Royal-Allemand, Royal-Carabiniers, Royal-Pologne, Bourgogne, Berri, Orléans, Lusignen, Marcieu, Talleyrand, la Rochefoucault, Lameth, Bellefont, Henrichemont, Moustiers, Wirtemberg, Harcourt & Nassau, un troisieme officier, sous le titre de cornette, à la réserve de la compagnie mestre-de-camp du régiment Commissaire-général, où il y en a déja un ; & ceux desdits cornettes qui se trouveront dans les compagnies où les étendards sont attachés, porteront lesdits étendards.

II. Entend Sa Majesté qu'il soit payé à chacun de ces cornettes, à commencer du premier Octobre prochain ; sçavoir, à ceux qui seront placés dans les régimens de sa cavalerie françoise, trente-sept sols six deniers par jour, & quarante-cinq sols à ceux des carabiniers & des régimens Royal-Allemand, Wirtemberg & Naffau.

III. Les lieutenans en pied compris dans la derniere réforme, auxquels il a été accordé des appointemens par rapport à l'ancienneté de leurs services, & qui feront choisis pour remplir de ces places de troisieme officier, en feront pourvûs fous le titre de lieutenant en second, en confervant leurs appointemens de réforme, indépendamment de ceux réglés ci-deffus, jufqu'à ce qu'ils foient remplacés à des lieutenances.

IV. Les cornettes réformés qui ont été maréchaux-des-logis, & qui fe trouvent entretenus à la fuite defdits régimens en qualité de lieutenans réformés, feront remplacés de préférence, auxdites charges de cornettes, & jouiront des appointemens y attachés, au lieu de ceux qu'ils avoient comme lieutenans réformés.

Mandant Sa Majefté à Monf. le prince de Turenne, colonel général de fa cavalerie, & au fieur marquis de Béthune, meftre-de-camp général de ladite cavalerie, de tenir la main à l'exécution de la préfente ordonnance.

Mande & ordonne Sa Majefté, &c. Fait à Verfailles le huit Septembre mil fept cent cinquante-fix. *Signé,* L O U I S. *Et plus bas,* M. P. DE VOYER D'ARGENSON.

GODEFROI-CHARLES-HENRI DE LA Tour d'Auvergne, *Prince de Turenne*, *Grand-Chambellan de France en furvivance*, *Colonel général de la Cavalerie, tant françoife qu'étrangere.*

VU l'ordonnance du Roi du 8 Septembre 1756, par laquelle Sa Majefté établit des cornettes dans quelques régimens de fa cavalerie françoife & étrangere : lad. ordonnance à nous adreffée, avec ordre de tenir la main à fon exécution. Mandons à M. le marquis de Béthune, meftre-de-camp général de la cavalerie, de tenir la main à ce qu'elle foit exactement obfervée. Ordonnons à tous brigadiers, meftres-de-camp, & commandans de cavalerie de s'y conformer, & de la faire exécuter felon fa forme & teneur. Fait à Paris le huit Septembre mil fept cent cinquante-fix. *Signé,* LE PRINCE DE TURENNE. *Et plus bas,* Par Monfeigneur, GAULTIER.

ORDONNANCE DU ROI,

Du 5 Janvier 1757.

SA Majefté ayant créé par fon ordonnance du 8 Septembre 1756, une place de troifieme officier, fous le titre de cornette, dans chaque compagnie de vingt régimens de fa cavalerie, tant françoife qu'étrangere, dénommés dans ladite ordonnance : Et voulant établir les mêmes places dans les autres régimens de fa cavalerie, Elle a ordonné & ordonne ce qui fuit :

ARTICLE PREMIER.

Il fera établi dans chacune des compagnies des régimens Colonel-général, Meftre-de-camp-général, Royal, du Roi, Royal-étranger, Royal-cravattes, Royal-Piémont, la Reine, Dauphin, Dauphin-étranger, Aquitaine, Condé, Bourbon, Clermont-Prince, Conty, Penthievre, d'Archiac, Poly, Deffalles, Clermont-Tonnerre, Chabrillant, Egmont, Beauvilliers, Gramont, Bourbon-Buffet, Laviefville, Maugiron, Saint-Jal, Fumel, de Vienne, Cruffol, Fleury, Lenoncourt, Dampierre, Saluces, Noailles, Filtzjames, Defcars, Montcalm & Befons, un troifieme officier fous le titre de cornette, à la réferve de la compagnie colonelle du régiment du Colonel-général, & de la compagnie meftre-de-camp du Meftre-de-camp-général où il y en a déjà ; & ceux defdits cornettes, qui fe trouveront dans les compagnies où les étendards font attachés, porteront lefdits étendards.

II. Entend Sa Majefté qu'il foit payé, à commencer du premier Février prochain, trente-fept fols fix deniers par jour à chacun de ces cornettes.

III. Les cornettes réformés, qui ont été maréchaux-des-logis, & qui fe trouvent entretenus à la fuite defdits régimens en qualité de lieutenans réformés, feront remplacés de préférence auxdites charges de cornettes, & jouiront des appointemens y attachés, au lieu de ceux qu'ils avoient comme lieutenans réformés.

IV. Les lieutenans en pied, compris dans la derniere réforme, auxquels il a été accordé des appointemens par rapport à l'ancienneté de leurs services, feront auſſi nommés de préférence à aucuns nouveaux ſujets, pour remplir de ces places de troiſieme officier, & ils en feront pourvûs ſous le titre de lieutenant en ſecond, en conſervant leurs appointemens de réforme, indépendamment de ceux réglés par la préſente ordonnance, juſqu'à ce qu'ils ſoient remplacés à des lieutenances ; voulant Sa Majeſté que ceux deſdits lieutenans réformés qui ne ſe feront pas préſentés pour leſdites places, ou qui n'auront pas été jugés capables d'y être nommés, ceſſent de jouir de leurs appointemens de réforme, & que la même regle ſoit ſuivie à l'égard des lieutenans réformés de cette eſpece, pour leſdites places qui reſtent à remplir ou qui viendront à vaquer dans les régimens où elles ont été établies par l'ordonnance du 8 Septembre de l'année derniere.

Mandant Sa Majeſté à Monſ. le prince de Turenne, colonel général de ſa cavalerie, & au ſieur marquis de Béthune, meſtre-de-camp général de ladite cavalerie, de tenir la main à l'exécution de la préſente ordonnance.

Mande & ordonne Sa Majeſté, &c. Fait à Verſailles le cinq Janvier mil ſept cent cin-

quante-fept. *Signé*, LOUIS. *Et plus bas*,
M. P. DE VOYER D'ARGENSON.

GODEFROI-CHARLES-HENRI DE LA TOUR D'AUVERGNE, *Prince de Turenne, Grand-Chambellan de France en furvivance, Colonel général de la Cavalerie, tant françoife qu'étrangere.*

VU l'ordonnance du Roi du 5 Janvier 1757, par laquelle Sa Majefté voulant établir une place de troifieme officier fous le titre de cornette dans chaque compagnie de fa cavalerie, tant françoife qu'étrangere, ainfi qu'Elle l'a créé dans les vingt régimens de cavalerie dénommés dans fon ordonnance du 8 Septembre 1756 : la préfente ordonnance à nous adreffée, avec ordre de tenir la main à fon exécution. Mandons à M. le marquis de Béthune, meftre-de-camp général de la cavalerie, de tenir la main à ce qu'elle foit exactement obfervée. Ordonnons à tous brigadiers, meftres-de-camp, commandans de cavalerie & autres, de s'y conformer, & à tous qu'il appartiendra, de la faire exécuter felon fa forme & teneur. Fait à Verfailles le cinq Janvier mil fept cent cinquante-fept. *Signé*, LE PRINCE DE TURENNE. *Et plus bas*, Par Monfeigneur, GAULTIER.

ORDONNANCE DU ROI,

Du 5 Janvier 1757.

SA Majefté voulant établir des cornettes dans fes régimens de dragons, Elle a ordonné & ordonne qu'il fera mis un troifieme officier, sous le titre de cornette, dans chacune des seize compagnies desdits régimens, à l'exception de la compagnie générale des dragons, & de la compagnie mestre-de-camp du régiment Mestre-de-camp général, où il y en a déjà; & il sera payé, à commencer du premier du mois Février prochain, trente sols par jour à chacun desdits cornettes.

Mandant Sa Majesté au sieur duc de Chevreuse, colonel général de ses dragons, & au sieur duc de Coigny, mestre-de-camp général desdits dragons, de tenir la main à l'exécution de la présente ordonnance.

Mande & ordonne Sa Majesté, &c. Fait à Versailles le cinq Janvier mil sept cent cinquante-sept. *Signé*, LOUIS. *Et plus bas*, M. P. DE VOYER D'ARGENSON.

MARIE-CHARLES-LOUIS D'ALBERT,
Duc DE CHEVREUSE, Lieutenant général des
Armées du Roi, Colonel général des Dragons.

VU l'ordonnance du Roi du 5 Janvier 1757, par laquelle Sa Majesté établit un troisieme officier, sous le titre de cornette, dans chacune des seize compagnies des régimens de dragons, à l'exception des compagnie générale & mestre-de-camp général : lad. ordonnance à nous adressée, avec ordre de tenir la main à son exécution. Mandons à M. le duc de Coigny, mestre-de-camp général des dragons, de tenir la main à ce qu'elle soit exactement observée. Ordonnons à tous brigadiers, mestres-de-camp & autres commandans de dragons, de veiller à l'exécution de lad. ordonnance. Fait à Paris le huit Janvier mil sept cent cinquante - sept. *Signé*, LE DUC DE CHEVREUSE. *Et plus bas*, Par Monseigneur, BERNARD.

CAVALERIE.

Prix des Régimens & Compagnies de Cavalerie & de Dragons.

Le prix des régimens de cavalerie & de dragons n'a été fixé par aucune ordonnance.

Les régimens royaux & de l'état-major de la cavalerie, se sont vendus jusqu'ici cent mille-livres; les régimens de gentilshommes, vingt-deux mille cinq cens livres.

Les derniers régimens de dragons ont été vendus depuis cent jusqu'à cent vingt mille livres.

Le prix des compagnies de cavalerie a été fixé par ordonnance du 10 Janvier 1719, à dix mille livres dans les régimens royaux ou de l'état-major de la cavalerie; & à huit mille livres dans les régimens de gentils-hommes.

Les compagnies de dragons n'ont été fixées par aucune ordonnance.

TITRE XLI.

Concernant les Fourriers de Cavalerie
& Dragons.

ORDONNANCE DU ROI,

Portant création d'un Fourrier dans chaque
compagnie de ses Régimens de Dragons, &
qui regle leur rang & leur traitement ;

Du premier Novembre 1758.

SA Majesté ayant établi, par son ordonnance du 25 Février dernier, un fourrier dans chacune des compagnies de ses régimens de cavalerie françoise & étrangere ; & voulant qu'il en soit aussi établi dans ses régimens de dragons, Elle a ordonné & ordonne ce qui suit :

ARTICLE PREMIER.

Il sera établi un fourrier dans chaque compagnie des régimens de dragons.

II. L'objet de cet établissement étant que le fourrier puisse aider & suppléer au maréchal-des-logis dans ses fonctions, l'intention de Sa Majesté est qu'il soit choisi dans les brigadiers, ou les dragons les plus intelligens & les plus propres à remplir cette place.

III. Ces fourriers prendront rang immédiatement après les maréchaux-des-logis & avant les brigadiers, & seront portés dans les revûes à la tête du nombre des quarante dragons qui forment la compagnie ; laquelle au moyen de cet établissement, sera composée d'un fourrier, deux brigadiers, trente-six dragons & d'un tambour.

IV. Ils commanderont la troupe en l'absence des officiers & des maréchaux-des-logis.

V. Dans les marches, ils se tiendront sur les flancs de leurs compagnies ; & lorsqu'elles seront en bataille, ils seront à la droite ou à la gauche, suivant l'ordre dans lequel la compagnie sera formée. Si cependant le maréchal-des-logis étoit absent, le fourrier le remplacera à son poste.

VI. Lorsque les troupes seront campées, les fourriers commanderont la garde de l'étendard ; & lorsqu'elles ne le seront pas, le maréchal-des-logis marchera pour toutes les gardes ou détachemens qui seront commandés par un capitaine ; le fourrier, pour tous ceux qui seront commandés par un lieutenant. Il ne marchera qu'un brigadier avec les détachemens commandés par un cornette.

VII. Sa Majesté entend que pour leur donner une marque distinctive, ils aient un bordé sur les paremens de leurs habits, avec trois brandebourgs du même galon.

VIII. Ces fourriers seront payés à raison de dix sols six deniers par jour, à commencer du premier Avril de la présente année ; & à cet effet ils seront compris dans la première

revûe qui fera faite après la réception de la
préfente ordonnance, & rappellés, pour être
payés fur ce pied dudit jour premier Avril.

IX. Sa Majefté voulant établir une haute-
paye dans fes régimens de dragons, comme
Elle a fait dans ceux de fa cavalerie, Elle ordonne qu'à commencer du premier Janvier
de la préfente année, les quatre plus anciens
dragons de chaque compagnie reçoivent un
fupplément de paye de fix deniers chacun
par jour, & foient à cet effet auffi compris
& rappellés dans la premiere revûe qui fera
faite après la réception de la préfente ordonnance, pour en être payés depuis ledit
jour premier Janvier.

Mandant Sa Majefté au fieur duc de Chevreufe, colonel-général des dragons, & au
fieur duc de Coigny, meftre-de-camp général d'iceux, de tenir la main à l'exécution de
la préfente.

Mande & ordonne Sa Majefté, &c. Fait
à Verfailles le premier Novembre mil fept.
cent cinquante-huit. *Signé*, LOUIS. *Et plus
bas*, LE MARÉCHAL DUC DE BELLE-ISLE.

*MARIE-CHARLES-LOUIS D'ALBERT,
duc DE LUYNES & DE CHEVREUSE, Pair
de France, Chevalier Commandeur des Ordres du
Roi, Lieutenant général de fes armées, Colonel
général des Dragons de France, Gouverneur &
Lieutenant général pour Sa Majefté, de la ville,
prevôté & vicomté de Paris*, &c.

VU l'ordonnance du Roi du premier Novembre 1758, portant création d'un fourrier dans

chaque compagnie de ſes régimens de dragons, & qui regle leur rang & leur traitement : ladite ordonnance nous étant adreſſée, avec ordre de tenir la main à ſon exécution. Mandons à Monſieur le duc de Coigny, meſtre-de-camp général des dragons, de tenir la main à ce qu'elle ſoit exactement obſervée. Ordonnons à tous brigadiers, meſtres-de-camp, commandans des dragons, & autres qu'il appartiendra, de s'y conformer & de la faire exécuter ſelon ſa forme & teneur. Fait à Choiſy le vingt-ſept Février mil ſept cent cinquante-neuf. *Signé*, LE DUC DE CHEVREUSE. *Et plus bas*, Par Monſeigneur, BERNARD.

ORDONNANCE DU ROI,

Concernant les Fourriers que Sa Majeſté a fait établir dans ſes régimens de Cavalerie, du premier Novembre 1758.

SA Majeſté ayant fait établir par ſon ordonnance du 25 Février dernier, un Fourrier en chacune des compagnies des régimens de ſa cavalerie françoiſe & étrangere : & voulant expliquer ſes intentions ſur le rang que doivent tenir ces fourriers, & ſur le ſervice qu'ils doivent faire, afin que cet établiſſement ſoit uniforme dans tous les régimens, Elle a ordoné & ordonne ce qui ſuit :

ARTICLE PREMIER.

Les vûes de Sa Majeſté étant que le Fourrier puiſſe aider & ſuppléer au maréchal-des-logis dans ſes fonctions, ſon intention eſt qu'il ſoit choiſi dans les brigadiers ou cavaliers les plus intelligens & les plus propres à remplir cette place.

II. Ces fourriers prendront rang immédiatement après les maréchaux-des-logis & avant les brigadiers, & ſeront portés dans les revûes à la tête du nombre des quarante maîtres qui forment la compagnie, laquelle, au moyen de cet établiſſement, ſera compoſée d'un fourrier, de deux brigadiers & de trente-ſept cavaliers, y compris le trompette & le timbalier, dans celles où il doit y en avoir. Ils ſeront de droit chefs de la premiere chambrée.

III. Ils commanderont la troupe en l'abſence des officiers & des maréchaux-des-logis.

IV. Dans les marches, ils ſe tiendront ſur les flancs de leurs compagnies; & lorſqu'elles ſeront en bataille, ils ſeront à la droite ou à la gauche, ſuivant l'ordre dans lequel la compagnie ſera formée. Si cependant le maréchal-des-logis étoit abſent, le fourrier le remplacera à ſon poſte.

V. Lorſque les troupes ſeront campées, les fourriers commanderont la garde de l'étendard; & lorſqu'elles ne le ſeront pas, le maréchal-des-logis marchera pour toutes les gardes ou détachemens qui ſeront commandés par un capitaine; le fourrier pour tous ceux qui ſeront commandés par un lieutenant; & il ne marchera qu'un brigadier avec les détachemens commandés par un cornette.

VI. Sa Majesté entend que pour leur donner une marque distinctive, ils ayent un bordé sur sur les paremens de leurs habits, avec trois brandebourgs du même galon, & que n'ayant plus de mousqueton, ils ne conservent point de bandouliere.

VII. Ces fourriers continueront d'être payés sur le pied par jour, de douze sols dans les régimens de cavalerie françoise & étrangere, de treize sols six deniers dans le régiment des carabiniers de M. le comte de Provence, & de dix sols six deniers dans celui des volontaires de Chomberg.

Mandant Sa Majesté à Monf. le prince de Turenne, colonel général de sa cavalerie, & au sieur marquis de Béthune, mestre-de-camp général d'icelle, de tenir la main à l'exécution de la présente.

Mande & ordonne Sa Majesté, &c. Fait à Versailles le premier Novembre mil sept cent cinquante-huit. *Signé* L O U I S. *Et plus, bas,* LE MARÉCHAL DUC DE BELLE-ISLE.

GODEFROI-CHARLES-HENRI DE LA TOUR D'AUVERGNE, Prince de Turenne, Grand-Chambellan de France en survivance, Colonel général de la Cavalerie légere, françoise & étrangere.

VU l'ordonnance du Roi du premier Novembre 1758, par laquelle Sa Majesté explique ses intentions sur le rang que doit tenir & le service que doit faire le fourrier qu'Elle a établi par son ordonnance du 25 Février dernier, en chacune des compagnies des régimens de sa cavalerie

françoise & étrangere : ladite ordonnance à nous
adreſſée, avec ordre de tenir la main à ſon exécution. Mandons à M. le marquis de Béthune,
meſtre-de-camp général de la cavalerie, & à tous
autres commandant ladite cavalerie, de faire
exécuter ladite ordonnance ſelon ſa forme &
teneur. Donné à Paris le deux Novembre mil
ſept cent cinquante-huit. *Signé*, LE PRINCE
DE TURENNE. *Et plus bas*, Par Monſeigneur, GAULTIER.

TITRE XLII.

Concernant l'établiſſement de l'uſage des ha-
choirs dans le corps de la Gendarmerie, &
dans les régimens de Cavalerie & de Dra-
gons deſtinés pour les armées du Rhin &
de la Moſelle.

ORDONNANCE DU ROI,

Du premier Avril 1744.

SA Majeſté étant informée de l'utilité que
la partie de ſa cavalerie qui a ſervi les cam-
pagnes dernieres en Weſtphalie, en Bohè-
me & en Baviere, a trouvée dans l'uſage
de la paille hachée, & déſirant établir ce
même uſage dans le corps de la gendarmerie
& dans les régimens de cavalerie & de dragons qu'Elle a deſtinés pour les armées du
Rhin & de la Moſelle, Elle a ordonné &
ordonne ce qui ſuit :

ARTICLE PREMIER.

Il ſera inceſſamment conſtruit en vertu

des ordres de Sa Majesté, & déposé à Strasbourg & à Metz, la quantité de hachoirs nécessaires pour être distribués à la cavalerie des deux armées du Rhin & de la Moselle.

II. Cette distribution se fera sur le pied de trente-deux hachoirs pour le corps de la gendarmerie, à raison de quatre hachoirs par escadron, de seize hachoirs à chaque régiment de cavalerie, à raison d'un hachoir par compagnie, & de quinze hachoirs à chaque régiment de dragons, sur le même pied d'un hachoir par compagnie.

III. Les hachoirs seront marqués au nom du corps & de la brigade ou compagnie qui les auront reçus.

IV. Sa Majesté fera fournir pareillement deux charrettes à la gendarmerie, & une charrette à chaque régiment de cavalerie & de dragons, pour le transport desdites hachoirs pendant la campagne, lesquelles charrettes seront attelées de deux bons chevaux aux dépens du corps; & afin que la dépense ne leur soit point à charge, Sa Majesté leur fera payer quarante sols par jour & par cheval, pendant tout le tems que les troupes qui feront usage des hachoirs, recevront la paye de campagne, tant pour l'achat des chevaux, que leur nourriture & entretien, sur les états qui en seront arrêtés en conséquence des revûes faites par les commissaires des guerres, & qui devront être visés des intendans desdites armées.

V. Il sera en outre payé quinze jours de solde, indépendamment de celle de campagne, sur le même pied de quarante sols par jour & par cheval, pour tenir lieu du transport des hachoirs, tant au retour qu'à l'entrée de la campagne, & pendant les marches que pourront faire les corps pour changer de garnison ou de quartier.

VI. Veut Sa Majesté que les commissaires des guerres se fassent représenter les hachoirs de chaque compagnie lors de leurs revûes, & qu'ils informent régulierement le secrétaire d'état ayant le département de la guerre, de celles qui en manqueront, & des mesures qui auront été prises par le capitaine, pour en faire le remplacement.

VII. Les charrettes chargées de hachoirs marcheront toujours à la tête des bagages du régiment, même avant celui du mestre-de-camp, auquel Sa Majesté ordonne très-expressément, ainsi qu'aux majors des corps, de tenir exactement la main en ce qui est en cela de ses intentions, à peine d'en répondre personnellement : enjoint au waguemestre de l'armée d'informer le général, des contraventions qu'il aura remarquées, afin qu'il puisse en rendre compte à Sa Majesté.

VIII. Défend très-expressément Sa Majesté auxdits officiers, de charger ou souffrir qu'il soit chargé sur lesdites voitures autre chose que des hachoirs ; enjoignant pareillement Sa Majesté auxdits mestres de camp & majors d'y tenir la main, & audit waguemeſtre d'y veillet, pour en rendre compte au général.

Mande & ordonne Sa Majeſté , &c. Fait à Verſailles le premier Avril mil ſept cent quarante-quatre. *Signé,* LOUIS. *Et plus bas,* M. P. DE VOYER D'ARGENSON.

PROJET D'INSTRUCTION,

CONCERNANT *la marche d'un Régiment de Cavalerie en route, & le service de la Cavalerie en campagne.*

[*Les deux projets d'instruction qui suivent avoient été approuvés par le Roi pour être exécutés en 1733, au camp de la Meuse, qui ne fut point assemblé à cause de la Déclaration de la Guerre.*]

ARTICLE PREMIER.

Ordre dans lequel un Régiment de Cavalerie doit marcher en route.

UN régiment de cavalerie faisant route, tant pour aller d'une garnison à une autre, que pour se rendre à l'armée, marchera dans l'ordre que ses escadrons sont formés ; les capitaines & les lieutenans marcheront chacun à la tête de leurs compagnies, les maréchaux des logis à la queue.

Les officiers & les maréchaux des logis contiendront les cavaliers dans leurs rangs, & en seront responsables s'ils s'écartent ; quand le maréchal des logis sera détaché, un brigadier marchera à la queue de la compagnie.

II. *Officier pour l'arriere-garde.*

Il y aura toujours un lieutenant ou un cornette avec un cavalier par compagnie pour faire l'arriere-garde du Régiment, & l'officier aura grande attention de faire joindre ceux qui pourroient rester derriere.

III. *Sortie du quartier.*

Quand un régiment sortira d'une ville ou d'un quartier, le commandant du régiment choisira hors du lieu l'endroit le plus propre pour le mettre en bataille ou en colonne, par escadrons ou par compagnies, suivant que le terrein le permettra ; les officiers de chaque compagnie verront s'il ne leur manque pas de cavaliers, & en rendront compte au commandant ; alors si le régiment est en bataille, le commandant le fera marcher quelques pas en avant, le fera mettre en colonne par compagnie, & après il le fera marcher par quatre & par deux.

Il aura attention, quand il sera à moitié chemin de la journée, de faire alte, & de faire mettre les cavaliers pied à terre, pour qu'ils puissent resserrer les sangles de leurs chevaux & rajuster leurs équipages, s'il est nécessaire.

IV. Il sera commandé tous les jours un officier avec un cavalier par compagnie, pour escorter les équipages ; il sera marqué une heure fixe pour leur départ, qui sera toujours avant celui du régiment ; s'il arrive quelque accident à quelque voiture, l'officier commandant l'escorte y laissera un brigadier, s'il en a un dans sa troupe, ou le cavalier qu'il croira le plus entendu. Quand les équipages seront arrivés au quartier, on les laissera ensemble sur la place la plus commode du lieu.

L'officier commandant l'escorte y laissera une sentinelle jusqu'à l'arrivée du régiment ; alors on y mettra une garde d'un maréchal-des-logis & d'un cavalier par compagnie : cette garde sera toujours commandée dès la veille, pour pouvoir se rendre aux équipages à l'arrivée du régiment.

Le maréchal des logis commandant cette garde, fera mettre une sentinelle, ou deux, s'il est nécessaire, aux équipages, pour veiller à leur sûreté.

S'il y avoit quelque desordre de nuit ou de jour dans le quartier, le maréchal des logis y mettra ordre & fera arrêter les auteurs du desordre,

dre, qu'il fera mener à sa garde, & les y gardera jusqu'au lendemain matin, qu'il en rendra compte au major du régiment.

Cette garde restera aux équipages jusqu'au lendemain matin, que l'officier commandé pour l'escorte, soit arrivé. Si l'on marchoit en pays dangereux, les équipages doivent marcher à la queue du régiment, avec une escorte convenable au danger, & la garde pour la nuit doit aussi être mise à-proportion.

V. *Officier commandé avec les éclopés.*

Il sera aussi commandé tous les jours un officier avec deux cavaliers, pour marcher une heure avant le régiment avec les chevaux éclopés & les cavaliers à pied ; il aura grande attention que pas un ne s'écarte, il sera responsable des désordres qu'ils pourroient commettre ; il leur sera marqué un endroit d'assemblée pour le départ, qui doit être sur le chemin de la sortie du quartier.

VI. *Attention que l'on doit avoir au sujet des chariots des paysans pour les équipages.*

Quand un régiment fera une route, pendant laquelle il doit lui être fourni des chariots & des chevaux de paysans, pour les équipages des officiers, le major, avant que le régiment parte de la garnison, doit demander un état de ce que chaque officier a besoin de voitures ou de chevaux de paysans, & lui retenir sur le décompte du mois du départ, ce qu'il doit payer le long de la route pour lesdites voitures ou chevaux, suivant l'ordonnance du Roi.

Le major fera remettre tous les soirs à l'officier commandé au bagage pour le lendemain, l'argent nécessaire pour payer le matin, avant que de se mettre en marche, les voitures & les chevaux de paysans: cette attention évite bien des discussions.

Quand les équipages marcheront au moyen

des voitures de paysans, il n'est pas possible de donner une heure fixe pour leur départ ; mais ce doit être le plus matin que faire se pourra.

VII. *Logement & distribution du fourrage & de l'étape.*

Il sera détaché tous les matins au point du jour pour aller au logement, un officier-major avec un capitaine, un lieutenant & un maréchal des logis, brigadier ou cavalier par compagnie.

L'officier-major, en arrivant au quartier, si c'est dans une place de guerre, ira présenter sa route au commandant de la place, & de-là il ira à l'hôtel-de-ville faire son logement : le capitaine & le lieutenant iront visiter, l'un les fourrages, & l'autre l'étape ; ils auront grande attention de voir non-seulement si la livraison est bonne, mais aussi si elle est de poids & de mesure.

Quand les billets de logemens seront faits, l'officier-major fera autant de paquets, qu'il y a de compagnies, observant de loger les cavaliers d'une même compagnie, le plus près les uns des autres qu'il sera possible ; il joindra à chaque paquet de billets, celui du capitaine, du lieutenant, du cornette & du maréchal des logis, observant que les billets d'officiers soient des logemens le plus à portée qu'il sera possible des logemens des cavaliers, dont les billets composent ledit paquet. Par cet arrangement, les officiers & les cavaliers d'une même compagnie seront tous logés dans le même quartier, & les officiers seront à portée de veiller à la discipline de leur troupe.

Quand les paquets seront faits, suivant le nombre des compagnies, & que le mestre-de-camp du régiment en aura choisi un, suivant l'usage, les autres seront tirés au sort par ancienneté de compagnie.

Quand les billets feront tirés, chaque maréchal des logis ou autre faifant la fonction, ira d'abord vifiter les quartiers des officiers, & enfuite ceux des cavaliers, & les écuries ; & s'il trouve quelque chofe qui ne foit pas convenable, il en avertira auffi-tôt l'officier major, qui y apportera le remede néceffaire.

L'officier major aura un foin particulier de s'informer s'il n'y a point eu de chevaux morveux dans les écuries, & donner fur cet article une attention particuliere.

VIII. *Arrivée du régiment au quartier.*

Quand le régiment fera prêt d'arriver au quartier, l'officier-major & les maréchaux des logis qui auront été au logement, monteront à cheval & iront au-devant du régiment ; l'officier-major rendra compte au commandant du régiment de l'état des logemens, & chaque maréchal des logis en rendra compte au commandant de la compagnie.

Quand le régiment fera à portée du quartier, le commandant du régiment le fera mettre en bataille ou en colonne par efcadrons ou par compagnie, fuivant que le terrein le permettra, & puis il le fera défiler, pour entrer en ordre dans le quartier : fi c'eft dans une place de guerre, les timbales battront, les trompettes fonneront, & les officiers & les cavaliers auront l'épée à la main ; fi c'eft dans un endroit ouvert, les timbales battront & les trompettes fonneront, mais on ne mettra point l'épée à la main. En arrivant fur la place, s'il y a un corps-de-garde, le régiment y fera face ; & s'il n'y a pas de corps de garde, il fera face à la maifon de ville ; fi le terrein le permet : alors fi le régiment a l'épée à la main, le commandant la fera remettre dans le fourreau. Il fera fortir à la tête du régiment les timbales & les étendards, avec un cornette ou un lieutenant au défaut du cornette, un brigadier & un cavalier par compagnie, pour les conduire, le cornette marchera l'épée à la main avec la moitié des cavaliers, ensuite les timbales & les étendards suivis du reste des cavaliers aussi l'épée à la main, & le brigadier marchant derriere; il les conduira en cet état au quartier du commandant du régiment, où il les laissera; il fera remettre l'épée aux cavaliers, & rejoindra le régiment.

En tems de guerre, il y aura toujours une garde d'un brigadier & six cavaliers au logis du commandant du régiment, quand il ne sera pas dans une place fermée, pour la sûreté des étendards & timbales.

Quand les étendards seront partis, les maréchaux des logis distribueront les billets aux officiers & aux cavaliers de leur compagnie, faisant tirer les cavaliers, après avoir néanmoins donné des billets de préférence aux brigadiers. Le maréchal des logis tiendra un contrôle du nom des hôtes de chaque cavalier qui y sont logés; si c'est dans des casernes, il ne faut pas faire tirer les billets en détail, mais par chambrée.

Les officiers qui auront été commandés pour la visite des fourrages & des étapes, se trouveront aux distributions, de même qu'un officier-major. Si les fournitures se trouvoient mauvaises, & que le magasinier ou étapier ne se trouvât pas en état d'en fournir de meilleures, alors il en sera rendu compte au commandant du régiment, qui donnera ses ordres pour qu'il en soit pris dans les cabarets ou autres lieux où il s'en trouvera, faisant donner un reçû de l'officier-major à celui chez qui on aura pris la fourniture, de la quantité qui aura été prise; observant de ne faire prendre ce fourrage qu'en présence du Maire,

Syndic, ou Consul, auquel on en fera dresser
un procès-verbal.

Quand les cavaliers auront mis pied à terre,
une partie aura soin des chevaux, une partie ira
au fourrage, & l'autre à l'étape, si on la donne.
Il sera défendu une fois pour toute la route, aux
cavaliers d'aller au fourrage ni à l'étape en bottes, avec leurs habits ni leurs chapeaux uniformes, chaque cavalier devant avoir un sarau, un
bonnet ou vieux chapeau.

Les officiers des compagnies auront grande
attention de se trouver à l'heure que les chevaux
boiront ou mangeront l'avoine ; il faut qu'il y en
ait toujours un de présent à cette heure-là, qu'ils
auront soin pour cet effet d'indiquer aux cavaliers, auxquels il sera défendu de la devancer.

Quand toutes les distributions seront faites,
un officier-major & les maréchaux des logis iront
à l'ordre chez le commandant du régiment, qui
leur dira l'heure qu'il voudra que le régiment
marche le lendemain, observant de ne pas faire
marcher trop matin ; ce qui seroit nuisible aux
chevaux, puisque les cavaliers n'auroient pas le
tems de les soigner avant que de monter à cheval ; & ceux qui sont commandés pour le logement n'auroient pas plus le tems nécessaire pour
exécuter exactement ce qui a été dit ci-dessus à
leur sujet : d'ailleurs les chevaux, sur-tout pendant l'été, ne dorment & ne se reposent que la
nuit & le matin ; & si on les fait marcher de
trop bonne heure, ils dépériront en peu de
tems. Si le régiment loge dans une place de
guerre, un officier-major doit aller sur la place
pour recevoir l'ordre du major de la place.

Il sera donné une heure, pour que les cavaliers aillent le matin à leurs chevaux, & que
les officiers de chaque compagnie s'y trouvent,
pour les voir panser, boire & manger l'avoine,

& examiner avant que les cavaliers fellent leurs chevaux , s'il n'y en pas de bleffés de la veille.

Les trompettes à l'heure marquée fonneront le boutte-felle chacun dans le quartier où doit être logée la compagnie dont il eft ; li c'eft dans un endroit où il y a d'autres troupes & qui ne marchent pas, il ne fera pas fonné de boutte-felle, & on fonnera à la place la fonnerie qui fera réglée , pour répondre à l'affemblée de l'infanterie, à laquelle les cavaliers iront feller leurs chevaux , & une heure après on fonnera à cheval.

Si le régiment eft feul dans le quartier , ou qu'il y ait plufieurs régimens qui marchent , il fera donné une heure pour le boutte-felle , qui doit être fonné deux heures avant la fonnerie qui fera réglée pour l'affemblée ; lorfqu'on fonnera l'af-femblée , tous les cavaliers brideront & charge-ront leurs chevaux , afin que quand on fonnera à cheval , tout le régiment foit prêt en même tems & diligemment , & une heure après à cheval.

Le boutte-felle à l'ordinaire fervira de générale dans toute la cavalerie ; & pour la fonnerie qui doit répondre à l'affemblée , on fera apprendre aux trompettes une efpece de fanfare uniforme, qui fera auffi appellée l'affemblée ; l'ordre étant donné une fois pour le fervice de toute la mar-che , le major tiendra un contrôle des officiers du régiment pour les faire commander tour à tour , & les maréchaux-des-logis en tiendront un pour le même effet des cavaliers de leur compagnie.

Quand on aura fonné à cheval , un cornette avec le nombre des cavaliers marqués ci-deffus , ira chercher les étendards chez le commandant du régiment pour les conduire au rendez-vous qui aura été donné la veille pour l'affemblée du régiment, où chaque étendard rejoindra fa com-pagnie , le cornette & les cavaliers feront tou-jours commandés de la veille , & fe trouveront à un endroit marqué , pour quand on fonnera à cheval , aller en ordre chercher les étendards ; le même détachement les reconduira le foir chez le commandant du régiment.

Quand les étendards feront obligés d'attendre que le régiment foit aflemblé , pour rejoindre chacun fa compagnie , ils feront mis fur une ligne , l'officier à la tête l'épée à la main , ainfi que les cavaliers qui feront fur la même ligne , moitié fur la droite & moitié fur la gauche , & le brigadier fera derriere les étendards.

IX. *Défenfe pour la chaffe.*

Le commandant défendra abfolument la chaffe , tant aux officiers qu'aux cavaliers , non-feulement pour éviter les plaintes qu'elle occafionne , mais encore pour empêcher les officiers de fe diftraire de leurs fonctions , n'ayant pas trop de tems quand ils veulent l'employer convenablement ; fi quelque cavalier faifoit du défordre en chemin , ou dans le quartier , il fera châtié fuivant l'exigence du cas ; il faut avoir attention à la propreté du cavalier , & il fera ordonné tous les jours de féjour , que les bottes , les harnois & fourreaux de fabres foient graiffés , & que les habits foient houffés & les chapeaux décrotés ou épouffetés s'il eft néceffaire.

Le commandant du régiment fera prendre par un officier-major des certificats de bien vivre de tous les endroits où le régiment aura logé , & il les enverra au fecrétaire d'état de la guerre.

Il y aura toujours un capitaine de piquet commandé pour vingt quatre heures , lequel fera chargé de veiller à tout ce qui eft prefcrit , y tiendra la main , & en rendra compte au commandant du régiment.

X. *Informer le Général de l'Armée, l'Intendant & le Maréchal général des Logis de la Cavalerie, de l'arrivée du Régiment.*

Lorſqu'un régiment ſera arrivé dans le quartier le plus à portée du rendez-vous aſſigné pour former l'armée dont il devra être ; celui qui le commandera donnera avis au général & à l'intendant de ſon arrivée, de la force du régiment, du lieu d'où il ſera parti, & de celui où il ſera, afin que le général puiſſe lui adreſſer les ordres néceſſaires, & que l'intendant pourvoye à la ſubſiſtance.

Le major du régiment informera des mêmes choſes le maréchal général des logis de la cavalerie.

Lorſqu'un régiment eſt dans un quartier, le commandant doit, comme dans les places de guerre, déſigner les quartiers d'aſſemblée, ſoit pour le feu ou autres cas imprévûs, afin que chaque compagnie ſçache où elle doit ſe rendre.

Lorſqu'un régiment ſortira de ſa garniſon ou de ſon quartier, le major tiendra la main à ce qu'il ne ſoit rien redû, & il en ſera reſponſable.

XI. *Officier de campement.*

Quand un régiment devra camper, il ſera détaché un officier-major avec un maréchal-des-logis, un brigadier & deux cavaliers par eſcadron, ils ſeront pourvûs des cordeaux néceſſaires pour marquer le camp, & ſe pourvoiront de fiches uniformes telles qu'elles ſeront reglées.

Ils ſe trouveront au rendez-vous des troupes de cavalerie, où le maréchal général des logis de la cavalerie les raſſemblera ; il formera une troupe par chaque brigade du campement, qui ſera conduite par chaque major de brigade,

& marcheront immédiatement après les gardes ordinaires.

XII. *Proportion du grand cordeau, & de quelle façon il doit être.*

On ne sçauroit presque déterminer une regle certaine pour camper parfaitement un escadron ; on y rencontre souvent des obstacles du côté du terrein , & quelquefois de l'ordre du général , qui veut que son camp soit serré en certains tems, & alors il ne faut jamais serrer que par ses intervalles & ses grandes rues : pour en prescrire pourtant une regle en particulier pour qu'un escadron soit bien campé , il faut lui donner cinquante-six pas de front.

Chaque major aura donc un cordeau de cinquante-six pas de long pour le front d'un escadron: ainsi la distance ordinaire pour le front du camp d'un escadron composé de quatre compagnies , sera fixée à 56 pas , les rues des chevaux auront quinze pas, celles des tentes treize , y compris le pas de distance qui fait la ruelle qui se trouvera entre les deux culs-de-lampe ; il y aura du mât de la tente au piquet des chevaux trois pas ; le premier piquet sera mis vis-à-vis du mât de la tente du maréchal-des-logis ; on donnera d'intervalle d'un régiment à l'autre dix pas, d'une brigade à l'autre trente pas , & quarante pas de la cavalerie à l'infanterie : le pas évalué à trois pieds.

XIII. Il y aura un autre cordeau de quarante-deux pas de long, pour marquer la place de sept tentes que chaque compagnie doit avoir présentement, y compris la tente du maréchal-des-logis, qui doit toujours camper à la tête de la compagnie, dans une tente pareille à celle des cavaliers de la compagnie dont il est.

Pour marquer juste la queue des camps , un major de brigade ayant marqué la tête de son camp, à raison du plus ou du moins de pas qu'on lui aura donné par escadron ; il faut avant de répartir le terrein que chaque compagnie doit occuper, qu'il marque aussi la queue, de même que les officiers-majors lui ont fait marquer la tête.

Il seroit nécessaire d'avoir un équerre par régiment ; à ce défaut un livre d'ordre suffit.

Avant d'en parler, on croit devoir dire, qu'il seroit nécessaire qu'il y eût à chaque compagnie une fiche blanche de sept pieds de haut, bien droite & ferrée par le bout, avec une petite banderole de couleur au bout pour mieux voir les alignemens.

Le maréchal-des-logis de l'armée ou de la cavalerie, ayant donné au major de brigade le front de son camp, il doit marquer la queue à soixante pas comme on va le dire.

Le major de brigade pose à la premiere fiche plantée pour sa brigade, un livre d'ordre par son angle, & à l'œil d'un homme qui est à pied, lequel aligne le bord dudit livre qui touche la fiche tout du long de l'alignement de sa brigade ; & lui par l'autre bord de ce livre qui fait l'angle, regarde où va l'alignement, & y fait poser une fiche à dix pas, il fait ensuite de cette fiche compter cinquante pas, & y planter une troisieme fiche, laquelle se doit aligner sur les deux dont on vient de parler.

Etant pour lors à la queue de son camp, il recherche l'alignement avec son livre d'ordre sur les deux dernieres fiches qui viennent d'être plantées, & en suivant l'alignement que son livre lui indique, il fait planter des fiches conformément à ce qu'il a marqué pour la tête de chaque escadron, observant toujours que ce soit le même maréchal-des-logis qui a compté à la tête qui compte aussi à la queue, sans quoi son alignement ne sera pas juste ; & cela fait, chaque compagnie est en état de marquer son terrein, comme il sera dit ci-après.

Il sera marqué sur le cordeau sept pas du mât d'une tente à l'autre ; l'étendart sera mis à six pas en avant vis-à-vis du premier piquet des chevaux ; il y aura du mât de la derniere tente des cavaliers à la cuisine quinze pas, pour la cuisine deux & demi sur cinq de long, de la cuisine aux vivandiers dix pas, des vivandiers à la tente du lieutenant vingt pas, du lieutenant au capitaine vingt pas, de la tente du capitaine à celle de l'état-major trente pas ; s'il y a des forges elles seront placées dans l'alignement des cuisines.

XIV. *Place de la Garde des Etendards & des latrines.*

La place de la garde des étendards sera marquée à six pas en avant de la premiere tente de chaque régiment.

La place des latrines de la prèmiere ligne sera marquée à cent cinquante pas de la tête du camp, & celle de la seconde ligne sera marquée en arriere à soixante pas des dernieres tentes des officiers.

XV. *Escorte du campement.*

On commandera avec le campement qui est marqué ci-dessus, les gardes ordinaires ; les officiers qui les commanderont, feront arrêter les cavaliers, dragons & autres qui ne seront pas commandés, & les feront conduire au prevôt pour y être punis comme maraudeurs.

XVI. *Etat des gardes ordinaires.*

Les majors de piquet suivront le maréchal-de-camp de jour, lorsqu'ils iront poster autour du camp les gardes ordinaires, qui doivent former une espece de chaîne autour de l'armée, pour

E vj

veiller à sa sûreté. A mesure qu'on postera chaque garde, ils marqueront sur un état le lieu où elle sera postée, & de quelle brigade elle sera; ils en donneront une copie au maréchal-de-camp de jour, & une au maréchal général des logis de la cavalerie.

XVII. L'alignement du camp se regle, soit par la droite, soit par la gauche, sur les points des vûes qui ont été donnés par le général. Le maréchal général des logis de l'armée distribuera aux majors cinquante-six pas par escadron, pour l'aile droite de la cavalerie qui marque son camp, après quoi l'infanterie marquera le sien; quand celui de l'infanterie sera marqué, l'aile gauche de la cavalerie commencera, pour que tout soit bien aligné, à moins qu'on ne soit convenu de faire un coude ou une espece de potence.

XVIII. *Resserrer ou étendre le camp.*

Quand le terréin obligera de resserrer ou étendre le camp, on diminuera ou on augmentera sur les grands intervalles d'une brigade ou d'un régiment à l'autre, & sur les rues des chevaux, observant toujours de ne pas toucher aux treize pas pour les tentes, entre les ruelles desquelles il doit y avoir une petite rigole pour écouler les eaux.

XIX. *Faire garder le Camp marqué, & envoyer au devant des équipages.*

Lorsque le camp sera marqué, les majors ordonneront aux maréchaux-des-logis & brigadiers de campement, d'empêcher que qui que ce soit ne passe dans le camp marqué, & de faire passer les troupes & les équipages par les grands intervalles.

Chaque major de campement ira au-devant de son régiment, pour le conduire à la tête du

terrein où il devra camper , & un maréchal-
des-logis ira au-devant des équipages pour les
conduire à la qneue du camp aux places qui auront été marquées.

XX. *De quelle façon les brigades doivent être formées.*

Chaque brigade de cavalerie fera formée,
soit pour se mettre en bataille , soit pour marcher , soit pour camper ; sçavoir, le premier régiment à la droite , le second à la gauche , & les
autres alternativement se mettront à droite & à
gauche dans leur centre.

Dès que chaque brigade arrivera , les majors
mettront leurs régimens en bataille à la tête du
terrein que chaque escadron devra occuper , selon que la brigade devra camper ; car si elle devoit former la gauche d'une ligne , on la mettra
en bataille en colonne renversée , les autres brigades camperont dans leur ordre naturel.

XXI. *Défenses & autres devoirs à l'arrivée au camp.*

Lorsque chaque escadron aura été mis en bataille à la tête de son camp, on fera défense aux
cavaliers de sortir du camp pour aller au fourrage
ou au bois , sans y être conduits en bon ordre
par des officiers ou des maréchaux - des - logis
commandés pour cet effet : on avertira les maréchaux-des-logis des distributions qui seront faites à leurs compagnies ; alors on fera monter la
garde de l'étendard: on fera partir un cavalier &
les détachemens commandés , pendant ce tems-
là on empêchera qu'aucun cavalier ne forte de
son rang.

XXII. *Entrée dans le camp.*

Le major de chaque brigade recevra les ordres du brigadier , & en son absence du colonel
qui commandera la brigade pour la faire entrer

dans le camp , aucune troupe de la brigade ne devant entrer dans le camp , que par l'ordre du brigadier ou de celui qui commande la brigade; alors chaque officier-major fera faire par compagnie demi-tour à droite à son régiment , & marchera pour entrer dans le camp ; le colonel & tous les officiers du régiment resteront à cheval , jusqu'à ce que le camp soit tendu & la garde montée.

Les escadrons de la même brigade feront, autant que faire se pourra , ce mouvement ensemble , observant de se regler sur le régiment qui sera chef de brigade.

Avant que le régiment mette pied à terre , les piquets sortiront à la tête du camp , y resteront à cheval , jusqu'à que le régiment soit campé , & qu'il lui soit ordonné par le commandant de la brigade de rentrer dans leurs compagnies.

XXIII. *Garde de l'étendard , de quoi composée , & où elle doit être.*

La garde de l'étendard sera composée d'un lieutenant ou cornette, d'un brigadier & de trois cavaliers par compagnie , & sera posée quand elle sera de nuit , à six pas en avant du front de bandiere , vis-à-vis la premiere tente du régiment. Quand les étendards seront dispersés le long du camp , il y aura six cavaliers destinés pour la garde de chaque étendard ; le brigadier restera à l'étendard de la Mestre-de-camp , & aura l'inspection sur les cavaliers des autres étendards. Il y aura toujours un des six cavaliers de garde en sentinelle à chaque étendard, tenant l'étendard de la main gauche , & l'épée nue de la main droite , le milieu de la lame appuyé sur la main dont il tient l'étendard , le bout du pied gauche appuyé contre le pied de l'étendard , le pied droit en arriere , & la jambe droite un peu tendue ;

il ne tiendra ainsi l'étendard que quand il verra passer une troupe ou quelqu'officier ; hors de cela il se proménera auprès de l'étendard l'épée nue à la main , les cinq autres cavaliers poseront leurs mousquetons sur un chevalet de quatre pieds de haut & de long , & qui sera sur la ligne des étendards.

XXIV. *Attention des Officiers-Majors & des Compagnies sur le Campement.*

Les officiers des compagnies auront grande attention de faire tendre diligemment les tentes de leurs compagnies , & tiendront la main à ce qu'elles soient alignées , tant par le front de bandiere , que par les rues. Les officiers-majors auront sur tout attention de faire bien aligner les étendards, & d'empêcher que personne ne campe dans le grand intervalle.

XXV. *Conduire en bon ordre les Cavaliers au fourrage , au bois & à la paille.*

Aussitôt qu'on a mis pied à terre , le premier soin qu'on doit avoir , est la subsistance de l'homme & du cheval ; on assemblera pour cela à la tête du camp , le nombre de cavaliers que l'on jugera à propos. Il y aura un officier par compagnie pour mener les fourrageurs, le plus près que faire se pourra du camp ; on ne doit se pourvoir de fourrage que pour le jour & la nuit de l'arrivée dans le camp , à moins qu'il n'en soit ordonné autrement par le général.

XXVI. Il se fera un autre détachement de cavalerie à pied , avec un ou deux officiers du régiment pour aller au bois.

Si l'on doit distribuer le bois , le fourrage & la paille , de même que le pain & la viande , il se trouvera des officiers-majors commandés pour en faire la distribution.

XXVII. *Communication & latrines.*

Les officiers-majors feront faire diligemment les communications nécessaires, tant pour pouvoir communiquer avec les troupes à la droite & à la gauche, que pour marcher en avant ou en arriere, sans avoir égard au tems ni à la fatigue des cavaliers.

Le terrein dont chaque régiment est chargé, est depuis la premiere tente du premier escadron, jusqu'à la premiere tente du régiment contigu. Pour cet effet, il faut qu'il y ait un outil par chambrée ; sçavoir, une pelle, une pioche, une hache, une serpe, &c. dont les majors feront responsables.

Ils feront creuser les latrines & y feront mettre un appui avec une feuillée, si cela se peut, à la place où elles auront été marquées ; on commandera par corvée pour ces travaux, le nombre de cavaliers par compagnie nécessaires, commandés par un brigadier.

XXVIII. *Logement du Brigadier & Major de Brigade, les autres campes.*

Lorsqu'il se trouvera des maisons dans le terrein d'une brigade, & qu'elles n'auront pas été marquées par le marqueur de l'armée, le brigadier, & après lui le major de brigade, pourront y loger, tous les autres officiers sans exception camperont. Les majors de brigade avertiront le maréchal général des logis de la cavalerie, des officiers qui ne feront pas campés à leurs troupes, afin qu'ils en rendent compte au général, qui les obligera de camper à leur régiment.

XXIX. *Bouchers.*

Les majors dans les régimens desquels il y aura des bouchers établis, auront grand soin de les placer dans leur terrein assez éloignés pour qu'-

ils ne caufent aucune infection dans le camp ; & pour cet effet, les obliger à enterrer foigneufe- ment les tripailles.

XXX. *Défenfe aux Vivandiers de camper ailleurs qu'à leur Régiment.*

Les majors empêcheront l'établiffement des vivandiers des autres régimens dans le terrein du leur, parce que n'étant plus fous les yeux de leurs officiers, ils attirent fouvent chez eux des filles de mauvaife vie qui perdent les cavaliers & recelent les vols faits à l'armée.

XXXI. *De l'ordre que les Majors de brigade doi- vent aller chercher.*

Les majors de brigade iront à l'ordre chez le maréchal général des logis de la cavalerie, à l'heure qu'il leur aura indiquée, pour écrire l'or- dre qu'il leur dictera, ainfi que les détails qui concernent leurs brigades ; un chacun d'eux ira en faire lecture à fon brigadier : après lui avoir donné le mot à l'oreille, il recevra les ordres par- ticuliers que le brigadier pourroit avoir à donner, touchant la difcipline & la régularité du fervice.

XXXII. *L'ordre que les Majors particuliers & les Aides-Majors iront chercher & donner.*

Les majors & aides-majors particuliers iront à l'ordre chez leur major de brigade, qui le leur dictera, avec le détail concernant le fervice de leur régiment, & ceux que le brigadier aura commandés ; de là ; ils iront porter l'ordre, le major au meftre-de-camp, & l'aide-major au lieutenant-colonel ; fi le colonel eft abfent, le ma- jor le portera au lieutenant-colonel, une fois en entrant en campagne, & l'aide-major continue- ra. Ils leur feront la lecture de l'ordre, & enfuite iront le donner aux maréchaux-des-logis de leur régiment. Défenfes aux officiers de s'envoyer jamais l'ordre d'un régiment à un autre , par un maréchal-des-logis , ou toute autre personne que par un officier.

XXXIII. *Distribution de l'ordre.*

Lorsque le major du régiment voudra distribuer l'ordre, il criera à l'ordre ; les maréchaux-des-logis s'assembleront à la tente du major ; il ne sera jamais permis qu'aux officiers majors & aux maréchaux-des-logis d'y entrer ; il sera pris deux cavaliers de la garde de l'étendard , pour être mis en sentinelle , l'un devant la tente du major , & l'autre derriere : ils auront pour consigne de n'en laisser approcher personne que des officiers-majors & les maréchaux-des-logis du régiment , ou autres faisant la fonction. Un officier-major expliquera aux maréchaux des logis l'ordre , & ce qu'ils auront à exécuter ; il nommera les officiers commandés pour monter la garde , pour aller en détachement, & pour remplacer le piquet, qui sera commandé le soir , & qui ne sera relevé qu'aux gardes montantes , ainsi que la garde de l'étendard : ensuite il donnera le mot ; chaque maréchal-des-logis ira porter l'ordre aux officiers de sa compagnie , & leur donnera le mot, chapeau bas, à l'oreille , ensuite de quoi il ira expliquer aux cavaliers de sa compagnie , chambrée par chambrée, les défenses, & ce qui aura été ordonné.

XXXIV. *Du tour des Gardes qui commenceront par la tête & par la queue, ainsi que des détachemens suivant l'occurrence.*

Tous les détachemens ou gardes d'honneur feront commandés par la tête, & celle de fatigue ou corvée par la queue , en suivant exactement par rang de piquet, le tour de rôle , jusqu'à ce qu'on rentre en garnison , auquel cas le tour recommence toujours par la tête ou par la queue , suivant la nature de la garde.

XXXV. *Du Piquet.*

Le piquet fera une garde particuliere commandée par un tour particulier ; il fe relevera toutes les vingt-quatre heures , à la garde montante , & même le jour de marche , à l'heure que la garde aura accoutumé de monter. Le piquet fera compofé d'un capitaine , un lieutenant , un cornette, un maréchal-des-logis par régiment , & quatre cavaliers par compagnie.

XXXVI. Tout officier qui étant de piquet fera commandé pour un détachement ou garde , fera réputé avoir fait fon piquet , pourvû qu'il ait forti des gardes ordinaires avec fon détachement ; il fera relevé à l'inftant par un de fes camarades ; & pour cet effet · le premier à marcher après celui qui eft de piquet , fera obligé de refter dans le camp. La même regle doit fervir pour les cavaliers ; celui qui marchera avant d'être nommé pour le piquet , & dont le tour arrivera pendant fon abfence , ne fera pas obligé de le reprendre au retour de fon détachement , & fon tour fera paffé.

XXXVII. *De quelle façon il faut commander les Officiers fubalternes.*

Les officiers fubalternes feront commandés par rang de compagnie , & ils commanderont entre eux par rang d'ancienneté ; leurs gardes ou détachemens feront commandés comme ceux des capitaines par la tête ou par la queue , felon l'occurrence ; leur piquet fera commandé par la queue. N'y ayant pas de travailleurs dans la cavalerie , il y a peu de détachemens à commander par la queue , fi ce n'eft dans le cas que l'on fait faire la fafcine à la cavalerie , & qu'on la lui fait porter à pied dans la tranchée.

XXXVIII. Tout officier commandé fera cenſé avoir fait ſon détachement dès qu'il aura paſſé les gardes ordinaires, ſinon cela ne lui fera compté pour rien.

XXXIX. Lorſqu'un officier fera le premier à marcher pour être de garde ordinaire, aller en détachement, ou être de piquet; en ce cas ce fera la garde ordinaire qui aura la préférence, enſuite le détachement. Ces deux rouleront enſemble, le ſecond à marcher fera détaché, & le troiſieme de piquet.

XL. *Comment il faut compoſer les chambrées & commander les Cavaliers.*

Le bon état d'un régiment & une bonne partie de ſa diſcipline, dépendent de la façon dont les chambrées des cavaliers ſont compoſées. Il faut avoir attention que les chefs de chambrée ou de tente, ſoient des gens bien ſages; il faut les rendre reſponſables de l'ordinaire & de ce qui ſe paſſera dans la chambrée; les obliger d'en rendre compte, & les ſoutenir dans l'autorité qu'on doit leur donner ſur les autres cavaliers.

XLI. *Défenſes aux Officiers, Maréchaux-des-logis & Cavaliers du Piquet de s'éloigner du Camp de leur Régiment.*

Il eſt expreſſément défendu aux officiers & aux cavaliers du piquet, de s'éloigner du camp de leur régiment, de ſe deshabiller, même d'ôter leurs bottes, leurs bandoulieres ou leurs épées, afin d'être toujours prêts à monter à cheval, quand on en aura beſoin. Leurs chevaux doivent être toujours ſellés & prêts à brider diligemment; pour cet effet il faut que les cavaliers ayent toujours les licols à leurs chevaux, ſauf à avoir de plus des bridons; mais pour regle générale, nul cavalier ne marchera jamais hors du camp ſans avoir le licol à la tête de ſon cheval.

Il y aura toujours la nuit alternativement un officier du piquet à la tête du camp, pour recevoir les ordres des officiers généraux & de piquet : Et pour veiller à la sûreté du camp, il y aura la nuit un cavalier de piquet sans mousqueton, dans chaque rue des chevaux, pour avoir attention à ce qui pourroit y arriver, soit pour des chevaux qui se battent ou qui se lâchent, soit pour d'autres désordres qui pourroient arriver.

XLII. *Ronde des Officiers de Piquet.*

Les brigadiers & les mestres-de-camp, & les lieutenans-colonels feront chacun une ronde pendant la nuit : le brigadier réglera l'heure à laquelle chacun d'eux fera sa ronde ; ils parcourront non-seulement la tête du camp, mais ils passeront aussi entre les deux lignes, afin d'examiner s'il ne s'y commet aucun désordre.

Si les piquets sont hors du camp, ils les examineront pour voir si les officiers y sont, & si le piquet est en état ; pour cet effet, ils demanderont à voir le piquet d'un tel régiment, alors la vedette à environ quinze pas, criera ; *Qui vive ?* Il sera répondu, *France :* Quel régiment ? *Brigadier, Mestre-de-Camp de Piquet, ou Lieutenant-Colonel de Piquet.* La vedette les arrêtera, & criera : *Alte-là.* Alors un brigadier & un cavalier de piquet s'avanceront jusqu'à la vedette, le brigadier l'épée à la main, & le cavalier le mousqueton haut, & criera : *Avance qui a l'ordre,* afin de recevoir le mot du brigadier, du mestre-de-camp ou du lieutenant-colonel de piquet. Ayant reçû le mot, & les ayant reconnus, le brigadier retournera au trot en rendre compte au capitaine du piquet, lequel aura son piquet à cheval, & l'épée à la main pour sa sûreté : il s'avancera escorté de deux cavaliers, le mousqueton haut à six pas de la vedette ; en cet état il dira : *Avance à l'ordre.* Pour lors l'officier supérieur de piquet s'avancera, & recevra le mot du capitaine de piquet, qui ensuite lui fera voir son piquet à cheval, les officiers à leurs postes.

Ils rendront compte le lendemain matin au général de ce qui se sera passé dans le camp pendant leur ronde, & de la vigilance des piquets qu'ils auront visités.

XLIII. *Piquet sans armes à la tête du camp.*

Quand le piquet est dans le camp & qu'on l'appelle à la tête du camp, les cavaliers doivent sortir bottés avec leurs bandoulieres & leurs épées, mais sans mousqueton; ils se mettront entre les deux étendards de leur escadron, sur une même ligne sans distance, & alignés à la garde de l'étendard; les officiers à la tête & dispersés de façon qu'il y en ait à chaque escadron; sçavoir, le capitaine au premier escadron, le lieutenant au second, & le cornette au troisieme. Il n'y aura que les officiers qui salueront. Le piquet sortira pendant le jour, lorsque le général de l'armée, les princes du sang & les princes légitimés de France, les maréchaux de France, le général de la cavalerie, le mestre-de-camp, le commissaire général de la cavalerie, le lieutenant général de jour, & le maréchal de camp de jour passeront.

Ils sortiront lorsqu'ils seront demandés par le commandant de la cavalerie, le maréchal des logis de la cavalerie, pour faire voir qu'ils sont en bon état & prêts à marcher. Les directeurs & inspecteurs généraux pourront aussi voir les piquets des régimens, l'un après l'autre, suivant qu'ils le jugeront à-propos, & il n'y aura que ceux du régiment qu'ils verront qui se mettront en haie.

Quand on aura fait marcher un piquet hors,

& qu'il est hors de la vûe, il en sera sur le champ commandé un autre, lequel sera relevé également le lendemain matin, quand même il auroit été commandé le soir.

Les piquets ne doivent plus sortir sans armes, quand la retraite est sonnée, à-moins qu'il ne soit expressément ordonné.

XLIV. *Ronde de brigade.*

L'officier-major de piquet de chaque brigade fera une ronde toutes les nuits à l'heure qui lui paroîtra la plus convenable, laquelle sera appellée ronde de brigade; il sera escorté d'un brigadier & de deux cavaliers de piquet ayant leurs mousquetons, il visitera la garde des étendards de sa brigade, pour voir si les brigadiers & leurs gardes font leur devoir, & s'il y a un officier du piquet de chaque régiment à la tête du camp; il examinera le long du camp, si les sentinelles sont alertes, examinera si le feu des cuisines est éteint, si on ne donne pas à boire chez les vivandiers, & s'il ne se passe aucun desordre. Toutes les gardes, tant du camp que des étendards, doivent toujours, tant que faire se pourra, avoir du feu pendant la nuit.

XLV. *Devoir du piquet le jour du décampement.*

Le jour du décampement, le piquet montera à cheval au boutte-selle, sans attendre d'autre ordre, & se tiendra à la tête du camp. Il sera mis des vedettes à la queue & au flanc du camp du régiment, afin d'empêcher les cavaliers & les équipages des officiers de sortir du camp que le rendez-vous ne soit donné, & qu'ils ne reçoivent ordre de partir avec les escortes commandées pour cela.

XLVI. *Devoir du piquet pour le jour qu'il n'y a que le service ordinaire.*

Le piquet montera à cheval au point du jour,

& se mettra en bataille à la tête du camp, où il restera jusqu'à ce qu'il soit relevé.

Le piquet qui relevera montera à cheval quand les gardes du camp seront parties pour aller au rendez-vous général. Le piquet de chaque régiment se mettra en troupe sur deux rangs, à la tête du premier escadron du régiment, les officiers à la tête, & le maréchal des logis à la queue, le trompette à la droite du premier rang ; le piquet qui relevera prendra la gauche du vieux. Le major de brigade visitera tous les matins les piquets des régimens de sa brigade ; s'il en trouvoit de négligés, ou que quelque officier manquât à y être, il en rendra compte à son brigadier & au maréchal-des-logis de la cavalerie, lesquels en informeront le général & le commandant de la cavalerie.

Un officier-major fera faire l'exercice tel qu'il aura été réglé aux deux piquets de son régiment ; après quoi il les fera rentrer, s'il n'en est ordonné autrement. Le vieux piquet ira déseller, & le nouveau se tiendra toujours prêt à marcher.

XLVII. Il y aura tous les jours un major de brigade de piquet, lequel assemblera les gardes ordinaires & tous les détachemens commandés, aux rendez-vous qui sont indiqués ; il les mettra en bataille comme ils seront campés, la seconde ligne à la gauche de la premiere. Il donnera à la garde montante à chacun des officiers de jour, & au maréchal général des logis de la cavalerie, un état des gardes ordinaires dans lequel il sera expliqué le lieu où chaque garde sera portée, & de quelle brigade elle est. Il les accompagnera dans les tournées qu'ils feront pour visiter les gardes, & informera le maréchal général des logis de la cavalerie, des choses qu'il aura remarqué être contraires au bien du service.

XLVIII.

XLVIII. *Aide-major de piquet.*

Il y aura tous les jours dans chaque brigade un aide-major de piquet, nommé à l'ordre par le major du piquet, lequel sera chargé de conduire tous les détachemens commandés au rendez-vous donné pour les assembler, ainsi que les piquets de la brigade, soit pour aller à une expédition, ou ailleurs. Il sera toujours prêt à marcher, & se tiendra la nuit tout habillé dans sa tente, afin d'être en état de faire exécuter diligemment les ordres qui viendront pendant la nuit.

XLIX. *Du guet.*

Au soleil couchant, tous les trompettes se trouveront à la tête chacun de leur régiment, pour sonner le guet, qui commencera de droite & de gauche par les deux régimens qui joindront l'infanterie, du centre de laquelle doit partir le premier signal : au cas qu'il n'y ait pas d'infanterie, le guet commencera par la droite, après les appels nécessaires des trompettes, pour que tous les régimens le sonnent ensemble.

L. *Rassembler les étendards.*

Quand le guet sera sonné, l'officier de garde d'étendard les rassemblera, & leur garde, en commençant par la gauche, & les ramenera en ordre aux timbales & à l'étendard de la Maître-de-camp, où toute la garde se tiendra pendant la nuit. Il y aura une sentinelle aux étendards avec le mousqueton, le brigadier de la garde ira poser de plus une sentinelle à la tête & à la queue de chaque escadron, & une au flanc droit & gauche du régiment. Ces sentinelles auront pour consigne, de veiller à la sûreté du camp, & prendre garde au feu, & d'avertir de sentinelle en sentinelle l'officier & le brigadier de garde en cas de désordre. Quand il approchera quel-

qu'un du camp, ils crieront : *Qui vive ?* il fera
répondu, *France.* Ils demanderont : *De quel régiment ?* Sur la réponse, ils laisseront passer ou
entrer dans le camp, devant laisser le commerce
de la ligne & du camp libre. Après que les
érendards sont repliés, l'on fera tous les soirs la
priere à la tête du camp; elle sera annoncée par
les timbales.

LI. *Appel par compagnie.*

Les maréchaux des logis & en leur absence les
brigadiers feront tous les jours deux appels de
leur compagnie, le premier une heure après le
guet sonné, & le second au point du jour; ils le
feront tente par tente, appellant le contrôle à
la main les cavaliers les uns après les autres, les
obligeant de répondre chacun pour soi ; ensuite
ils feront leurs billets d'appel, sur lequel ils
marqueront s'il manque quelqu'un ou non, ils
le dateront & signeront, & le porteront au maréchal des logis de piquet chargé de ramasser les
billets d'appel. Si le piquet étoit hors du camp,
il les remettra au brigadier de la garde de l'étendard, qui les remettra, ainsi que le maréchal des
logis, au major du régiment.

LII. *Envoyer au major de brigade & au maréchal général des logis de la Cavalerie, les billets d'appel.*

Les majors des régimens enverront tous les
matins à leur major de brigade un billet sur lequel ils marqueront les cavaliers de leur régiment qui auront manqué à l'appel, en expli-
quant de quelle compagnie ils seront, & l'heure
à laquelle on se sera apperçû qu'ils se seront ab-
sentés; s'il n'a manqué personne, ils le marqueront également sur leur billet.

Chaque major de brigade enverra de même
tous les matins au maréchal général des logis de
la cavalerie, un état des hommes de la brigade

qui auront manqué de se trouver à l'appel, détaillés par escadrons & par compagnies ; & quoique personne n'y ait manqué, il ne sera pas pour cela dispensé de le marquer sur un billet daté & signé de lui.

LIII. *Visite des Vivandiers, & faire éteindre les feux.*

Une heure après le gué sonné, les officiers & les maréchaux des logis de piquet feront rentrer tous les cavaliers dans leurs tentes ; le maréchal des logis & le brigadier de piquet iront faire sortir de chez les vivandiers tous ceux qui pourroient s'y trouver, & leur défendront de donner à boire davantage ; ils examineront s'il n'y a pas des filles de mauvaise vie, ou d'autres gens suspects : en ce cas, ils les arrêteront & on les fera conduire au prevôt ; ils feront mettre à la garde du camp les cavaliers qui seront avec ces filles ; ensuite ils visiteront si les feux sont éteints, & feront éteindre ceux qui se trouveront allumés ; à minuit & une heure avant le jour, ils feront la même chose.

LIV. *Assemblée des gardes.*

Les officiers-majors de chaque régiment assembleront au point du jour les détachemens destinés pour monter la garde du camp, la garde de l'étendard, & le remplacement du piquet ; après les avoir visités, ils enverront à la tête du chef de brigade ceux qui doivent composer les gardes ordinaires, afin que le major de brigade puisse les examiner & les faire partir pour se rendre au rendez-vous choisi pour l'assemblée générale des gardes de l'armée, où le maréchal général des logis de la cavalerie doit en faire l'inspection.

cavalerie, ou le commandant de la cavalerie, les officiers généraux de jour passeront ; le brigadier commandant la garde de l'étendard, saluera du chapeau celui pour qui il fait prendre les armes. Il sera tiré quatre cavaliers de cette garde pour composer la nuit la garde du commandant du régiment qui aura une sentinelle à sa tente : cette garde se retirera aux gardes montantes, & il n'y restera qu'une sentinelle qui sera tirée alternativement des gardes de tous les étendards. Cette garde ne sera donnée qu'au mestre-de-camp, & en son absence au lieutenant colonel : il faut aussi qu'il soit fourni la nuit de la garde de l'étendard une sentinelle à la tente de celui qui fait le détail du régiment, pour la sûreté de l'argent & des papiers.

LVII. *Gardes ordinaires conduites par un officier major.*

Les gardes ordinaires seront toujours conduites par un officier-major de la brigade, lequel ne les quittera point que l'inspection ne soit finie, & que les gardes ne soient montées, afin de pouvoir répondre aux officiers généraux, au commandant de la cavalerie, & au maréchal général des logis de la cavalerie, sur les choses qu'ils pourroient avoir à ordonner.

LVIII. *Déployer les étendards le long des escadrons.*

Dès que les gardes seront montées & la vieille garde des étendards relevée, le cornette ou le lieutenant fera prendre les armes à la garde de l'étendard qui sera rangée en haie ; il en laissera cinq sur la droite de l'étendard de la mestre-de-camp, & une sentinelle à l'étendard, & marchera en ordre avec le reste des étendards & de la garde qu'il placera consécutivement. Les cinq cavaliers de l'étendard de la gauche de chaque éscadron, se placeront à gauche de l'étendard, pour le couvrir par le flanc de l'escadron. Les gardes de l'étendard resteront avec le mousqueton sur le bras gauche, jusqu'à ce que le dernier étendard soit planté. Alors ils poseront leur mousqueton sur un chevalet à côté de l'étendard ; il n'y aura que les sentinelles qui resteront l'épée à la main, comme il a été dit.

Les timbales doivent se mettre devant l'étendard de la mestre-de-camp.

LIX. *Empêcher les Jeux.*

On ne souffrira jamais que les cavaliers établissent dans le camp ou aux environs aucun jeu, de quelque espece qu'il puisse être ; les officiers & les maréchaux des logis de piquet visiteront de tems en tems les lieux qui sont dans le voisinage du camp où l'on pourroit en former, & ils enverront des patrouilles pour les empêcher & arrêter les auteurs.

LX. *Défenses de tirer dans les détachemens, dans le camp, ni d'aller à la chasse.*

Il est défendu à tous cavaliers, sous peine de punition, de tirer dans les détachemens ni dans le camp ; les maréchaux des logis auront soin, si quelque arme se mouilloit, de la faire décharger avec un tirebourre ; & s'il arrive qu'il s'en trouve qu'on ne puisse pas décharger de cette façon, l'arme ne pourra être tirée qu'en présence d'un officier de la compagnie, qui prendra les précautions nécessaires pour éviter les accidens.

Il est pareillement défendu aux officiers de tirer dans les détachemens, dans le camp la nuit, ni d'aller à la chasse.

LXI. *Port des armes des cavaliers en vedette & en sentinelle.*

Une vedette aura toujours le mousqueton

haut, le tenant d'une main au-deſſous de la platine, la croſſe appuyée ſur la cuiſſe droite, & le
bout un peu panché vis-à-vis l'oreille droite de
ſon cheval : le mouſqueton doit être accroché à
la bandouliere.

. Un cavalier en ſentinelle doit avoir le mouſqueton poſé ſur le bras gauche, le tenant de la
main droite au-deſſous de la platine ; il ne doit
·point être accroché à la bandouliere.

Quand un officier paſſe devant une ſentinelle,
ſi la ſentinelle ſe promene, elle doit s'arrêter
juſqu'à ce que l'officier ſoit paſſé.

LXII. *Toutes ſortes de détachemens ſeront conduits
au rendez-vous par un officier-major.*

Généralement tous détachemens, bivoacs, ou
autres gardes, ſoit de jour, ſoit de nuit, ſeront
conduits au rendez-vous indiqué par un officier-
major de chaque brigade, lequel aura attention
de voir les armes & tout l'équipage des cavaliers
commandés ; de voir ſi leſdits cavaliers ſont en
état de faire le ſervice, auſſi-bien que leurs chevaux ; & s'il en trouve qui ne ſoit pas convenable, il les renverra & en fera mettre d'autres à
leur place ſur le champ, & punira le maréchal
des logis de la compagnie qui aura eu la négligence de commander des cavaliers & des chevaux point en état ; il examinera auſſi ſi les cavaliers ont du pain & du grain dans la ſaiſon,
afin que les commandans à qui ſont remiſes ces
troupes pour aller à la guerre, ne ſoient pas obligés d'affoiblir leur détachement, en renvoyant
les cavaliers ou chevaux qui ne ſeroient pas en
état de les ſuivre. L'on ne commandera jamais
cinquante maîtres, ſoit pour gardes ou détachemens, ſans qu'il y ait un brigadier.

Ce même officier-major de chaque brigade remettra leſdits détachemens, bivoacs ou gardes à

l'officier chargé de les rassembler; il ne s'en ira pas qu'il ne les ait vû partir, afin de pouvoir répondre aux choses que le commandant du détachement, ou le maréchal général des logis de la cavalerie, pourroit trouver à redire à la troupe qu'il aura conduite.

LXIII. *Officiers détachés de leur avant-garde.*

Les officiers détachés pour les gardes ordinaires qui doivent être posées sur les avenues qui mènent au camp pour la sûreté de l'armée, observeront au sortir du camp, & sur-tout lorsque le pays sera couvert, d'avoir une avant-garde plus ou moins forte, commandée par un officier, lequel marchera à une distance convenable de la troupe, suivant le terrein, pour n'être pas coupé : les cavaliers de l'avant-garde auront le mousqueton haut.

LXIV. *Attention en arrivant au poste.*

Dès qu'on sera arrivé à un poste où on doit relever une vieille garde, la nouvelle garde prendra la gauche de la vieille ; toutes les deux auront l'épée à la main. Les officiers qui devront descendre la garde donneront exactement la consigne à ceux qui la monteront. Ensuite les brigadiers iront poser les nouvelles vedettes & relever les vieilles. Pendant ce tems-là l'officier qui montera la garde prendra tous les éclaircissemens nécessaires de celui qui la descendra, sur tout ce qui peut contribuer à la sûreté du poste.

Quand la vieille garde sera partie, l'officier commandant la nouvelle s'emparera du poste, & enverra en même tems un cavalier monté à son major de brigade, afin qu'il puisse lui envoyer les ordres qui pourront survenir, & que ce cavalier conduise le lendemain la garde qui devra le relever.

LXV. *Précaution pour la sûreté de la garde.*

Le commandant de la nouvelle garde tiendra sa garde à cheval, s'il est dans un pays couvert, & qu'il ne puisse pas voir autour de lui, ce qui n'arrive gueres, une garde de cavalerie devant toujours être postée sur quelque hauteur, ou dans une plaine.

S'il peut découvrir à une certaine distance, il fera mettre un rang pied à terre, qui pourra débrider & faire paître, & cela alternativement : mais il restera toujours un officier à cheval, avec le rang qui y sera.

Il y aura en-avant un petit corps-de-garde de quatre ou de six cavaliers commandés par un officier, lequel mettra une vedette devant lui. Il aura outre cela des vedettes à droite & à gauche de sa troupe, & un cavalier à pied sur le derriere du côté du camp, pour être averti s'il vient quelque officier général de jour du camp.

S'il y a quelque bois ou haie à portée d'eux, il les fera fouiller par un brigadier & un cavalier, avant que de faire mettre un rang pied à terre, quoique celui qu'il a relevé ait dû faire fouiller ces endroits-là, avant que de prendre son poste de jour.

S'il n'y avoit ni bois ni haie autour de lui, il ne laissera pas que d'envoyer dans la plaine jusqu'à une certaine distance. Il se trouve quelquefois dans les plaines des ravines qu'on ne voit pas, & qui sont très-propres aux embuscades, ce qui n'est point sans exemple.

Si l'on se trouve dans un poste dangereux, il faut que toute la garde reste à cheval & mette double vedette ; s'il n'y en avoit qu'une, elle pourroit deserter plus facilement, & seroit d'ailleurs obligée de quitter son poste, pour venir avertir de ce qu'elle verra.

Les vedettes doivent toujours être mises à portée d'être vûes de la garde.

LXVI. *Visiter les Vedettes.*

Quand les vedettes seront mises, chaque commandant de troupes, avec ses officiers, examinera si elles sont bien placées, si elles savent leur consigne, & s'il n'est pas nécessaire d'en diminuer ou augmenter le nombre, ou de le doubler en cas de besoin. Quand les vedettes seront doublées, il leur sera défendu de parler ensemble, que pour le cas de service. Elles regarderont alternativement de différens côtés ; s'il en desertoit une, l'autre tirera dessus pour avertir.

LXVII. *Défense de s'écarter du poste.*

Les officiers, maréchaux des logis & brigadiers, resteront assidument à leur poste le tems de leur garde ; ils y contiendront exactement les cavaliers. Il est très-expressément défendu aux uns & aux autres de s'en écarter, sous quelque prétexte que ce puisse être. La peine ne peut être trop sévere, & tout au-moins de l'interdiction.

Le commandant de la garde aura soin d'avoir communication avec les gardes voisines, pour que rien ne puisse passer entre elles & lui, sans être vû.

LXVIII. *Principale consigne des gardes ordinaires.*

Il sera consigné aux gardes qui seront en-avant du camp & sur les flancs, de ne laisser passer au-delà aucun cavalier, dragon ou soldat, d'arrêter ceux qui se présenteront, de les envoyer au prevôt, & d'en donner avis en même tems au maréchal général des logis de la cavalerie. Les gardes qui seront postées sur le derriere du camp, auront la même consigne, à l'exception qu'elles laisseront passer les cavaliers, dragons ou soldats qui auront un congé signé de leur capitaine, visé du mestre-de-camp ou du lieutenant colonel, ou du major du régiment, en la forme prescrite par l'ordonnance.

Il leur sera aussi consigné d'avoir soin de reconnoître ceux qui arriveront ; & s'il se présente des étrangers qui méritent attention, en ce cas, il les fera conduire chez le maréchal général des logis de la cavalerie.

Au surplus, il ne sera apporté aucun trouble ni empêchement aux allans ni aux venans, pour le commerce & la subsistance du camp ; & il faut au contraire procurer la liberté & la sûreté à ceux qui apportent des vivres & des denrées à l'armée.

LXIX. *De quelle façon il faut aller au Qui-vive.*

Les officiers qui seront de garde ordinaire ou détachés à d'autres postes dans le dehors du camp, enverront au Qui-vive deux cavaliers, dès que les vedettes avertiront qu'elles voyent des troupes, ou quatre ou cinq personnes venir de leur côté. Les deux cavaliers iront le grand trot, & le mousqueton haut, à cinquante pas en-avant des vedettes ; & quand ils seront à portée d'être entendus, ils crieront : *Qui vive ?* leur ayant été répondu, *France,* ils demanderont, *Quel régiment ?* Alors, ayant reconnu par la seconde réponse qui ce peut être, il s'en détachera un pour en aller rendre compte au commandant de la troupe ; l'autre se retirera de même au poste de la vedette, d'où il criera à la troupe venant, *Alte là,* jusqu'à ce que le commandant de la troupe lui ait envoyé dire de laisser approcher ou passer. Cet ordre reçû, il se retirera à la troupe, après avoir averti ceux qu'il a arrêtés qu'ils peuvent passer ou avancer.

LXX. *Monter à cheval quand on enverra au Qui-vive.*

Le commandant de la troupe obfervera de la faire monter à cheval en même tems qu'il enverra au Qui-vive, afin d'être en état de repouffer l'ennemi, auquel il doit réfifter jufqu'à l'extrémité; & fi enfin il voit un corps trop fupérieur, il doit éviter de fe laiffer couper ou envelopper, & doit avoir attention de fe retirer fur les poftes d'infanterie qui peuvent être à portée de lui. Il enverra fur le champ au camp avertir que l'ennemi paroît.

LXXI. *Précaution pour la nuit.*

A l'entrée de la nuit, le commandant de chaque garde la fera monter à cheval, fera retirer fes vedettes, & fe retirera au pofte de nuit marchant avec une petite arriere-garde. Quand il fera au pofte de nuit, fi la fituation lui permet de mettre pied à terre, ou une partie de fa troupe, il le fera. Il mettra des vedettes autour de fon pofte, & un petit corps-de-garde en-avant. La nuit, les vedettes doivent être doublées, parce que c'eft l'heure la plus commode pour la défertion, & le tems le plus fujet au fommeil. Il faut mettre les vedettes affez proches, pour qu'il n'y puiffe paffer perfonne entre elles fans être entendu. Il faut, autant qu'il eft poffible, toujours faire faire du feu à la garde; cela occupe les cavaliers, & les empêche de dormir.

LXXII. Le commandant de chaque garde réglera le tems auquel les officiers fubalternes & le maréchal-des-logis feront tour-à-tour la patrouille.

Lorfqu'il faudra faire la patrouille, celui qui en fera chargé prendra avec lui deux cavaliers; & après avoir reçu de l'officier qui commande, les derniers ordres, il partira, les cavaliers ayant le mousqueton haut, bandé & accroché à la bandouliere; ce qui doit toujours être, quand le cavalier a le mousqueton haut. Ils marcheront avec le moins de bruit qu'il sera possible, & feront alte de tems en tems pour écouter. Et leur tournée faite, ils s'arrêteront dès que la vedette les aura fait parler, & leur aura crié alte-là, en attendant qu'un brigadier escorté par deux cavaliers vienne les reconnoître, & recevoir de celui qui commandera la patrouille, le mot & celui du raliement. D'abord qu'il aura été reconnu, on le laissera rejoindre la garde avec ses cavaliers, & il ira rendre compte au commandant de ce qu'il aura vû & entendu.

Dans les postes exposés & près de l'ennemi, où l'on veut éviter que les vedettes ne soient découvertes en criant, on donnera aux vedettes & à ceux qui doivent faire la patrouille, un signal muet dont on sera convenu.

LXXIII. *A la découverte.*

Au petit point du jour, les officiers & tous les cavaliers monteront à cheval & y resteront, jusqu'à ce que la découverte ait été faite : lorsqu'il sera grand jour, on détachera un maréchal-des-logis avec quatre cavaliers, pour aller faire la découverte. Le maréchal-des-logis chargé de cette commission ira exactement dans tous les endroits qui lui auront été marqués par son commandant, & visitera tous les lieux circonvoisins où l'ennemi pourroit s'embusquer, & par où il pourroit pénétrer.

LXXIV. *Relever les vedettes.*

La découverte faite, le commandant de chaque garde fera retirer ses vedettes, & ira reprendre son poste de jour, ayant attention, s'il y a un poste d'infanterie dans le cas de prendre son poste de jour auprès du sien, d'y marcher ensemble.

Les cavaliers qui doivent relever les vedettes doivent être conduits par un brigadier ; le
brigadier doit avoir l'épée à la main , & les cavaliers le mousqueton haut en partant de la
troupe : la même chose doit être observée par les
cavaliers qui sont relevés ; c'est-à-dire qu'ils doivent avoir le mousqueton haut , jusqu'à ce qu'ils
aient rejoint la troupe. Si le brigadier a plusieurs
vedettes à relever , il faut qu'il commence par la
plus éloignée , & qu'il ramene ensemble tous les
cavaliers qui sont relevés. La nouvelle vedette
doit prendre la gauche de la vieille , & le brigadier doit avoir grande attention à ce que la consigne soit bien donnée.

LXXV. *Consigne des gardes ordinaires pendant la nuit.*

Les gardes ordinaires pendant la nuit ne
laisseront jamais passer aucune troupe allant au
camp, quand bien même ils l'auroient parfaitement reconnue pour être de celles de l'armée ;
elles les feront rester à l'écart, & ne leur donneront passage que lorsqu'il sera grand jour ; elles
permettront néanmoins à l'officier qui la commandera, s'il y a des nouvelles pressées, d'aller
ou d'envoyer un officier chez le général, pour en
rendre compte , & ne les laisseront passer de
nuit qu'avec un ordre par écrit du général.

LXVI. *Nouvelles des ennemis & des déserteurs.*

Quand le commandant d'un poste apprendra
des nouvelles des ennemis qui mériteront attention, il les écrira & les enverra par un exprès au maréchal-des-logis de la cavalerie : s'il arrive à son poste des déserteurs, il les fera conduire
chez le maréchal général des logis de la cavalerie
par un brigadier & un cavalier , à-moins qu'il ne
fût trop éloigné, ou qu'il n'y eût pas de sûreté ,
auquel cas il les fera garder à vue, après les avoir

fait défarmer pour les amener avec lui en défcendant la garde ; s'ils arrivoient en grand nombre, il les fera défarmer avant de les envoyer au maréchal général des logis de la cavalerie.

Il eft défendu à tous officiers d'engager un déferteur, qu'après que le maréchal général des logis lui en aura fait obtenir la permiffion du général de l'armée.

LXXVII. Toute garde poftée pour la fûreté de l'armée, n'abandonnera jamais fon pofte, fous quelque prétexte que ce puiffe être, qu'après avoir été relevée par un autre détachement, ou fans un ordre par écrit, foit du général, foit du maréchal général des logis de la cavalerie, foit du major de brigade, à moins qu'un officier général de jour ne vienne les retirer lui-même.

LXXVIII. *Defcendre la Garde.*

Les officiers de garde viendront remettre leur troupe en bataille l'épée à la main, au centre de la tête du camp de leur brigade, quand les troupes feront compofées de tous les régimens de la brigade ; ou à la tête de leur régiment, lorfqu'elles ne feront point mêlées, ils feront remettre les épées & les feront rentrer.

Ils rendront compte au commandant de leur régiment, de leur retour, & des chofes qui mériteront attention.

LXXIX. *Renvoyer le mot à l'Officier de Garde.*

Le major de brigade aura foin d'envoyer au commandant de chaque garde, le mot & le raliement, s'il en a été donné, en écrit & cacheté, par le cavalier qu'il doit avoir de chaque garde à l'ordonnance chez lui, lequel cavalier, après avoir remis l'ordre au commandant de la troupe, retournera chez le major de brigade.

LXXX. *Visite des Gardes par les Officiers de piquet.*

Les brigadiers du piquet se trouveront tous les matins à l'assemblée des gardes, pour examiner l'état où elles seront. Les mestres-de-camp & lieutenans-colonels du piquet, tant de l'ancien que du nouveau, s'y trouveront pareillement, pour y rendre compte de ce qui s'est passé pendant la nuit, & les autres pour recevoir les ordres des officiers généraux de jour, s'ils ont à leur en donner.

LXXXI. *Visite des Gardes pendant la nuit par les Officiers généraux.*

Si les officiers généraux de jour visitent les gardes ordinaires pendant la nuit, il en sera usé à leur égard par les commandans des gardes, comme il est marqué ci-dessus, qu'il en devoit être usé à l'occasion des officiers de piquet, visitant les piquets hors du camp, à l'exception que l'officier général de jour pourra faire donner le mot par un aide-de-camp.

LXXXII. *Précaution pour les jours de fourrage.*

Lorsqu'il y aura un fourrage de commandé, on fera dès le soir entourer le régiment de sentinelles qui seront tirées du piquet ; il leur sera consigné de ne laisser sortir aucun cavalier ni domestique, sans la permission du capitaine de piquet.

Les officiers de piquet monteront à cheval au point du jour, & se promeneront autour du camp, pour voir si les sentinelles font leur devoir, & s'il ne sort personne.

On commandera le soir même les gardes & les petites escortes, & les cavaliers qui devront fourrager le lendemain ; les gardes ou escortes destinées pour la chaîne du fourrage, seront

conduites au rendez-vous, par l'aide-major du
piquet, on commandera par régiment une petite escorte d'un cavalier par compagnie, commandée par un capitaine, laquelle escorte marchera à la tête des fourrageurs du régiment,
jusques dans l'enceinte du fourrage ; & lorsque
les fourrageurs seront débandés & pied à terre,
les petites escortes seront rassemblées ou dispersées, suivant que le jugera à propos le brigadier ou l'ancien colonel commandant la brigade,
à moins que l'officier général faisant le fourrage
ne les dispose autrement.

LXXXIII. *Marche des Fourrageurs.*

Les fourrageurs doivent marcher suivant l'ordre qui a été donné à la brigade, marchant par
la droite ou la gauche de la ligne, suivant la de-
stination des fourrages : il doit y avoir toujours
un officier à la tête des fourrageurs de chaque
compagnie pour les contenir ; il faut avoir attention de ne pas lâcher les fourrageurs qu'ils ne
soient arrivés dans l'enceinte du fourrage ; les petites escortes ne doivent pas se retirer que tous
les fourrageurs de leur régiment ne soient partis,
& le commandant du régiment doit avoir la même attention.

LXXXIV. *Devoir du Major de Brigade au jour de fourrage.*

Le major de chaque brigade conduira les
fourrageurs de sa brigade au rendez-vous, dans
l'ordre de marche qui aura été reglé pour chaque
brigade.

Les officiers chargés de conduire les fourrageurs, feront arrêter & conduire au prévôt les
cavaliers, dragons, soldats ou valets qui voudroient se mêler avec les fourrageurs de leur régiment, pour aller en maraude.

LXXXV. *Défenses concernant les Fourrageurs.*

Il est très-expressément défendu aux officiers
détachés pour l'escorte des fourrages, de mener leurs fourrageurs avec eux, ni d'en souffrir
aucun de leur régiment ni de leur brigade, à
la suite de leur détachement : il est pareillement
défendu de fourrager, mais sans un ordre exprès du général, aucun château, fort, église
ou maison religieuse. Tout fourrageur qui sera
pris venant du fourrage lorsque les autres iront,
ou ailleurs qu'avec la brigade, sera mené au
prévôt pour y être châtié. Il est ordonné au major de dénoncer les fourrageurs qui partiront
avant l'heure marquée, & de donner au maréchal des-logis de la cavalerie, le nom du cavalier & de la compagnie dont il sera, ou si c'est
un domestique, le nom de son maître, afin qu'il
en rende compte au général de l'armée.

LXXXVI. *Assemblées des détachemens de nuit.*

Lorsqu'on assemblera des détachemens pendant la nuit, l'officier-major qui conduira les
détachemens de sa brigade au rendez-vous, apportera au major de brigade de piquet, l'état
de ce qui aura été fourni, & lui rendra compte
des détachemens qu'il aura conduits au lieu désigné.

LXXXVII. *Détachement des Majors & Aides-Majors.*

Les majors de brigade ne pourront être commandés pour aucun détachement, leur présence
étant nécessaire à leur brigade ; de sorte qu'ils
ne marcheront qu'avec leur régiment, ou avec
leur brigade.

Lorsqu'un brigadier sera commandé pour
quelque détachement ou autres fonctions, on
commandera un major particulier de la brigade
pour y marcher avec lui.

Les majors particuliers marcheront avec leur meſtre-de-camp en pied, & les meſtres de-camp dont les majors ſeront majors de brigade, n'auront avec eux qu'un aide major ; les aides-majors marcheront avec les meſtres-de-camp réformés, attachés à leurs régimens, & avec le lieutenant-colonel du régiment, & point avec les lieutenans-colonels par commiſſion, ni avec des capitaines ayant des commiſſions de meſtre-de-camp de la régence, lorſqu'ils marcheront en ladite qualité.

LXXXVIII. *Rentrée d'une Troupe au camp.*

Lorſque le commandant d'un détachement reviendra au camp, il fera faire alte à ſon avant-garde, & fera mettre ſes troupes en bataille à meſure qu'elles arriveront, faiſant faire face à l'ennemi : dès que ſon arriere-garde ſera arrivée, il fera défiler devant lui chaque détachement, qui ſera ſons ſes ordres, pour retourner à leur camp. il examinera s'il n'y manque perſonne, afin de faire une réprimande convenable aux officiers qui ſe ſeront négligés, & d'ordonner de châtier les cavaliers qui ſe ſeront abſentés ; s'il en trouve quelqu'un chargé de butin, il le fera arrêter & conduire ſur le champ au prévôt ; après avoir fait l'arriere-garde de tout, il ira rendre compte au général de l'armée, & enſuite au général ou commandant de la cavalerie, & de là au commandant de ſon régiment, du détachement & des choſes qui mériteront attention.

S'il eſcorte un convoi, il le fera défiler devant lui avant que de renvoyer les troupes.

LXXXIX. *Mot de ralliement.*

Tout officier commandant une troupe ſortant de l'armée, pour aller ſur les ennemis afin d'apprendre des nouvelles, donnera un mot de ralliement & même un rendez-vous marqué à sa troupe, au cas qu'elle fût rompue, & obligée de se retirer avec précipitation.

On donnera aussi le mot de ralliement aux patrouilles qui sortiront d'un poste important ou avancé.

XC. *Détachemens demandés.*

Lorsque les officiers généraux demanderont un détachement à une brigade, le major de brigade le fera fournir promptement, & en rendra compte au maréchal général des logis de la cavalerie.

XCI. *Un régiment ne pourra monter à cheval sans ordre.*

Un régiment ne pourra jamais monter à cheval dans une armée, sans un ordre ou la permission du général, à moins qu'il lui fût ordonné sur le champ par un officier général du jour, ou par le commandant de la cavalerie ; alors il montera à cheval diligemment, & le major de brigade en avertira sans retardement le commandant & le maréchal général des logis de la cavalerie.

XCII. *Officiers qui marchent en l'absence de leurs camarades.*

S'il arrive que quelque officier qui sera le premier à marcher, ne se trouve pas au camp lorsqu'on demandera des détachemens, l'officier qui le suit marchera à sa place, sans que le premier puisse espérer d'aller reprendre le détachement pour le commander, si-tôt qu'ils seront en marche & hors du camp, c'est-à-dire, hors des gardes : toutes les fois qu'un détachement sera renvoyé du rendez vous, ou sans avoir passé les gardes ordinaires de l'armée, cela ne sera compté pour rien.

XCIII. *Commandant par hazard.*

Un commandant qui se trouvera commander un régiment, en l'absence du mestre-de camp & du lieutenant-colonel, ne sera pas exempt de marcher, si l'on demande un détachement, & que ce soit son tour à marcher.

XCIV. *Rendre compte de l'état du Régiment.*

Chaque major donnera tous les mois au maréchal général des logis de la cavalerie, un état exact de la force de son régiment, & du nombre d'officiers présens au camp, avec un autre état des officiers absens, dans lequel il sera expliqué les raisons qui occasionnent leurs absences. Le maréchal général des logis en rendra compte au général de l'armée, & à celui de la cavalerie.

XCV. *Conduire les Cavaliers à la paille & au bois.*

On aura attention de faire changer souvent de paille aux cavaliers ; & lorsque le général le permettra, ils ne sortiront jamais du camp pour y aller, sans être conduits par des officiers commandés pour les contenir, les ramener & répondre des désordres ; ils seront conduits avec le même ordre au bois ; pour cet effet, les majors de brigade demanderont au maréchal général des logis de la cavalerie, un ordre qui indiquera les lieux où la brigade ira à la paille & au bois.

XCVI. *Conduire les Cavaliers aux légumes.*

L'on observera les mêmes précautions lorsque le général permettra que les cavaliers aillent chercher des légumes.

XCVII. *Hardes & ustenciles.*

Tout cavalier qui se trouvera chargé de hardes ou ustenciles qu'il apportera de maraude, fera arrêté & conduit au prévôt, pour que justice en foit faite, en conformité des ordonnances ou des ordres qu'aura donnés le général ; nul cavalier ne pourra vendre des hardes fans une permiffion par écrit du major de fon régiment.

XCVIII. *Confeil de Guerre.*

Lorfqu'il fera néceffaire de tenir un confeil de guerre, le major de brigade en demandera la permiffion au commandant de la cavalerie. Cette permiffion obtenue, le major de brigade en avertira le brigadier, pour qu'il faffe affembler les officiers de la brigade chez le commandant de la cavalerie, au jour & à l'heure qu'il aura prefcrite ; dès que le confeil de guerre aura été tenu, le major du régiment ira en rendre compte au brigadier, enfuite il ira avertir le maréchal général des logis de la cavalerie, du jugement rendu & de l'heure de l'exécution, afin qu'il y faffe trouver le piquet que le général trouvera à propos d'y envoyer ; le major du régiment donnera une copie de la fentence au commandant de la cavalerie avant l'exécution.

XCIX. *Abfence & congé.*

Défenfe à tout officier de découcher de l'armée fans une permiffion par écrit du général ; les majors particuliers avertiront les majors de brigade, des officiers qui découcheront ou s'abfenteront de l'armée, foit avec congé du général, foit fans congé, foit qu'ils quittent leur emploi ; le major en informera le brigadier & le maréchal général des logis de la cavalerie, qui en rendra compte au général, & au général de la cavalerie.

Tout officier qui aura obtenu un congé de Sa Majefté, ne pourra en profiter fans l'agrément de fon colonel, & la permiffion du commandant de la cavalerie, & de fon brigadier.

C. *Domestique.*

Il est très expressément défendu à tout officier, de prendre à son service, ni d'enrôler dans sa compagnie, le domestique d'un autre officier pendant le cours de la campagne, sans un congé en bonne forme de celui qu'il servoit.

CI. *Boutte-selle & de campement imprévu.*

Toutes les fois qu'on sonnera le boutte selle, sans qu'il ait été ordonné à l'ordre, les majors de brigade se rendront promptement auprès du maréchal général des logis de la cavalerie, pour en recevoir les ordres qu'il aura à leur distribuer ; alors le campement se tiendra prêt ensemble à la tête du camp de chaque brigade, jusqu'à ce qu'on le demande, ce qui ne sera jamais en criant de main en main ; mais un officier ira à la première brigade le demander, & de brigade en brigade, un officier ira avertir le campement du rendez-vous où il doit se rendre.

CII. Dès qu'on aura ordonné de mettre les tentes à bas, les maréchaux-des-logis & les brigadiers, les feront plier diligemment & charger ; ils observeront si les chevaux sont bien sellés, & si les cavaliers ne chargent pas des choses inutiles. Les officiers ne s'écarteront pas de leur compagnie pour être à portée de faire brider diligemment quand on sonnera à cheval, & de faire déboucher les cavaliers des rues, le plus promptement qu'il sera possible, pour se mettre en bataille à la tête du camp.

Les maréchaux-des-logis, conjointement aux chefs de chambrées, auront attention que chaque cavalier rassemble tout son équipage, de crainte qu'il ne s'oublie dans le camp, ni tente, ni marmites, ni autres ustenciles. Ils empêcheront qu'ils n'aient aucune dispute pour les porter, & feront exactement éteindre les feux.

Lorsque

Lorsque le major de brigade fera former les escadrons du chef de brigade, les majors des autres régimens qui composent la brigade, exécuteront la même chose, & tous les escadrons de la brigade marcheront ensemble en bataille, à environ trente pas en avant de leur camp, où ils feront alte.

CIII. *Se mettre en colonne.*

Le major de brigade qui devra avoir la tête de la colonne, soit qu'on marche par la droite, soit qu'on marche par la gauche ou par le centre, demandera à l'officier général chargé de conduire la colonne, de quelle façon il ordonnera qu'on fasse marcher les escadrons pour les mettre en colonne ; cet ordre donné, les majors s'avertiront diligemment d'un régiment à l'autre, & disposeront leurs escadrons selon qu'il aura été ordonné. Dès que la brigade qui devra avoir la tête de la colonne, fera mouvoir ses escadrons pour se mettre en colonne, les autres brigades exécuteront le même mouvement sans aucun retardement, afin que la ligne se déploye en même tems. Si on rompt les escadrons par compagnies avant que de les mettre en colonne, il faut avoir attention avant que de les rompre, de les ébranler en les faisant marcher quelques pas en avant ; suivant que le terrein le permettra, on marchera par escadron, par compagnie, par quatre ou par deux.

CIV. *Postes & fonctions des Officiers en marche.*

Les officiers marcheront toujours à la tête de leurs compagnies, & les maréchaux-des-logis sur les flancs, pour contenir les cavaliers dans leurs rangs & distances, & les empêcher de parler trop haut ou de chanter.

Il est défendu à tout officier de quitter sa troupe, sans la permission du commandant.

Tome II.   **G**

On obligera les cavaliers qui auront des be-
foins, d'en avertir, & on laissera avec eux un
brigadier pour les faire rejoindre diligemment.

Les officiers-majors iront continuellement de
la tête à la queue de leur régiment, pour examiner s'il ne va pas trop vite ; si les officiers
font à leurs poftes & font leur devoir ; si les
cavaliers confervent leurs rangs & leurs diftances. Ils rendront compte au commandant du
régiment, des officiers qui n'auront pas toute
l'attention nécessaire à contenir leurs cavaliers
dans l'ordre convenable.

Il eft ordonné à tout officier, tel qu'il puisse
être, d'arrêter tout cavalier, dragon ou foldat
qui ne fera pas à fa troupe, quand même fon
régiment feroit dans la colonne, & de le faire
conduire à fon régiment, qui le fera châtier.

CV. *Brigade marchant feule.*

Lorfqu'une brigade marchera feule, le fecond régiment de la brigade ne pourra prétendre de rouler avec le chef de brigade pour avoir
l'avant-garde tour-à-tour : les régimens d'une
brigade ne compofant enfemble qu'un même
corps, le chef de brigade en aura toujours la
tête, à-moins que le commandant de la brigade
ne jugeât nécessaire pour le bien du fervice de
Sa Majefté, de la faire marcher en colonne
renverfée.

CVI. *Défenfe de tirer pendant la marche.*

Il eft expreffément défendu à tout officier
ou cavalier, de tirer pendant la marche ; les
commandans en répondront.

CVII. *Habits des Officiers.*

Tous les officiers, à commencer depuis le
brigadier ayant un régiment, feront en habits,
veftes, houffes & chapeaux uniformes, lorfque
leur régiment fera à cheval, ou qu'ils feront

commandés pour quelque fonction que ce puisse être , sans qu'aucun puisse s'en exempter.

Il y aura tous les jours un cavalier d'ordonnance de chaque régiment chez le maréchal général des logis de la cavalerie.

PROJET D'INSTRUCTION,

Pour les Evolutions de la Cavalerie.

POur faire marcher avec l'uniformité convenable un escadron par deux , par quatre , par huit , & par compagnie, former l'escadron en-avant par la droite & par la gauche , le rompre en-avant ou en colonne , par compagnie , ou par deux compagnies , lui faire faire le demi-tour à-droite ou à-gauche par compagnie , le demi-tour à droite ou à gauche par cavalier, marcher en colonne par escadron, le mettre en bataille & faire le demi-tour à droite ou à gauche par escadron , le faire défiler par compagnie , par quatre & par deux , faire border la haie , & former une troupe quarrée ;

Il faut commencer par établir la maniere dont la cavalerie doit marcher, puisque c'est le principe de tous les autres mouvemens qu'elle doit exécuter.

Nous sommes dans l'usage de faire marcher les rangs éloignés les uns des autres , & de laisser de grands intervalles d'une compagnie à une autre ; cette habitude ne vaut rien , il en résulte une infinité d'inconvéniens : c'est ce qu'il faut démontrer.

Prenons le terrein qu'occupent quatre compagnies en colonne , suivant l'usage ordinaire.

Il y a trois rangs de chevaux par compagnie , qui en font douze pour les quatre compagnies.

On donne trois pas à la longueur d'un cheval ; pour les douze trente-six pas.

D'un rang à un autre, suivant le dernier mémoire envoyé au camp, on prescrit six pas de distance, puisqu'il y est dit qu'il faut que quatre cavaliers puissent y passer de front.

Il y a deux distances de rang par compagnie ; à six pas par distance, pour les huit des quatre compagnies, quarante-huit pas.

On donne d'une compagnie à une autre l'étendue du front d'une compagnie qui est de treize pas ; pour les trois distances, trente-neuf pas.

Pour les trois rangs des officiers des trois compagnies qui suivent la premiere, à trois pas par rang, neuf pas.

RÉCAPITULATION.

Pour la longueur des chevaux, ... 36 pas.
Pour les intervalles des rangs, ... 48
Pour les intervalles des compagnies, 39
Pour trois rangs d'officiers, ... 9

132 pas.

Suivant ce calcul, le front de quatre compagnies en colonne est de cent trente-deux pas, & le front de ces mêmes compagnies formant un escadron en bataille, n'est que de cinquante-deux ; ce qui fait quatre-vingt pas de différence du front de quatre compagnies en colonne, au front de quatre compagnies, formant un escadron en bataille.

On peut juger par la quantité de terrein qu'on employe, combien de tems il faut à un escadron pour se former ; combien ce même escadron occupe de terrein quand il défile dans ce même principe, & quelle doit être la multiplication, lorsqu'il est question d'une colonne de cavalerie ; pour y remédier, il faut, quand on marche par deux, par quatre, par huit, par compagnie ou par escadron, que les rangs ne soient jamais plus éloignés que de deux pas les uns des autres, depuis les pieds de derriere des chevaux du rang de devant aux pieds de devant des chevaux du rang qui suit, & que les officiers de la seconde, troisieme & quatrieme compagnies d'escadron quand il marche en colonne, n'aient de distance de leur compagnie à celle qui la précede, que la longueur de leurs chevaux, observant seulement de ne pas marcher sur les talons des chevaux qui les précedent, soit qu'ils marchent par compagnie, par quatre, ou par deux. Par cette disposition de marche, la troupe est en état de se former promptement, sans que les cavaliers soient obligés de galoper, par la diminution considérable de l'espace de terrein qu'occuperont les quatre compagnies en colonne.

RÉCAPITULATION.

Pour les douze rangs de chevaux, . . 36 pas.

Pour les distances des rangs des cavaliers, à deux pas par distance, . . . 16

Pour les trois distances d'une compagnie à une autre, donnant un demi-pas en avant des chevaux des officiers, & un demi - pas en-arriere ; ce qui fait quatre pas, y compris le troisieme pas de longueur du cheval de l'officier, ... 12

Fond de l'escadron en colonne par compagnie, ... 64

Fond de l'escadron en bataille, ... 52

Reste, ... 12 ;

Au lieu de quatre-vingt qu'il restoit ci-dessus.   G iij

Quand on marche en colonne par escadron, il faut laisser douze pas d'intervalle d'un escadron à l'autre, de plus que le front de l'escadron ; au moyen desquels en se mettant en bataille par un à droite ou un à-gauche par escadron, il se trouvera vingt-quatre pas d'intervalle d'un escadron à l'autre, qui est le plus convenable, soit pour manœuvrer, soit pour combattre ; à l'exception de la seconde ligne, où l'on laisse les intervalles plus grands, pour que la premiere, en cas de besoin, puisse passer à-travers sans la rompre. Les intervalles des escadrons de la seconde ligne doivent être du front des escadrons.

De ces vingt-quatre pas, quatre sont employés par les trompettes, qui doivent être mis à la droite de l'escadron. Il faut que les officiers d'un escadron soient sur une même ligne, & qu'ils n'ayent pas la croupe de leurs chevaux dans les rangs des cavaliers, ainsi qu'il est usité ; cela a mauvaise grace, & rompt toujours le premier rang, mais il faut qu'il en marche tout près ; le commandant de l'escadron doit seul marcher en-avant.

Un jour de combat, les officiers doivent être en même ligne que les cavaliers, ainsi qu'il sera marqué dans le projet d'ordre de bataille.

Il faut avoir une grande attention de faire serrer les files, & ne pas autoriser la délicatesse du cavalier là-dessus. Un escadron n'est fort qu'autant qu'il est uni & serré, & ne peut pas bien manœuvrer sans cela.

Il faut avoir attention aussi, quand on veut faire tourner une troupe d'un côté, de ne pas laisser tourner la tête des chevaux du premier rang de l'autre côté ; il faut que le cavalier marche en tournant devant soi. C'est au commandant à avoir l'œil sur l'escadron, & à le faire ouvrir fur la droite ou fur la gauche, s'il le juge néceffaire. Il vaut mieux qu'un efcadron creve que d'être ouvert, fa force étant dans l'union. Il faut que les cavaliers du deuxieme & du troifieme rang fuivent avec promptitude leur chef de file de l'aîle qui tourne, ce qui fe fait en tournant la tête des chevaux de ce côté-là, & en ferrant la botte du côté oppofé : on doit avoir attention d'expliquer cela aux cavaliers, & leur faire comprendre que le mouvement des cavaliers du premier rang eft tout différent de celui des cavaliers des deuxieme & troifieme rangs.

Quand on marche par deux, par quatre, par compagnie, ou par efcadron, il faut que les rangs foient toujours également ferrés.

Quand on marche en colonne, par efcadron ou par compagnie, & qu'en marchant on fait un angle, il faut que les trois rangs de la compagnie ou de l'efcadron tournent à-la-fois ; l'aîle du premier rang du côté où l'on tourne doit faire le pivot, fans marcher en-avant, jufqu'à ce que l'aîle qui tourne foit arrivée en droite ligne. Quand on marche par quatre ou par deux, il faut pareillement que le cavalier du côté où l'on tourne faffe le pivot, & que les rangs fe fuccedent les uns autres avant que de tourner. Il faut obferver pour cela, qu'un efcadron fait un corps qui doit mouvoir à-la-fois, de même qu'une compagnie, que quatre ou deux cavaliers forment un rang.

Quand on marche en colonne par efcadron, il faut qu'il y ait de diftance d'un efcadron à l'autre, douze pas de plus que le front de l'efcadron, au moyen defquels, en fe mettant en bataille, il y aura vingt-quatre pas d'intervalle d'un efcadron à un autre.

Quand on marche en colonne, il faut toujours

suivre le chef-de-file par la gauche, & que les
maréchaux des logis marchent sur la droite de
leur compagnie ; sans quoi, comme on se met
d'ordinaire en bataille par la gauche, ils se
trouveroient mêlés avec les officiers quand
l'escadron seroit formé.

Quand on marche par quatre ou par deux,
& qu'on veut former la compagnie, si c'est
en avant, le commandant doit dire : *En avant
sur trois rangs, formez la compagnie.*

S'il veut la former, faisant face sur la droite
ou sur la gauche, il doit dire : *Sur trois rangs à
droite ou à gauche, formez la compagnie.* Alors il
faut que les quatre ou deux premiers cavaliers
tournent sur le pivot, & que les autres se forment promptement à côté ; quand le premier
rang est formé, il faut que le commandant le
fasse marcher en avant, pour faire former son
second & troisieme rang.

Quand on marche en colonne par compagnie,
& qu'on veut former l'escadron par la droite
ou par la gauche, pour que l'escadron soit formé
promptement & avec justesse, il faut, quand
le commandant prononce, *à droite ou à gauche
par compagnie, formez l'escadron,* que la premiere
compagnie tourne sur le pivot, & que la deuxieme, troisieme, & quatrieme compagnies
marchent chacune quatre pas en-avant, avant
que de tourner pour former l'escadron. La premiere compagnie étant tournée, doit faire
alte, & les trois autres doivent joindre fort
vîte : quand les quatre compagnies sont jointes,
le commandant de l'escadron le doit faire marcher quelques pas en-avant, & puis *alte.*

Pour former l'escadron en-avant, quand le
commandant aura dit, *Formez l'escadron en-avant,*
il faut que la premiere compagnie marche brusquement dix pas en-avant, & puis qu'elle fasse

alte, pour donner à la compagnie qui la fuit le terrein néceffaire pour déboucher & gagner la gauche. Le mouvement de la feconde compagnie qui doit être vif, donnera le terrein néceffaire pour déboucher à la troifieme & à la quatrieme.

Pour faire former les efcadrons en-avant avec encore plus de juftefle & de vîtefle, que ce qui eft marqué ci-deffus, il faut à gauche par compagnie former l'efcadron, & puis faire un à-droite par efcadron, faifant marcher les gauches.

Si plufieurs efcadrons marchoient par compagnie en colonne, les officiers des efcadrons qui fuivent le premier, ne doivent avoir du dernier rang de la derniere compagnie de l'efcadron qui les dévance, au premier rang de la premiere compagnie de leur efcadron, que douze pas, qui feront employés pour les rangs des officiers & des trompettes. Par cet arrangement, quand les efcadrons fe formeront par un à-droite ou un à-gauche par compagnie, il fe trouvera vingt-quatre pas d'intervalle d'un efcadron à l'autre.

L'on a compté foixante-quatre pas pour le front de quatre compagnies en colonne ; quand l'efcadron eft formé, il n'occupe que cinquante-deux pas, refte pour douze pas, lefquels joints aux douze pas de diftance de la derniere compagnie d'un efcadron à la premiere de l'autre, font vingt-quatre pas, dont quatre étant employés pour les trompettes qui doivent être à la droite du l'efcadron, il en reftera vingt d'intervalle, qui eft la diftance convenable, comme il a été dit ci-deffus.

Pour rompre l'efcadron, & le faire mettre par compagnie en colonne, il faut que le commandant de l'efcadron commande, *cavaliers en marchant, ferrez vos rangs, marche* ; il faut que les rangs s'approchent tout contre ; & quand

l'escadron est rompu par compagnie en colonne, que les rangs reprennent leur distance.
Quand il a ébranlé l'escadron, il commande
alte, & tout de suite, *par compagnie à droite ou
à gauche, rompez l'escadron* : il faut, pour faire ce
mouvement avec justesse, que la premiere compagnie tourne avec vitesse ; & quand elle est
tournée, qu'elle marche douze pas en-avant,
pour donner aux compagnies qui la suivent, le
terrein néceffaire pour faire leur mouvement
avec vivacité ; aussi, sans quoi, celui des compagnies qui suivent devient trop lent.

Pour faire un demi-tour à-droite ou à gauche
par compagnie, il faut que le commandant dise
à ses cavaliers en marchant : *Serrez vos rangs,
marche*. Quand l'escadron a fait quatre pas, il
faut commander, *alte par compagnie, demi-tour
à droite*. Quand la premiere compagnie est
tournée, il faut qu'elle arrête ; & quand le
commandant voit les quatre compagnies re-
jointes, il faut qu'il fasse marcher l'escadron
quelques pas en-avant pour le redresser, &
pour que les cavaliers reprennent leurs distances de rang. Ce mouvement peut être très-
utile, quand il est bien fait, en ce que les officiers restent à la tête de leur troupe. Il faut
toujours s'en servir quand un régiment est à la
tête de son camp & qu'il veut y entrer, parce
que par ce mouvement chaque compagnie se
trouve vis-à-vis de sa rue, au lieu que par la
caracole d'escadron, la droite se trouve où
doit être la gauche.

Il est des cas où l'on seroit trop presté pour
faire le demi-tour à droite par compagnie ; en
ce cas, il faut faire le demi-tour à droite par
cavalier : mais il faut alors avoir attention d'envoyer des officiers pour prendre la tête de l'escadron pour contenir les cavaliers. Pour faire ce

mouvement, il faut que de deux en deux l'un pousse son cheval un peu en-avant, & que l'autre arrête pour avoir la facilité de tourner ; la même chose doit s'observer pour mettre pied à terre & pour monter à cheval.

Il est des cas à la guerre où il est à-propos de rompre avec précipitation un escadron en deux, comme quand un escadron en a un en tête, & qu'un autre le vient prendre par les flancs. Ce mouvement doit se faire par le commandement qui suit, *par deux compagnies à droite ou à gauche, rompez l'escadron ; marche.* Pour réformer l'escadron, on fait marcher les deux moitiés d'escadron l'un à l'autre ; & quand elles sont à portée on commande, *par deux compagnies à droite & à gauche formez l'escadron ; quand il est formé, marche.* Il ne faut jamais faire tourner ou rompre un escadron ou une troupe, sans l'ébranler auparavant. Après le mouvement, il faut encore faire marcher quelques pas pour le redresser, & il faut avoir grande attention, quand on fait tourner une troupe, que l'aîle qui appuie arrête tout court au commandement, & ne fasse que tourner à-proportion de l'aîle qui marche, jusqu'a ce que le tout soit en droite ligne du côté qu'on veut tourner, ainsi qu'il a été dit ci-dessus.

Quand on veut loger un escadron par la droite ou par la gauche, il faut toujours le faire par un à-droite ou par un à-gauche par compagnie, ou par demi-compagnie : l'on peut aussi faire faire ce mouvement par quatre, quand les troupes feront bien accoutumées à ce mouvement ; sans quoi, comme il faut compter auparavant, cela feroit trop long & sujet à inconvénient.

Il faut avoir attention de fermer les droites & les gauches des rangs, par des cavaliers entendus.

Bien des officiers se trouveroient peut-être

embarraffés, s'ils étoient attaqués dans une plaine par des huffards en nombre fupérieur; s'ils ne leur faifoient face que d'un côté, ils feroient fûrement battus, les huffards ayant pour maxime d'attaquer de tous les côtés : il faut donc leur faire face de toutes parts ; ce qui peut fe faire promptement & fans confufion par le commandement qui fuit. On fuppofe une garde ordinaire ou une troupe à la guerre, qui eft ordinairement de quarante-huit maîtres.

Commandement : *Cavaliers du fecond rang, demi-tour à droite, marche.* Il faut les faire marcher douze pas, *alte par fix de droite & de gauche des deux rangs bordez la haie en flanc.* Ce mouvement ne peut fe faire qu'en faifant faire bride en main aux fix cavaliers de la droite & de la gauche de chaque rang jufqu'à ce que les flancs foient fermés, alors il y aura douze cavaliers de front à chaque rang. Il ne faut jamais faire tirer qu'à bout touchant, & une partie du rang à la fois, & faire recharger d'abord qu'on a tiré. Les officiers doivent fe difperfer à chaque rang dans les angles, & le trompette doit être dans le quarré.

Pour remettre la troupe fur deux rangs, il faut commander : *Cavaliers de droite & de gauche des flancs, reprenez vos rangs ; cavaliers du fecond rang, demi-tour à gauche, marche, alte.*

COMMANDEMENT des évolutions marquées ci-deffus.

(Il faut obferver, toutes les fois qu'on veut faire un commandement, de le précéder, en difant, Prenez garde à vous).

MArchez deux.
Marchez quatre.

En avant à droite ou à gauche sur trois rangs formez la compagnie.

Par compagnie en-avant à droite ou à gauche formez l'escadron, marche, alte.

Cavaliers en marchant serrez vos rangs, marche, alte; par compagnie demi-tour à droite, marche, alte.

Marche, par cavalier demi-tour à droite ou à gauche, marche, alte.

Cavaliers en marchant serrez vos rangs, marche, alte; par compagnie à droite ou à gauche, rompez l'escadron, marche, alte.

Marche, alte, par deux compagnies à droite ou à gauche rompez l'escadron, marche, alte.

Par deux compagnies à droite ou à gauche formez l'escadron, marche, alte.

Le mouvement par quatre qui a été proposé est aussi fort bon à faire apprendre à la cavalerie; car il rompt les hommes & les chevaux, & les met plus en état d'exécuter les mouvemens par compagnie & par escadron: pour cet effet, il faut y exercer journellement la cavalerie, dans les places aux gardes, & dans les camps aux piquets.

Ordre de bataille hors les jours de combat.

LOrsqu'un régiment sera à cheval, & qu'il ne s'agira pas de marcher aux ennemis, chaque régiment, si c'est dans un camp, sera en bataille à trente pas de la tête de son camp, sur trois rangs de hauteur, les timbales & les trompettes à la droite des escadrons; les rangs de cavaliers seront à deux pas de distance les uns des autres; les officiers marcheront sur un rang à la tête du premier rang de leur escadron: le

commandant de l'efcadron fera deux pas en-
avant des officiers, les deux maréchaux-des-
logis des compagnies du centre à la queue de
l'efcadron à deux pas du dernier rang, & les
deux des compagnies qui ferment, fur les flancs
de droite & de gauche.

Le meftre-de-camp fera à la tête du premier
efcadron, le lieutenant-colonel à la tête du fecond, & le plus ancien capitaine au troifieme :
fi le meftre-de-camp fe trouve abfent, le lieutenant colonel fe mettra au premier efcadron,
quoique fa compagnie n'y foit pas, le meftre-
de-camp & le lieutenant-colonel commandant,
pouvant toujours fe mettre où ils le jugeront
à-propos pour le bien du fervice. Si le meftre-
de-camp & le lieutenant-colonel fe trouvoient
abfens, le plus ancien capitaine fe placera où il
voudra, fans que fa compagnie le fuive ; les
cornettes prendront les étendards, & falueront
fuivant le cas. Les étendards doivent être dans
le premier rang, & couverts de cinq cavaliers
par les flancs ; le major fera à deux pas fur la
droite des trompettes du premier efcadron ; fi
c'eft une revûe du général, quand le général
paffera après l'avoir falué de l'épée, la remettra, & le fuivra fur fa droite le long du régiment, pour lui rendre compte des chofes qu'il
pourra demander ; l'aide-major fe mettra à la
gauche du commandant du régiment dans le
rang des officiers, pour être à portée de recevoir fes ordres : fi le général venoit par la gauche, le major fe mettra à la gauche. Quand le
régiment fera des mouvemens, le major &
l'aide-major rouleront à l'entour, pour voir fi
la manœuvre fe fait bien.

Les maréchaux-des-logis doivent de même
aller d'un rang à l'autre de l'efcadron ou de
leur compagnie, pour voir fi les cavaliers marchent bien.

Perſonne ne doit ignorer que quand une troupe de cinquante maitres défile un à un, ſi l'officier qui la mene n'obſerve pas de marcher à la tête très lentement, la queue galoppe ; & à des ſiéges revenant de la faſcine, amis & ennemis croient que c'eſt la peur qui les fait galopper.

Il y a pluſieurs ſortes de défilés ; ſçavoir, lorſqu'une armée paſſe une montagne, on marche par compagnie & fort près les uns des autres, pour remplir tout le chemin, de même dans les pays de chauſſées coupées, & où on ne peut marcher en colonne.

Si c'eſt un pont de batteaux d'une grande riviere, on défile par un ou par deux, ainſi qu'il eſt indiqué par ceux chargés de la manœuvre du pont, crainte de le rompre.

Mais ſi c'eſt à l'armée, & qu'il y ait un défilé ou un gué à paſſer, & qu'un eſcadron ne puiſſe pas le remplir de front, le premier de la colonne qui arrive à ce paſſage y entre par le centre, les deux ailes de droite & de gauche ſe replient & regagnent de viteſſe leur poſte quand le défilé eſt paſſé & que le terrein le permet.

Pour bien exécuter cette manœuvre, il faut que les rangs ſoient ſerrés comme quand on va combattre, & que les eſcadrons qui ſuivent ce premier le ſerrent auſſi de très-près, pour que tout le gué ou défilé ſoit généralement rempli juſqu'à la fin de la colonne ; & ſi ce que l'on vient de dire s'obſerve exactement, ſa marche ne ſera pas retardée.

Lorſqu'un régiment fait l'exercice, ſi l'on veut le rompre & le débander, il faut envoyer avec eux des officiers par eſcadron, & leur fixer deux ou trois cens pas plus ou moins, pour que toutes les compagnies, juſqu'au bout de ce

terrein, s'abandonnent au galop & foient mêlées ; quand on veut les faire revenir , on fait
faire l'appel par les trompettes ; & dès que les
premiers commencent à arriver , il faut marcher
environ vingt pas très-lentement , pour faciliter
aux cavaliers les moyens de reprendre leurs
rangs , lesquels ils doivent avoir repris avant
que le régiment faffe alte.

Si l'on juge à-propos de les rompre en-avant
du régiment , il ne faut jamais que les cavaliers
rentrent par le rang qu'occupent les officiers ,
mais bien par les intervalles des efcadrons , &
le commandant marche toujours vingt pas en-
avant , comme il a été dit ci-deffus.

Si une fois ils font bien rompus à cette manœuvre , on peut les exercer d'une troifieme
façon , fçavoir , les débander en-avant , & qu'à
l'appel les officiers faffent demi-tour à droite &
marchent en-arriere quand les cavaliers les re-
joindront ; il faut la premiere fois les en avertir ,
puifque les compagnies fe trouvent en bataille
renverfée , & que celles de droite des efcadrons fe trouvent à la gauche.

Quand la cavalerie exécutera avec précifion
le peu de mouvemens qui viennent d'être ci-
deffus détaillés , & qu'elle fçaura bien le ma-
niment de fes armes , elle fera invincible , &
les généraux feront fûrs de ce qu'ils voudront
entreprendre avec elle. La fupériorité que la
cavalerie françoife a fur toutes les autres de
l'Europe , tant par la qualité , l'efpece & le
nombre d'officiers qu'elle a à la tête de fes
efcadrons , eft infinie ; il ne lui manque que
d'être exercée & difciplinée , & que ces mêmes
officiers s'appliquent plus qu'ils n'ont fait la
plûpart depuis la paix , donnent l'exemple aux
cavaliers , & fe mettent en état de pouvoir les
commander , & faire exécuter chacun en particulier tout ce que deffus.

Il conviendra d'exercer pied à terre, si on le veut, en bas & souliers, les cavaliers à faire les mêmes évolutions qui viennent d'être prescrites à cheval.

Les majors seront responsables de l'exercice de leur régiment ; & pour cela le commandant du régiment ne pourra leur refuser de faire monter le régiment à cheval trois fois la semaine.

TITRE XLIII.

Concernant l'Exercice de la Cavalerie.

Nota. *Comme les diverses instructions don-nées au sujet du nouvel exercice de la cavale-rie en 1752, 53, 54, se trouvent toutes fon-dues dans l'Ordonnance suivante, nous n'a-vons pas jugé à propos d'en grossir ce volume.*

ORDONNANCE DU ROI,

Sur l'exercice de la Cavalerie.

Du 22 Juin 1755.

SA Majesté s'étant fait représenter les dif-férentes instructions qu'Elle a fait rendre ci-devant pour régler l'exercice de sa cavale-rie, & les observations auxquelles elles ont donné lieu ; & voulant décider définitive-ment tout ce qui a rapport à cet objet, Elle a ordonné & ordonne ce qui suit.

Des obligations des Officiers, & de la ma-niere dont ils doivent saluer.

Les officiers seront tenus de s'instruire de ce qu'ils doivent commander aux cavaliers.

Pour cet effet, les commandans des corps tiendront la main à ce que non-seulement les officiers - majors, mais aussi ceux des compagnies & les maréchaux-des-logis, se mettent au fait de tout ce qui a rapport au maniement des armes & aux manœuvres, de maniere qu'ils le sachent assez bien exécuter pour pouvoir l'apprendre à leur troupe.

Les nouveaux officiers qui seront reçus à leurs emplois, ne pourront faire de service qu'après que leur capacité à cet égard aura été reconnue par l'épreuve qui en sera faite en présence du commandant du régiment, dont ils seront tenus de rapporter un certificat au commandant de la place où le régiment sera en garnison, lequel l'enverra au secrétaire d'état ayant le département de la guerre.

Quand les régimens seront rassemblés, ceux qui les commanderont feront commander devant eux à chaque compagnie, par leurs officiers particuliers, les différens maniemens des armes & les manœuvres indiquées pour une compagnie, afin de s'assurer que ces officiers soient en état de bien instruire leurs compagnies lorsqu'elles seront séparées.

Ils leur feront aussi commander toutes les manœuvres indiquées pour un détachement.

Les officiers mettront le sabre à la main, le porteront & le remettront en même tems & de la même maniere que les cavaliers.

Quand ils devront saluer de cette arme, ils le feront en cinq tems, soit de pied ferme ou en marchant.

Au premier, lorsque la personne qu'on doit saluer sera à cinq pas de distance, on tournera le tranchant du fabre à gauche, prenant la poignée à pleine main & étendant le pouce jufqu'à la garde, & on élevera le fabre tout de fuite perpendiculaire, la pointe en haut, la garde à hauteur & à un pied de diftance de la cravatte, le coude un demi-pied plus bas que le poignet.

Au deuxieme, à trois pas de diftance, on étendra le bras pour placer la main au-deffous du milieu de la poche de l'habit étant boutonné, & on baiffera la pointe du fabre à la hauteur du poignet, obfervant que la lame foit parallele au corps du cheval.

Au troifieme, à un pas de diftance, élevant un peu le poignet & le tournant en dehors, on baiffera la pointe du fabre fort doucement, & autant qu'il fera poffible, fans forcer le poignet, tenant toujours la lame parallele au corps du cheval, & l'on reftera dans la même pofition jufqu'à ce que la perfonne que l'on falue foit éloignée de deux pas.

Au quatrieme, baiffant le pouce pour contenir la poignée, on relevera le fabre la pointe en haut, le tenant perpendiculaire, la garde vis-à-vis & à fix pouces de diftance du teton droit, le coude à hauteur du poignet.

Au cinquieme, on portera le fabre à l'épaule, comme il eft prefcrit pour les cavaliers.

Quand les officiers devront faluer de pied ferme, ils feront le falut l'un après l'autre, obfervant de garder les diftances ci-deffus indiquées, de maniere que la pointe du fabre foit baffe au moment du paffage de la perfonne que l'on falue.

Tous les officiers qui feront à la tête d'une même troupe, falueront enfemble en marchant, réglant leurs mouvemens fur ceux de l'officier qui commandera cette troupe.

De l'école du Cavalier.

La premiere inftruction à donner à un cavalier, eft de lui apprendre à-connoître fon cheval & toutes les parties de fon équipement, ainfi que leur ufage, afin qu'il fache le brider, le gourmer, le feller & le harnacher de tout point, & la maniere dont il doit le charger.

Enfuite on le fera monter à cheval & on l'y placera; on l'inftruira comment il doit tenir fa bride & s'en fervir pour conduire fon cheval, de la maniere de porter fes étriers, de la longueur dont les étrivieres doivent être, & de l'ufage qu'il doit faire de fes jambes & de fes éperons. Enfin on le fera trotter pour lui faire trouver le fond de la felle, & lui donner plus de fermeté à cheval; le tout ainfi qu'il fera détaillé dans une inftruction particuliere que Sa Majefté fe propofe de donner inceffamment,

En même tems qu'on occupera les cavaliers à ces premieres inftructions, on les exercera un à un, ou deux à deux tout au plus, aux différens maniemens des armes, d'abord à pied , enfuite à cheval, leur en montrant tous les principes.

Les maréchaux-des-logis feront principalement chargés de ce foin à l'égard des cavaliers de recrue, qui feront cependant exercés très-fouvent par leurs officiers, foit dans les garnifons ou dans les quartiers, & que l'aide-major raffemblera quand le régiment fe trouvera réuni, pour leur faire répéter ces exercices.

Lorfque les cavaliers auront été inftruits chacun en particulier au maniement des armes, tant à pied qu'à cheval, & affermis dans les principes de l'équitation, on les réunira au nombre de vingt-quatre par compagnie pour les exercer enfemble.

Soit que les régimens foient affemblés ou que les compagnies foient féparées, on les exercera au moins deux fois la femaine à cheval, & une fois à pied, tant en été qu'en hyver. Celles qui feront dans le plat pays feront exercées tous les jours pendant le tems de leur affemblée.

Du maniement des armes à pied.

Les cavaliers fe formeront fur un feul rang pour faire le maniement des armes à pied, foit qu'on les exerce par compagnie ou par régiment.

Le capitaine & le lieutenant fe placeront un pas en avant des cavaliers, le premier vis-à-vis le tiers de la droite du front de la compagnie, le fecond vis-à-vis le tiers de la gauche.

Lorsque le capitaine sera seul, il se placera vis-à-vis le centre de sa compagnie, & s'il y avoit deux officiers avec lui, celui qui seroit supérieur en grade, ou le plus ancien à grade égal, se placera à sa droite & l'autre à sa gauche vis-à-vis le tiers du front de la compagnie.

L'ordre des droites & des gauches sera inverti dans les compagnies qui seront formées par la gauche.

Le maréchal-des-logis se tiendra trois pas en arriere du centre de la compagnie.

Les trompettes seront sur un seul rang à la droite de leur escadron, & à la gauche de celui qui fermera la droite du régiment : le timbalier sera un pas en avant du centre de ceux de son escadron.

Les cavaliers seront serrés de maniere que les coudes se touchent sans se gêner, les deux talons sur une même ligne, séparés d'environ deux pouces, les épaules effacées, la poitrine en avant, le corps droit & bien à plomb, le mousqueton dans la main gauche, les trois derniers doigts sous le talon de la crosse, le premier doigt sur la vis, & le pouce en dessus, le canon en dehors, la soûgarde quatre pouces au-dessous du défaut de l'épaule, le coude gauche près du corps, la main droite pendante sur le côté, la tête haute, tournée sur la droite pour partir en même tems que le cavalier de sa droite, excepté celui qui fermera la droite du rang, lequel devra regarder attentivement le major ou autre officier qui commandera l'exercice, pour partir immédiatement après le dernier mot du commandement.

Ils obferveront tous de mettre une feconde entre l'exécution de chaque tems des commandemens qui en ont plufieurs.

Celui qui commandera l'exercice mettra deux fecondes de repos entre la fin de l'exécution d'un commandement & le commencement du fuivant ; & ce même intervalle fera obfervé par les cavaliers quand ils feront le maniement des armes à la muette.

Pour mettre toute la précifion poffible dans ces différens repos, on accoûtumera les cavaliers à compter *un, deux*, dans le tems d'une feconde, & à répéter cette formule autant de fois qu'ils auront de fecondes à attendre pour exécuter les mouvemens, fans faire avancer de cavalier hors du rang pour leur fervir de modele.

Quant à l'exécution des mouvemens, on aura attention que les cavaliers y employent la plus grande vivacité, paffant toujours leurs armes le plus près du corps qu'il fera poffible, & qu'à la fin de chaque tems il y ait une ceffation totale de mouvement.

Le major ou autre officier qui devra commander l'exercice, commencera par faire ceux des commandemens de l'infpection à pied ci-après qui feront néceffaires, pour vérifier fi les armes ne font point chargées; après quoi il fera cet avertiffement :

Prenez

Prenez garde à vous, on va faire le ma-niement des armes.

A cet avertiffement, tous les officiers & maréchaux-des-logis mettront le fabre à la main, & le porteront contre l'épaule droite.

Le major fera enfuite fonner un appel par les trompettes ; alors les officiers & maréchaux-des-logis ôteront enfemble le chapeau de la main gauche : les officiers partant du pied gauche, & conservant leur alignement & leurs diftances, fe porteront en avant de la troupe, & feront halte quand ils auront dépaffé le major de quatre pas ; les maréchaux - des - logis feront demi tour à droite, & fe porteront douze pas en arriere de l'efcadron.

A la fin du fecond appel qui fera ordonné par le major, les officiers & les maréchaux-des-logis feront face à la troupe par un demi-tour à droite, & remettront leur chapeau, obfervant que tous ces mouvemens fe faffent enfemble, & ils continueront de porter leur fabre pendant tout le tems de l'exercice.

Perfonne ne parlera que le major, pas même pour reprendre les cavaliers qui feroient en faute ; & fi un cavalier laiffe tomber fa baguette ou fon chapeau en quelque tems de l'exercice que ce foit, il ne le ramaffera pas, & il attendra que le major ordonne à un maréchal-des-logis de le faire.

COMMANDEMENS.

1. *A droite.*

2. *A gauche.*

Ces deux commandemens s'exécuteront chacun en un tems, en tournant sur le talon gauche & portant le droit sur la même ligne, ayant attention de garder toujours l'intervalle de deux pouces entre les deux talons, de ne point laisser chanceler le corps ni les armes, de ne tourner ni trop ni trop peu, & d'exécuter les mouvemens brusquement sans sauter.

3. *Demi-tour à droite.*

4. *Demi-tour à droite.*

Ces deux commandemens s'exécuteront chacun en trois tems.

Au premier, on portera le pied droit derriere le gauche, les deux talons à quatre pouces de distance l'un de l'autre.

Au deuxieme, on tournera sur les deux talons par la droite, jusqu'à ce que l'on fasse face du côté opposé.

Au troisieme, on reportera le pied droit à côté du gauche sans frapper.

5. *Haut le mousqueton.*

En deux tems : au premier, on portera la main droite sous la platine sans mouvoir le mousqueton.

Au deuxieme, en retournant le mousqueton, on le portera devant soi entre les deux yeux, le canon en dedans, la main droite embrassant la poignée près de la soûgarde ;

on saisira en même tems le mousqueton de la main gauche, le tenant à la hauteur de la cravatte près de l'extrémité supérieure de la platine, le pouce allongé le long du bois, le bas de la crosse appuyé contre le ventre.

6. *Apprêtez le mousqueton.*

En un tems : on armera le mousqueton en mettant le pouce sur le chien, & passant le pied droit à trois pouces en équerre derrière le gauche, tournant sur le talon gauche, & effaçant le corps à droite.

7. *En joue.*

En un tems : on appuiera la crosse à l'épaule droite, le coude droit serré, ajustant devant soi, plaçant le premier doigt dans la soûgarde & le pouce sur la poignée.

8. *Feu.*

En un tems : on appuyera avec force le premier doigt sur la détente, sans baisser la tête ni faire aucun autre mouvement ; & aussi-tôt après on retirera les armes vivement, le petit doigt & les trois autres doigts de la main gauche restant toujours appuyés à l'extrémité supérieure de la platine, le pouce gauche passant sur le canon, la crosse sous le bras droit, le bout du canon plus élevé d'un pied & demi que le bassinet, la platine vis-à-vis la poitrine, la soûgarde un peu en dehors & au-dessous du teton droit, le coude gauche collé au corps, les deux premiers doigts & le pouce de la main droite sur le chien prêts à le mettre en son repos.

9. *Mettez le chien en son repos.*

En un tems : on relevera le chien avec le pouce & le premier doigt , jusqu'à ce qu'il s'arrête dans le cran du repos; & tout de suite on remettra la main droite appuyée contre la poignée du mousqueton.

10. *Prenez la cartouche.*

En un tems : on portera brusquement la main au porte - cartouche pour en tirer la cartouche.

11. *Déchirez-la avec les dents.*

En deux tems : au premier , on portera la cartouche à la bouche pour la déchirer.

Au deuxieme, on la portera brusquement près du bassinet.

12. *Amorcez.*

En un tems : tenant la cartouche des deux premiers doigts , le pouce sur l'ouverture , on remplira le bassinet de poudre , & à la fin du tems on portera la main droite derriere la batterie.

13. *Fermez le bassinet.*

En un tems : on fermera le bassinet avec les deux derniers doigts, tenant toujours la cartouche des deux premiers doigts , & on reposera la main droite derriere la platine , saisissant la poignée entre les deux derniers doigts & la paume de la main.

14. *Passez le mousqueton du côté de l'épée.*

En deux tems : au premier, on fera à gauche en portant le pied droit en avant, le talon à la hauteur de la boucle du pied gauche , & on passera le mousqueton perpendiculairement entre la tête & l'épaule gauche, le canon en dehors, faisant glisser la main gauche, le pouce alongé jusqu'à l'anneau de la grenadiere à la hauteur de la cravatte.

Au deuxieme, en quittant le mousqueton de la main droite, & sans déplacer la main gauche, on baillera le mousqueton; le bras gauche tendu, & on portera en même tems la main droite au bout du canon pour le faisir avec les deux derniers doigts.

15. *Mettez la cartouche dans le canon.*

En un tems : on mettra la cartouche dans le canon, & on faisira en même tems la baguette avec le pouce & le premier doigt de la main droite, plaçant le pouce alongé le long du gros bout de la baguette, le premier doigt plié & le coude près du corps.

16. *Tirez la baguette.*

En un tems : on chassera la baguette à moitié hors des tenons en alongeant le bras droit brusquement de toute sa longueur ; puis renversant la main on empoignera la baguette près du bout du canon ; & achevant de la tirer par un second mouvement de bras très-prompt, on la fera tourner, le bras droit tendu, pour la porter sur le ceinturon, & on fera glisser aussi-tôt la main droite à quatre doigts du gros bout, tenant la baguette parallele au canon.

17. *Bourrez.*

En un tems : on portera la baguette brusquement de biais au bout du canon, dans

lequel on la chaffera vivement, & on la retirera de même pour la reporter par le petit
bout fur le ceinturon, gliffant la main à environ fix pouces de l'extrémité.

18. *Remettez la baguette en fon lieu.*

En un tems : on fera entrer la baguette
dans le tenon jufqu'à ce que la main touche
le bout du canon , & déployant enfuite le
bras, on la pouffera avec force pour la faire
entrer d'un feul mouvement qui ramenera
la main droite au bout du moufqueton ,
qu'elle empoignera tout de fuite.

19. *Portez le moufqueton.*

En trois tems : au premier , quittant le
moufqueton de la main droite , on l'élevera
devant foi de la main gauche, la portant à
la hauteur du menton entre la tête & l'é-
paule gauche, & on le faifira de la main
droite à la poignée.

Au deuxieme , faifant face en tête & frappant du pied droit pour le ramener fur la
même ligne que le gauche, on élevera un
peu le moufqueton de la main droite pour
que la main gauche vienne fe placer à la
croffe , les trois derniers doigts fous le talon , le premier doigt fur la vis , & le pouce
au-deffus.

Au troifieme , on attirera avec la main
gauche le moufqueton près du corps, pour
le placer comme il eft dit à la premiere pofition fous les armes, & la main droite tombera pendante fur le côté.

20. *Préfentez le moufqueton.*

En trois tems : les deux premiers comme au cinquieme commandement.

Au troifieme , en retirant le pied droit en équerre à deux pouces derriere le gauche , en faifant toujours face en tête , on abaiffera le moufqueton à plomb vis-à-vis l'œil gauche , la baguette en avant , le bras droit étendu dans toute fa longueur , & l'avant-bras gauche collé au corps ; les mains ne changeront point de fituation , on abaiffera feulement le pouce de la main gauche derriere le canon.

21. *Portez le moufqueton.*

En deux tems : au premier , en frappant du pied droit & le plaçant à côté du gauche, on relevera le moufqueton de la main droite , tournant le canon en dehors , & on placera la main gauche à la croffe , comme il eft prefcrit au fecond tems du dix-neuvieme commandement.

Au deuxieme , comme il eft dit au troifieme tems du dix-neuvieme commandement.

22. *Paffez la platine fous le bras gauche.*

En quatre tems : au premier , on portera la main droite à la poignée.

Au deuxieme , on portera le moufqueton de la main droite vis-à-vis l'épaule gauche , le canon en dehors , plaçant la main gauche au-deffous du porte-baguette d'en bas.

Au troifieme , on paffera la platine fous le bras gauche , la main droite accompagnant le moufqueton.

Au quatrieme, on portera brufquement la main droite fur le côté.

23. *Portez le moufqueton.*

En trois tems : au premier, on reportera le moufqueton devant foi de la main gauche, en fe relevant & le faififfant en même tems de la main droite à la poignée, le pouce le long du revers de la platine, le canon en dehors, la main gauche à la hauteur du menton.

Au deuxieme, on portera la main gauche à la croffe.

Au troifieme, comme au troifieme du dix-neuvieme commandement.

24. *Renverfez le moufqueton.*

En cinq tems : les deux premiers comme au cinquieme commandement.

Au troifieme, en retournant la main gauche & allongeant le bras on renverfera le moufqueton le bout du canon en avant, la croffe paffant entre le bras droit & le corps, on le tiendra le canon en dehors & la croffe à la hauteur de la bouche, & on l'empoiguera tout de fuite de la main droite à la poignée.

Au quatrieme, on paffera le moufqueton renverfé fous le bras gauche, gliffant la main gauche le long du canon, de façon que la croffe foit appuyée à l'épaule.

Au cinquieme, on portera brufquement la main droite pendante fur le côté.

25. *Portez le moufqueton.*

En quatre tems : au premier, on reportera le moufqueton en avant de la main gauche, & on joindra tout de fuite la main droite à la poignée, la croffe à la hauteur de la cravatte.

Au deuxieme, la main gauche fe renverfera & retournera brufquement le moufqueton le bout du canon en avant, pour le placer dans la pofition prefcrite au deuxieme tems du cinquieme commandement.

Au troifieme, on le pofera vis-à-vis l'épaule gauche, la main gauche fe plaçant à la croffe.

Au quatrieme, comme au troifieme du dix-neuvieme commandement.

26. *Portez le moufqueton au bras.*

En trois tems : au premier, on portera la main droite à la poignée.

Au deuxieme, la main gauche quittant la croffe, fe placera dans l'habit fur la poitrine, & on appuyera le chien fur l'avant-bras gauche fans détacher l'arme de l'épaule.

Au troifieme, on laiffera tomber la main droite pendante.

27. *Portez le moufqueton.*

En trois tems : au premier, on portera la main droite à la poignée du moufqueton.

Au deuxieme, la main gauche fe placera à la croffe, & tiendra le moufqueton dans la pofition ordinaire.

Au troifieme, la main droite tombera pendante.

28. *Repofez-vous fur le moufqueton.*

En quatre tems : au premier & au deuxie-

H v.

me, comme aux deux premiers du cinquieme commandement.

Au troisieme, portant le mousqueton de la main gauche au côté droit, on l'empoignera de la main droite à la hauteur du chapeau, le tenant à plomb, la soûgarde en dehors.

Au quatrieme, on laissera tomber le mousqueton à la droite de la pointe du pied droit, la soûgarde en avant, observant de lever le pied en même tems que le mousqueton arrivera à terre, & de le replacer aussi-tôt en frappant, & la main gauche restera pendante sur le côté.

29. *Posez le mousqueton à terre.*

En quatre tems : au premier, en même tems qu'on tournera le mousqueton le canon vers le corps, on tournera sur le talon gauche à droite, on placera le pied droit derriere la crosse du mousqueton, & on mettra la main gauche derriere le dos pour saisir la bretelle du porte-cartouche.

Au deuxieme, laissant couler la main droite jusqu'à la grenadiere, on fera un pas de deux pieds en avant du pied gauche, & en courbant le corps brusquement l'on couchera le mousqueton par terre la platine en dessus.

Au troisieme, on se relevera en retirant le pied gauche, & tenant le bras droit pendant.

Au quatrieme, on tournera sur le talon gauche pour faire face en tête, le pied droit se replaçant à côté du gauche ; & la main

gauche, quitant la bretelle du porte-cartouche, tombera pendante fur le côté.

30. *Reprenez le moufqueton.*

En quatre tems : au premier, on tournera
à droite fur le talon gauche, on placera le
pied droit derriere la croffe du moufqueton,
& la main gauche faifira en même tems la
bretelle du porte-cartouche.

Au deuxieme, on fera un pas de deux
pieds en avant du pied gauche, fe courbant
pour reprendre le moufqueton à l'anneau de
la grenadiere.

Au troifieme, on fe relevera tenant le
moufqueton à côté de foi, le canon vers le
corps, la main droite à l'anneau de la grenadiere.

Au quatrieme, fans déplacer la main droite, retournant le moufqueton, la foûgarde
en dehors, la main gauche tombera pendante, & on tournera à gauche en ramenant le
pied droit à fa place.

31. *Portez le moufqueton.*

En quatre tems : au premier, on élevera le
moufqueton de la main droite, en le rap-
prochant du corps, & la main gauche le faifira au-deffus de la platine.

Au deuxieme, on le ramenera devant foi
de la main gauche à la hauteur de la cravatte, la main droite le faififfant fous la platine.

Au troifieme & au quatrieme, comme au
troifieme & au quatrieme du vingt-cinquieme commandement.

32. *Moufqueton à la grenadiere.*

En quatre tems : au premier on portera la main droite à la poignée.

Au deuxieme, en faifant un à droite fur les deux talons, on portera le moufqueton en travers au-deffus de la tête, la platine en deffus ; on paffera tout de fuite la tête & le bras droit entre la grenadiere & le moufqueton qu'on laiffera tomber à droite, la main droite appuyée fur la croffe.

Au troifieme, on pouffera la croffe en arriere de la main droite, qu'on laiffera pendante ainfi que la main gauche.

Au quatrieme, on fe remettra par un à gauche fur les deux talons.

33. *Préparez-vous à mettre le fabre à la main.*

En un tems, paffant le poignet de la main droite dans le cordon, on faifira la poignée du fabre, & on dégagera la lame du fourreau de quatre doigts.

34. *Sabre à la main.*

En un tems : on tirera vivement le fabre, & on le portera à l'épaule droite, le dos de la lame appuyé contre l'épaule, le poignet à la hauteur de la hanche.

35. *Remettez le fabre.*

En trois tems : au premier, on détachera le fabre de l'épaule, tournant le tranchant de la lame à gauche, prenant la poignée à pleine main, étendant le pouce jufqu'à la garde ; & on élevera le fabre tout de fuite perpendiculairement la pointe en haut, la garde à hauteur & à un pied de diftance de la cravatte, le coude un demi-pied plus bas que le poignet.

Au deuxieme, on saisira le fourreau de la main gauche ; & en renversant la main droite & levant le coude, on fera entrer la moitié de la lame dans le fourreau.

Au troisieme, on enfoncera vivement la lame jusqu'à la garde, laissant tomber la main gauche & la droite pendantes.

36. *Portez le mousqueton.*

En quatre tems : au premier, on fera un à droite sur les deux talons, & on portera la main droite sur la crosse.

Au deuxieme, on tirera le mousqueton en avant ; on passera tout de suite le bras droit entre le corps & le mousqueton, qu'on saisira par-dessous à la poignée ; on le passera en travers par-dessus la tête, & on le portera vis-à-vis l'épaule gauche, la main gauche sous la crosse.

Au troisieme, on fera un à gauche sur les deux talons.

Au quatrieme, comme au troisieme du dix-neuvieme commandement.

Le maniement des armes étant fini, le major fera sonner un appel, après lequel les officiers & les maréchaux-des-logis ôtant le chapeau de la main gauche, partiront ensemble du pied gauche, marchant à même hauteur pour venir reprendre leurs places ; & après un second appel, les officiers feront un demi-tour à droite, & remettront leur chapeau, ainsi que les maréchaux-des-logis.

Du maniement des armes à cheval.

Pour faire le maniement des armes à cheval ; si c'est par compagnie, les cavaliers se rangeront sur un seul rang ; si c'est par escadron ou par régiment, on les fera mettre sur deux rangs.

Les officiers seront à la tête de leur troupe dans le même ordre qui a été expliqué pour le maniement des armes à pied, observant de laisser entre leurs chevaux & ceux des cavaliers du premier rang, le même espace que l'on doit garder entre les chevaux de chaque rang.

Les commandans d'escadron se placeront au centre du rang des officiers de leur escadron, qu'ils dépasseront d'une demi-longueur de cheval.

Les cornettes ou autres officiers qui porteront les étendards, se tiendront dans le rang à la gauche du cinquieme cavalier de la droite & de la gauche de leur escadron.

Les maréchaux-des-logis seront en serre-file derriere le centre de leur compagnie, à trois pas de distance du dernier rang.

Les trompettes seront sur le flanc de l'escadron, comme au maniement des armes à pied.

Les cavaliers d'un même rang s'aligneront ensemble, de maniere que leurs épaules soient sur la même ligne ; & ils se tiendront ni trop ouverts ni trop serrés, pour que les bottes se touchent sans qu'ils se pressent.

Quant à la distance entre les rangs, elle sera d'un pas entre la croupe du cheval de devant, & la tête de celui qui le suit.

On observera dans le maniement des armes à cheval, les mêmes repos & le même silence qui ont été prescrits pour celui qui se fait à pied.

Le major, après avoir fait les commandemens nécessaires pour vérifier si les armes ne sont pas chargées, commencera par cet avertissement :

Prenez garde à vous, on va faire le maniement des armes.

A cet avertissement, tous les officiers & maréchaux-des-logis mettront le sabre à la main, & le porteront à l'épaule droite.

Le major fera ensuite sonner un appel, auquel tous les officiers, à l'exception de ceux qui porteront les étendards, partiront pour se porter en avant de la troupe, quatre pas au-delà du major, & les maréchaux-des-logis feront demi-tour à droite pour s'éloigner de douze pas du dernier rang de leur compagnie.

Après un second appel, les officiers & les maréchaux-des-logis feront face à la troupe par un demi-tour à droite, & resteront portant le sabre pendant tout le tems de l'exercice.

Commandemens.

1. *Ajustez vos rênes.*

En deux tems : au premier, on prendra

le bout des rênes par deſſous le bouton avec le pouce & les deux premiers doigts de la main droite, on les élevera devant ſoi, en ouvrant un peu la main gauche, ſans la dé-placer pour les mettre à leur point.

Au deuxieme, on laiſſera tomber le bout des rênes à droite, & on portera la main droite ſur la cuiſſe.

2. *Dégageɀ le mouſqueton.*

En un tems : on ſaiſira de la main gauche ſans quitter les rênes, le bout de la cour-roie du porte-croſſe, & de la main droite le côté de la boucle, & avec le premier doigt de cette main on fera ſortir l'ardillon ; & le bout de la courroie étant ſorti de la boucle, la main gauche prendra le côté de la boucle, & de la droite on empoignera le mouſqueton par la poignée.

On obſervera que les carabiniers doivent porter leur carabine, comme les cavaliers leur mouſqueton.

3. *Haut le mouſqueton.*

En un tems : on élevera le mouſqueton & on le portera la croſſe ſur la cuiſſe, le bout haut en avant.

4. *Accrochez le mouſqueton.*

En trois tems : au premier, on baiſſera le mouſqueton ſur la main gauche, dont on l'empoignera, le tournant, le bout un peu élevé vers l'oreille gauche du cheval.

Au deuxieme, on prendra de la main droite le porte-mouſqueton à la bandoulie-re, on y accrochera le mouſqueton par l'auneau roulant , & tout de fuite on reprendra le moufqueton de la main droite à la poignée.

Au troifieme , comme au troifieme commandement.

5. *Apprêtez le moufqueton.*

En un tems : on armera le moufqueton de la main droite feule , en tirant le chien en arriere , jufqu'à ce qu'on l'ait entendu fe loger dans le cran.

6. *En joue.*

En un tems : on portera de la main droite la croffe du moufqueton à l'épaule droite , & pour foûtenir le moufqueton on avancera la main gauche vers la tête du cheval , fans alonger les rênes.

7. *Feu.*

En deux tems : au premier , on appuyera avec force le premier doigt fur la détente , fans baiffer la tête ni faire aucun autre mouvement.

Au deuxieme , on laiffera tomber le moufqueton horizontalement ou armes plates fur la main gauche , dont on le faifira près de la partie fupérieure de la platine , le pouce gauche alongé le long du bois , le pouce droit fur le chien.

8. *Mettez le chien en fon repos.*

En un tems , comme au neuvieme commandement à pied.

9. *Prenez la cartouche.*

En un tems : le moufqueton étant appuyé fur le pommeau de la felle , on portera la

main droite brufquement au porte-cartouche pour en tirer la cartouche.

10. *Déchirez-la avec les dents.*

En deux tems, comme au onzieme commandement à pied.

11. *Amorcez.*

En un tems, comme au douzieme commandement à pied.

12. *Fermez le baffinet.*

En un tems, comme au treizieme commandement à pied.

13. *Paffez le moufqueton du côté de l'épée.*

En un tems : levant le moufqueton de la
main gauche, & tournant la baguette du
côté du corps, on pouffera la croffe des deux
derniers doigts de la main droite pour la
faire paffer à gauche entre la fonte & l'é-
paule du cheval.

14. *Mettez la cartouche dans le canon.*

En un tems, comme au quinzieme commandement à pied.

15. *Tirez la baguette.*

En un tems, comme au feizieme commandement à pied.

16. *Bourrez.*

En un tems, comme au dix-feptieme commandement à pied.

17. *Remettez la baguette.*

En un tems, comme au dix-huitieme commandement à pied.

18. *Haut le moufqueton.*

En deux tems : au premier, on relevera
de la main gauche le moufqueton, & de la
droite on le faifira à la poignée.

Au deuxieme, en le levant on portera la croffe fur le plat de la cuiffe, en quittant le moufqueton de la main gauche qui reftera occupée à tenir la bride.

19. *Laiffez tomber le moufqueton.*

En un tems : on portera doucement le bout du moufqueton en bas, & on le laiffera pendre à la bandouliere.

20. *Ajuftez vos rênes.*

En deux tems, comme au premier commandement.

21 *Piftolet à la main.*

En deux tems : au premier, on portera la main droite fur la croffe du piftolet de la gauche, paffant par-deffus les rênes & la main gauche.

Au deuxieme, on le tirera de la fonte, & on le portera fur la main gauche dont on l'empoignera, le bout un peu élevé en avant vers l'oreille gauche du cheval ; & on mettra le pouce de la main droite fur le chien, & le premier doigt devant la détente.

22. *Apprêtez le piftolet.*

En deux tems : au premier, on armera le piftolet de la main droite, le tenant toûjours de la gauche par le milieu du canon.

Au deuxieme, on l'élevera, le bout en haut, le bras demi-tendu, le poignet à la hauteur de l'œil droit, la foûgarde en avant.

23. *En joue.*

En un tems : en alongeant le bras, on vifera le long du canon, tenant la foûgarde en deffous, & le bout du piftolet directement devant foi plus bas que le poignet.

24. *Feu.*

En trois tems : au premier, on tirera la détente.

Au deuxieme, on reportera le piftolet fur la main gauche, on relevera le chien du pouce & du premier doigt de la main droite pour le mettre en fon repos, & on ramenera tout de fuite la batterie avec les deux premiers doigts.

Au troifieme, on remettra le piftolet dans la fonte, & on reportera tout de fuite la main droite fur la cuiffe droite.

25. *Piftolet à la main.*

En deux tems : au premier, on portera la main droite fur le piftolet droit, les doigts entre la croffe & la felle, les ongles & le pouce en deffus de la croffe.

Au deuxieme, on le tirera de la fonte, & on le portera fur la main gauche dont on l'empoignera, le bout un peu élevé en avant vers l'oreille gauche du cheval, on mettra le pouce de la main droite fur le chien, & le premier doigt devant la détente.

26. *Apprêtez le piftolet.*

En deux tems, comme au vingt-deuxieme commandement.

27. *En joue.*

En un tems, comme au vingt-troifieme commandement.

20. *Feu.*

En trois tems, comme au vingt-quatrieme commandement.

29. *Préparez-vous pour mettre le sabre à la main.*

En un tems : portant la main droite par-dessus la gauche & les rênes, on passera le poignet dans le cordon, & on prendra le sabre à la poignée, dégageant un peu la lame de dedans le fourreau.

30. *Sabre à la main.*

En un tems, comme au trente-quatrieme commandement à pied.

31. *Remettez le sabre.*

En trois tems, comme au trente-cinquie-me commandement à pied, sans quitter les rênes.

32. *Ajustez vos rênes.*

En deux tems, comme au premier commandement.

33. *Haut le mousqueton.*

En un tems : on le prendra avec la main droite à la poignée, & on le portera sur la cuisse le bout en haut.

34. *Décrochez le mousqueton.*

En deux tems : au premier, on abaissera le mousqueton avec la main droite sur la main gauche, dont on l'empoignera, tournant le bout un peu élevé vers l'oreille gauche du cheval, & de la droite on décrochera le mousqueton.

Au deuxieme, on fera haut le mousqueton.

35. *Mousqueton à la grenadiere.*

En deux tems : au premier, on portera le mousqueton en travers au-dessus de la téte, la platine en deſſus ; on paſſera tout de ſuite la tête & le bras droit entre la grenadiere & le mouſqueton qu'on laiſſera tomber à droi-te , la main droite appuyée ſur la croſſe.

Au deuxieme , on pouſſera la croſſe en ar-riere de la main droite , qu'on laiſſera pen-dante ſur la cuiſſe.

36. *Haut le mouſqueton.*

En un tems : on prendra avec la main droite la croſſe du mouſqueton , pour le ti-rer en avant , on paſſera tout de ſuite la main & le bras droit entre le corps & le mouſqueton ; on le ſaiſira par-deſſous à la poignée ; on le paſſera en travers par deſſus la tête ; & on le portera , la croſſe ſur la cuiſſe , le bout haut en avant.

37. *Remettez le mouſqueton en ſon lieu.*

En deux tems : au premier , tenant le mouſ-queton à la poignée , on l'élevera de la main droite à la hauteur de la cravatte.

Au deuxieme , on remettra le bout du mouſqueton dans ſa botte ; on engagera la croſſe dans la courroie , comme on l'en a dégagée , & on bouclera la courroie.

38. *Ajuſtez vos rênes.*

En deux tems , comme au premier com-mandement.

Le maniement des armes étant fini , le ma-jor fera ſonner un appel , à la fin duquel les officiers & maréchaux-des-logis ſe mettront en mouvement pour retourner à leurs pla-ces : lorſque les officiers ſeront à dix pas du front de la troupe , ils ſalueront de l'épée les tendards, & étant ensuite arrivés à leurs places, ils se remettront par un demi-tour à droite, observant de faire tous ces mouvemens ensemble avec précision.

De l'inspection à pied.

Les cavaliers qui auront été commandés à pied, étant arrivés au lieu du rendez-vous, s'y mettront en bataille sur un rang, comme il est dit au maniement des armes à pied, ou sur plusieurs rangs, s'il est ainsi ordonné; & après que ceux qui en seront chargés auront examiné si leurs armes & tout leur équipement sont en bon état, on avertira qu'on va faire l'inspection; & aussi-tôt les officiers iront se placer sur la droite ou sur la gauche de leur troupe, selon qu'elle sera formée par la droite ou par la gauche.

Les cavaliers placeront le porte-cartouche sur le devant de la hanche droite, & ils le découvriront de la main droite, en renversant les pattes & les mettant entre le corps & le porte-cartouche.

Après quoi on commandera:

1. *Passez le mousqueton du côté de l'épée.*

En trois tems : au premier, on portera la main droite à la poignée, sans remuer le mousqueton.

Au deuxieme, en avançant le pied droit devant le pied gauche, & effaçant le corps un peu sur la gauche, on détachera le mousqueton de l'épaule pour le tenir droit, le canon en dehors, entre la tête & l'épaule gauche , & la main gauche le faifira à la hauteur du front , le bras droit étant étendu dans toute fa longueur.

Au troifieme , comme au deuxieme du quatorzieme commandement du maniement des armes à pied.

2. *Mettez la baguette dans le canon.*

En trois tems : au premier , comme au feizieme commandement du maniement des armes à pied.

Au deuxieme , on portera la baguette de biais au bout du canon dans lequel on la laiffera tomber.

Au troifieme , on laiffera tomber la main droite pendante fur le côté.

Après ce commandement , l'officier qui devra faire l'infpection paffera fur le front de la troupe pour vifiter les armes & les cartouches des cavaliers , lefquels à mefure que cet officier arrivera devant eux , faifiront le bout de la baguette avec le pouce & le premier doigt de la main droite , & l'élevant de trois pouces hors du canon , le laifferont retomber tout de fuite , après quoi ils replaceront leur porte - cartouche & laifferont tomber la main droite pendante fur le côté.

L'officier qui aura fait cette vifite étant de retour à fa place , on commandera :

3. *Remettez la baguette.*

En un tems , comme au dix-huitieme commandement du maniement des armes à pied.

Si on veut charger le moufqueton , on
fera

fera les commandemens suivans jusques &
compris le quatorzieme.

4. *A droite, retirez le mousqueton.*

En un tems, on fera un à droite & demi
sur le talon gauche, & on retournera en
même tems le mousqueton, pour le porter
dans la même position qu'après avoir fait
feu au huitieme commandement du maniement des armes à pied.

5. *Découvrez le bassinet.*

En un tems : on découvrira le bassinet en
poussant ferme la batterie avec le pouce
droit ; & on reportera la main droite à la
poignée.

6. *Prenez la cartouche.*

7. *Déchirez-la avec les dents.*

8. *Amorcez.*

9. *Fermez le bassinet.*

10. *Passez le mousqueton du côté de l'épée.*

11. *Mettez la cartouche dans le canon.*

12. *Tirez la baguette.*

13. *Bourrez.*

14. *Remettez la baguette.*

15. *Portez le mousqueton.*

Ces dix commandemens s'exécuteront
comme il est dit au maniement des armes à
pied, depuis le dixieme commandement jusques & compris le dix-neuvieme.

Pour faire l'inspection du sabre, on commandera :

16. *Mousqueton à la grenadiere.*

17. *Préparez-vous pour mettre le sabre à*
la main.

Tome II,   I

18. *Sabre à la main.*

Ces trois commandemens s'exécuteront comme aux trente-deuxieme, trente-troisieme & trente-quatrieme du maniement des armes à pied.

A mesure que l'officier qui fait l'inspection s'arrêtera devant chaque cavalier, ce cavalier présentera le sabre en un tems, le portant brusquement devant lui la lame sur son plat, la pointe haute, le bras demi-tendu, le bout du pouce contre la coquille, qui sera à la hauteur de la cravatte.

Deux tems après, il retournera la poignée du sabre dans la main, pour faire voir l'autre côté de la lame ; & quand l'officier passera, le cavalier reportera le sabre en deux tems ; le premier en le retournant dans la main pour le présenter, & le second en l'appuyant contre l'épaule.

19. *Remettez le sabre.*

20. *Portez le mousqueton.*

Comme au trente-cinquieme & trente-sixieme commandemens du maniement des armes à pied.

Lorsqu'une troupe sortira du service à pied, le commandant fera décharger les armes aux cavaliers avant de les renvoyer au quartier.

De l'inspection à cheval.

Quand les cavaliers qui auront été commandés à cheval seront arrivés au rendez-vous, ils s'y mettront en bataille sur un ou plusieurs rangs, selon qu'il sera ordonné.

Le commandant examinera s'il ne manque rien à leur équipement ou à celui de leurs chevaux.

Lorsqu'il aura fini cet examen, il fera compter les cavaliers par quatre jusqu'à la fin de chaque rang.

Il avertira ensuite qu'on va faire l'inspection, & les cavaliers ayant levé la patte du porte-cartouche comme à l'inspection à pied, il commandera :

1. *Ajustez vos rênes.*

En deux tems, comme au premier commandement du maniement des armes à cheval.

2. *Dégagez le mousqueton.*

3. *Haut le mousqueton.*

Comme au deuxieme & troisieme commandemens du maniement des armes à cheval.

4. *Présentez le mousqueton en avant.*

En un tems : on présentera le mousqueton, la platine en avant, le tenant par la poignée perpendiculairement, le pouce allongé sur la contre-platine, à la hauteur & à un pied de distance de la cravatte, le coude moins élevé que le poignet d'un demi-pied.

Après ce commandement, on fera l'inspection du mousqueton.

5. *Haut le mousqueton.*

En un tems : on portera la crosse sur le haut de la cuisse droite, le bout du mousqueton haut en avant.

6. *Passez le mousqueton du côté de l'épée.*

En deux tems : au premier, portant le bout du mousqueton à droite, on fera pas-

I ij

fer la croffe à gauche entre les rênes & le corps, tournant la platine en deſſus, la baguette du côté du corps : on faiſira le mouſqueton de la main gauche, au-deſſus & contre la platine, ſans quitter les rênes.

Au deuxieme, en plaçant la croffe entre la fonte & l'épaule du cheval, on tiendra le bout du mouſqueton vis-à-vis l'épaule droite, & de la main droite on prendra la baguette avec le pouce & le premier doigt que l'on repliera ainſi que les autres, allongeant le pouce vers le bout de la baguette.

7. *Tirez la baguette.*

En un tems, comme au ſeizieme commandement du maniement des armes à pied.

8. *Mettez la baguette dans le canon.*

En un tems : on mettra la baguette dans le canon, & avec la main droite on empoignera le bout du mouſqueton, le pouce allongé le long du bois.

Après l'exécution de ce commandement, on examinera la cartouche, & ſi les armes ne ſont point chargées, & les cavaliers replaceront enſuite la cartouche.

9. *Remettez la baguette.*

En un tems, comme au dix-huitieme du maniement des armes à pied.

10. *Haut le mouſqueton.*

En deux tems, comme au dix-huitieme du maniement des armes à cheval.

On ne fera les commandemens qui ſuivent, juſques & compris le vingt-deuxieme, que quand on voudra faire charger les armes ; hors ce cas on paſſera tout de ſuite

du dixieme commandement au vingt-troifieme.

11. *Retirez le mousqueton.*

En un tems, comme au deuxieme du feptieme commandement du maniement des armes à cheval.

12. *Découvrez le bassinet.*

En un tems : on découvrira le baffinet en
pouffant ferme la batterie avec le pouce
droit, & on reportera la main à la poignée.

13. *Prenez la cartouche.*

En un tems, comme au neuvieme du maniement des armes à cheval.

14. *Déchirez-la avec les dents.*

15. *Amorcez.*

16. *Fermez le bassinet.*

Ces trois commandemens s'exécuteront
comme aux onzieme, douzieme & treizieme commandemens du maniement des armes à pied.

17. *Passez le mousqueton du côté de l'épée.*

En un tems, comme au treizieme commandement du maniement des armes à cheval.

18. *Mettez la cartouche dans le canon.*

19. *Tirez la baguette.*

20. *Bourrez.*

21. *Remettez la baguette.*

Ces quatre commandemens comme aux
quinzieme, feizieme, dix-feptieme & dix-
huitieme du maniement des armes à pied.

22. *Haut le mousqueton.*

I iij

En deux tems, comme au dix-huitieme du maniement des armes à cheval.

23. *Mousqueton à la grenadiere.*

En trois tems, comme au trente-cinquie-me commandement du maniement des armes à cheval.

24. *Prenez le pistolet gauche.*

En deux tems : au premier, on prendra avec la main droite le pistolet gauche à la crosse, par-dessus les rênes & la main gauche.

Au deuxieme, on le tirera de la fonte & on le mettra dans la main gauche, dont on le prendra à la poignée, le tenant droit, la platine en avant.

25. *Mettez la baguette dans le canon.*

En un tems : on tirera la baguette de son lieu, & on la mettra dans le canon.

26. *Prenez le pistolet droit.*

En deux tems : au premier, on portera la main droite sur le pistolet droit, les doigts entre la crosse & la selle, les ongles & le pouce en dessus de la crosse.

Au deuxieme, on le tirera brusquement en le retournant : on le placera à côté de l'autre, & on le tiendra avec la main gauche en passant les doigts dans la soûgarde.

27. *Mettez la baguette dans le canon.*

En un tems : on tirera la baguette & on la mettra dans le canon ; & reprenant ce pistolet avec la main droite à la poignée, on les tiendra tous les deux au-dessus du pommeau de la selle, les platines en avant.

Après ce commandement on verra si les
pistolets ne sont pas chargés, & dès que le
commandant sera passé, les cavaliers remettront le pistolet droit dans la main gauche,
comme au deuxieme tems du vingt-sixieme
commandement.

28. *Remettez les baguettes.*

En deux tems : au premier, on retirera la
baguette du canon du dernier pistolet, &
on la remettra en son lieu.

Au deuxieme, on retirera l'autre baguette
du canon, on la remettra en son lieu, & on
reportera la main droite à la poignée du dernier pistolet.

29. *Remettez le dernier pistolet.*

En un tems : on le remettra dans la fonte
gauche.

On passera les commandemens suivans
jusques & compris le trente-septieme, quand
on ne voudra point faire charger les pistolets.

30. *Découvrez le bassinet.*

En deux tems : au premier, on prendra
avec la main droite le premier pistolet par
la poignée, & on le baissera sur la main
gauche.

Au deuxieme, on découvrira le bassinet
en poussant ferme la batterie avec le pouce
droit, & on reportera la main droite à la
poignée.

31. *Prenez la cartouche.*

32. *Déchirez-la avec les dents.*

33. *Amorcez.*

Comme aux treizieme , quatorzieme & quinzieme commandemens.

34. *Fermez le baſſinet.*

En un tems : on fermera le baſſinet , & du même tems on pouſſera la croſſe du piſtolet à gauche avec la main droite, tenant toujours la cartouche dans les doigts , & le piſtolet de la main gauche , la platine en deſſus.

35. *Mettez la cartouche dans le canon.*

En un tems : on mettra la cartouche dans le canon , & tout de ſuite on ſaiſira la baguette avec le pouce & les deux premiers doigts , la paume de la main vers le bout du piſtolet.

36. *Tirez la baguette.*

En un tems : on tirera bruſquement la baguette , & en la retournant on préſentera le gros bout vis-à-vis le canon.

37. *Bourrez.*

En un tems : on bourrera deux fois , on remettra la baguette en ſon lieu , & on prendra le piſtolet avec la main droite à la poignée , le tenant droit devant ſoi.

38. *Remettez le piſtolet.*

En deux tems : au premier, on mettra le piſtolet dans la fonte.

Au deuxieme, on portera la main droite ſur la cuiſſe droite.

On paſſera encore le commandement qui ſuit , ſi l'on ne veut pas faire charger les piſtolets.

39. *Piſtolet à la main.*

En deux tems : au premier, on portera la main droite fur la croſſe du piſtolet gauche, par-deſſus la main gauche & les rênes.

Au deuxieme, on le tirera de la fonte, & on le portera fur la main gauche, dont on l'empoignera, tenant le bout un peu élevé.

Pour charger ce ſecond piſtolet & le remettre, on répétera les mêmes commandemens que pour le premier, à commencer du trentieme, juſques & compris le trente-huitieme.

40. *Préparez-vous pour mettre le ſabre à la main.*

En un tems, comme au vingt-neuvieme du maniement des armes à cheval.

41. *Sabre à la main.*

En un tems, comme au trente-quatrieme du maniement des armes à pied.

Après ce commandement, le commandant fera l'inſpection du ſabre, que les cavaliers préſenteront ſucceſſivement, comme il eſt expliqué à l'inſpection à pied après le dix-huitieme commandement.

42. *Remettez le ſabre.*

En trois tems, comme au trente-cinquieme commandement du maniement des armes à pied, ſans quitter les rênes.

43. *Ajuſtez vos rênes.*

En deux tems, comme au premier commandement du maniement des armes à cheval.

44. *Haut le mouſqueton.*

45. *Remettez le mousqueton en son lieu.*

Comme aux trente-sixieme & trente-septieme commandemens du maniement des armes à cheval.

46. *Ajustez vos rênes.*

En deux tems, comme au premier commandement du maniement des armes à cheval.

Pour faire l'inspection à pied d'une troupe qui est à cheval, on la fera mettre pied
à terre après le quarante-troisieme commandement, comme il sera dit ci-après à la sixieme manœuvre pour une compagnie ; on fera ensuite les commandemens de l'inspection à pied qu'on jugera nécessaires ; & après
que la troupe sera remontée à cheval, on
fera les quarante-quatrieme, quarante-cin-
quieme & quarante - sixieme commandemens.

Des maximes générales pour les manœuvres.

Toute troupe étant sous les armes, observera le silence pour entendre le commandement, & on punira ceux qui ne le garde-
ront pas.

Chaque commandement sera précédé de
cet avertissement, *Prenez garde à vous*, après
lequel on expliquera aux cavaliers ce qu'ils
devront exécuter ; ils ne se mettront en
mouvement qu'au mot *marche*, & ils ne s'arrêteront qu'au mot *halte* ; si l'on veut qu'ils
marchent en avant, après un quart de conversion, on dira : *en avant, marche.*

La premiere regle pour se mouvoir & pour marcher, est de s'éloigner le moins qu'il est possible de l'ordre de bataille, & de préférer les manœuvres par lesquelles on peut se reformer le plus promptement & avec moins de chemin.

On observera aussi de faire tous les mouvemens quarrément, autant qu'il sera possible.

Lorsque les cavaliers marcheront droit devant eux, ceux de la droite regarderont leur gauche, ceux de la gauche regarderont leur droite, pour s'aligner tous sur le centre.

On ne fera jamais mouvoir une troupe sans l'ébranler auparavant, & pour cet effet, au commandement de *prenez garde à vous*, les cavaliers ajusteront leurs rênes, & rassembleront leurs chevaux en restant dans la même place.

Dans tous les quarts de conversion, soit à droite, soit à gauche, les cavaliers regarderont l'aîle qui marche, ayant attention de ne point se séparer de la partie qui soûtient.

Ceux des deuxieme & troisieme rangs observeront de suivre exactement leurs chefs de files, sur-tout dans les quarts de conversion ; & pour y parvenir, ils se porteront un peu vers le côté opposé à celui sur lequel la troupe tournera.

Lorsqu'une troupe marchant en colonne tournera sur sa droite ou sur sa gauche, les cavaliers qui suivront marcheront droit de-

vant eux jufqu'au terrein où ceux qui les pré
cédent auront tourné , fans fe porter d'a-
vance , ni fur leur droite , ni fur leur gauche.

Les commandans de troupes auront continuellement attention à ne jamais laiffer
plus d'intervalle du premier rang de leur divifion au premier rang de celle qui les précede ; qu'il ne leur en faut pour fe remettre
en bataille.

Lorfqu'une troupe marche par un , par
deux ou par quatre cavaliers , comme elle
occupe alors plus de terrein qu'il ne lui en
faut pour fe remettre en bataille , on n'obfervera point de diftance entre les rangs , ni
entre les compagnies & efcadrons.

On marchera toujours par le plus grand
front que le terrein le permettra.

La diftance ordinaire d'un efcadron à l'autre étant en bataille , doit être de vingt-quatre pas , c'eft-à-dire , de la moitié du front
de l'efcadron.

Les efcadrons qui feront en feconde ligne,
conferveront d'un efcadron à l'autre une diftance égale à leur front.

Lorfqu'une troupe fera en colonne , au
commandement de *marche ,* toutes les divifions fe mettront en mouvement en même
tems , pour conferver toujours le même intervalle de l'une à l'autre.

Lorfqu'on fera un commandement différent pour la droite & pour la gauche, le
commandement pour la droite fera toujours
énoncé le premier.

On fera exécuter aux cavaliers à pied, les manœuvres qu'ils devront faire à cheval, afin que leur attention n'étant pas divisée par le soin de conduire leur cheval, ils conçoivent plus aisément ce qu'ils auront à faire.

On les leur fera exécuter ensuite à cheval, d'abord au pas & lentement, puis plus légérement à mesure que la troupe se trouvera plus instruite, jusqu'à ce qu'elle puisse les faire avec toute la vivacité nécessaire.

Toute la cavalerie sera instruite à appuyer sur sa droite & sur sa gauche, en fuyant des talons.

Elle sera exercée, tantôt sur deux rangs & tantôt sur trois rangs, l'intention de Sa Majesté étant qu'elle sache combattre de ces deux manieres ; cependant, attendu que sa composition actuelle convient mieux pour se former sur deux rangs, on préférera cette façon dans le cours ordinaire du service.

Des manœuvres pour une Compagnie.

Les vingt-quatre cavaliers commandés par compagnie, se rendront au rendez-vous indiqué à leur quartier, ou à la porte du commandant de la troupe, une demi-heure avant celle qui aura été marquée pour l'exercice.

Ils y ameneront leurs chevaux, les tenant de la main gauche par les deux rênes, à un demi-pied des branches du mors, le corps à la hauteur & le plus près qu'il sera possible de l'épaule du cheval, la gourmette pendante, le bout des rênes dans la main droite.

Ils se rangeront par ancienneté sur un seul rang, & le commandant fera l'inspection de l'homme & du cheval.

Il disposera ensuite la compagnie pour être sur deux rangs, le premier brigadier à la droite, le deuxieme brigadier le douzieme du rang, les deux premiers carabiniers le sixieme & le septieme, & les deux derniers le treizieme & le vingt-quatrieme.

Au défaut des brigadiers, les premiers carabiniers prendront leurs places, & les plus anciens cavaliers supléeront de même au défaut des carabiniers.

Le commandant fera compter tous les cavaliers par quatre, commençant par la droite.

Il fera rompre la compagnie comme il le jugera à propos, pour la conduire sur le terrein destiné pour l'exercice.

Il l'y fera reformer sur un seul rang.

Après avoir fait les commandemens nécessaires pour vérifier si les armes ne sont pas chargées, & lui avoir fait exécuter le maniement des armes, il fera faire telle des manœuvres suivantes qu'il jugera à propos, ayant soin cependant que les cavaliers soient exercés à les faire toutes.

PREMIERE MANOEUVRE.

DEFILER PAR UN, DEUX, TROIS, QUATRE.

Prenez garde à vous. Marchez un.…
marchez deux… marchez quatre.
Marche.

.. Pour exécuter ce commandement, si on

marche par un, le premier cavalier marchant en avant, le deuxieme viendra prendre sa place & le suivra; les autres successivement en feront autant.

Si on a commandé de marcher par deux, le troisieme & le quatrieme cavaliers viendront par un à droite par deux prendre la place des deux premiers, & ainsi des autres, de deux en deux.

Si on a commandé de marcher par quatre, les quatre cavaliers de la droite marchant en avant droit devant eux, tous les autres feront à droite par quatre, & les suivront.

Si la compagnie étoit sur deux rangs, le second rang feroit les mêmes mouvemens après que le premier les auroit achevés.

II. MANOEUVRE.

DOUBLER LES RANGS ET SE FORMER PAR COMPAGNIE.

Lorsqu'après avoir défilé par un, on voudra former la compagnie, on la fera d'abord marcher par deux, ensuite par quatre, & enfin on la fera former en avant; & pendant tout le tems que les rangs doubleront, le premier rang fera halte pour attendre la queue de la compagnie.

1er. *Commandement. Prenez garde à vous. Marche deux. Marche.*

Le premier rang s'arrêtera jusqu'à ce que

les derniers cavaliers aient doublé, après quoi on les fera marcher tous.

2 *me*. *Command. Prenez garde à vous.*
Marchez quatre. Marche.

Le premier rang s'arrêtera jusqu'à ce que les derniers rangs aient doublé par quatre, après quoi on marchera.

3 *me*. *Command. Prenez garde à vous.*
En avant sur un rang, formez la compagnie.
Marche.

Les quatre cavaliers qui forment le premier rang, feront quatre pas en avant ; ceux du second rang, feront un quart de converfion à gauche pour fe former par un quart de converfion à droite, à côté du premier rang : les autres rangs marcheront toujours en avant jufqu'à ce qu'ils foient arrivés fur le lieu où le deuxieme a fait le quart de converfion à gauche ; ils l'exécuteront de même, & fe reformeront par le quart de converfion à droite quand ils feront arrivés fur l'alignement de la gauche du rang qui les précede.

III. MANOEUVRE.
AU PAS ET AU TROT.

On fera cette manœuvre d'abord au pas & lentement, enfuite au trot.

1 *er*. *Commandement. Prenez garde à vous.*
Marche......au trot.

La compagnie marchera au pas droit devant elle, & se mettra au trot lorsqu'on en fera le commandement.

2 ^{me}. *Command. Prenez garde à vous.*
A droite par compagnie. Marche.

La droite soutiendra, le cavalier qui la ferme faisant seulement un à droite: la gauche marchera jusqu'au commandement *halte*, & ce mouvement se fera légérement.

3 ^{me}. *Command. Prenez garde à vous.*
Marche......au trot. A gauche par compagnie.
Marche.

La gauche soutiendra; la droite marchera légérement jusqu'au commandement *halte.*

4 ^{me}. *Command. Prenez garde à vous.*
Marche......au trot. Par compagnie, demi-tour à droite. Marche.

La droite soutiendra; la gauche fera légérement la demi-conversion, & s'arrêtera au commandement *halte.*

5 ^{me}. *Command. Prenez garde à vous.*
Marche...... au trot. Par compagnie, demi-tour à gauche. Marche.

La gauche soutiendra; la droite fera légérement la demi-conversion, & s'arrêtera au commandement *halte.*

6 ^{me}. *Command. Prenez garde à vous.*
Préparez-vous pour mettre le sabre à la main.

En un tems, comme au vingt-neuvieme du maniement des armes à cheval.

7me. *Command. Sabre à la main.*

En un tems, comme au trente-quatrieme du maniement des armes à pied.

8 me. *Command. Prenez garde à vous. Marche.*

On marchera bien alignés, ni trop ou-verts, ni trop ferrés, de maniere que les bottes fe touchent fans fe prefler.

9me. *Command. Sonnez la charge.*

Lorfque le trompette fonnera la charge ; on commandera *au trot*; & après avoir mar-ché ainfi quelques pas, au fignal des officiers les cavaliers porteront leur fabre haut com-me s'ils vouloient frapper, tenant la lame un peu en travers, la pointe en arriere, plus haute d'un pied que la main.

10me. *Command. Halte. Portez vos fabres. Marche......au trot.*

Ils feront halte, mettront leur fabre à l'épaule, & remarcheront au trot jufqu'au commandement *halte ;* enfuite on fera re-mettre les fabres.

IV. MANŒUVRE.

TIRER EN AVANT.

Les officiers ayant dû préliminairement donner tous leurs foins pour accoutumer les chevaux au feu ; pour les y faire davantage, leur faire perdre la mauvaife habitude qu'ils contractent fouvent de fortir difficilement du rang, & pour apprendre au cavalier à efcarmoucher, on fera mettre la moitié d'une compagnie vis-à-vis de l'autre à cent pas ou environ ; on fera fortir enfuite un cavalier de chacune de ces parties ; ils accrocheront leur moufqueton, fortiront de leurs rangs pour s'avancer l'un vis-à-vis de l'autre, tireront leur moufqueton, le laifferont tomber, mettront le fabre à la main, le croiferont, le laifferont tomber enfuite pendu au poignet par le cordon ; tireront un ou les deux piftolets, reprendront leur fabre, le remettront, & feront haut le moufqueton ; après quoi ils marcheront deux pas en avant, & iront enfuite fe placer dans le rang, en paffant par derriere.

On en ufera ainfi pour toute la compagnie fucceffivement, recommandant aux cavaliers de ne point tirer fur les chevaux ; & enfuite on fera remettre la compagnie fur un rang, comme elle étoit auparavant.

V. MANŒUVRE.

SE FORMER SUR DEUX RANGS.

Pour former la compagnie fur deux rangs, le commandant fera les commandemens fuivans :

1er. Commandement. *Prenez garde à vous. Je parle au demi-rang de la droite. Marche.*

Ce demi-rang marchera quatre pas, & s'arrêtera au commandement *halte.*

2me. Command. *Prenez garde à vous. Sur deux rangs, formez la compagnie. Marche.*

Ceux qui ont marché appuyeront à gau-

che, pendant que ceux qui font reftés appuyeront à droite pour prendre leur chef-de-file.

VI. MANŒUVRE.

METTRE PIED A TERRE.

1.er. Commandement. Prenez garde à vous.
Pied à terre.

En quatre tems : au premier, le premier
rang marchera trois pas en avant comme ci-
deffus.

Au deuxieme, les nombres pairs recule-
ront de la longueur d'un cheval.

Au troifieme, tous quitteront l'étrier
droit, prendront l'étriviere avec la main
droite, mettront l'étrier à la croffe du piftolet droit, prendront tout de fuite une poignée de crins avec la main gauche fans quitter leurs rênes, & mettront la main droite
fur l'arçon de devant, les doigts en dedans
& le pouce en dehors.

Au quatrieme, s'appuyant fur l'arçon de
devant ils s'éleveront fur l'étrier gauche,
pafferont la jambe droite tendue par-deffus
la croupe du cheval, prenant le trouffequin
de la main droite pour fe foutenir en arrivant
à terre : tout de fuite de la même main ils
mettront l'étrier gauche à la croffe du piftolet gauche, & quittant les rênes de la main
gauche pour les faifir au-deffous des branches du mors, ils les rabattront de la main
droite fur le bras gauche qu'ils pafferont entre les deux rênes, faifant face à leurs chevaux, & contenant les rênes de la main droi-

te au-deſſous des branches du mors que la main gauche aura quittées.

2 ᵐᵉ. *Command. Reprenez vos rangs.*

En un tems : quittant les rênes de la main droite , ils feront un demi-tour à droite , tournant le dos à leurs chevaux ; & les cavaliers qui avoient reculé s'avanceront pour rentrer dans le rang & s'aligner avec les autres.

V I I. M A N Œ U V R E.

M O N T E R A C H E V A L.

Prenez garde à vous. A cheval.

En trois tems : au premier , tous les cavaliers feront demi-tour à gauche , prendront de la main droite la rêne droite au-deſſous de la branche du mors ; & de la main gauche ils releveront les rênes ſur le cou de leurs chevaux : de la même main ils prendront le bas de la rêne que tenoit la main droite , & de celle-ci ils abbattront l'étrier gauche.

Au deuxieme , les cavaliers qui ſont comptés pairs feront reculer leurs chevaux ; & tous élevant le bout des rênes de la main droite , les ſaiſiront de la main gauche , avec une poignée de crins , prendront l'étrier de la main droite , chauſſeront le pied gauche dedans , & enſuite porteront la main droite au trouſſequin.

Au troiſieme , avec l'aide des deux mains & l'appui du pied gauche ils monteront à cheval légérement & enſemble , abbattront l'étrier droit, ajufteront les rênes ; ceux qui avoient reculé avanceront pour s'aligner, & le fecond rang ferrera fur le premier.

VIII. MANŒUVRE.
DES A DROITE ET A GAUCHE PAR COMPAGNIE.

1 er. *Commandement. Prene*z *garde à vous. Par compagnie, à droite. Marche.*

La file de la droite foutiendra ; la gauche marchera jufqu'au commandement *halte.*

2 me. *Command. Prene*z *garde à vous. Par compagnie, à gauche. Marche.*

La file de la gauche foutiendra, & celle de la droite marchera jufqu'au commandement *halte.*

3 me. *Command. Prene*z *garde à vous. Par compagnie, demi-tour à droite. Marche.*

La file de la droite foutiendra ; celle de la gauche marchera & fera une demi-converfion jufqu'au commandement *halte.*

4 me. *Command. Prene*z *garde à vous. Par compagnie, demi-tour à gauche. Marche.*

La file de la gauche foutiendra, & celle de la droite marchera pour faire une demi-converfion jufqu'au commandement *halte.*

IX. MANŒUVRE.
DES A DROITE ET A GAUCHE PAR COMPAGNIE SUR LE CENTRE.

1 er. *Commandement. Prene*z *garde à vous. Par compagnie à droite fur le centre. Marche.*

Les deux cavaliers du centre de chaque

rang tourneront enſemble à droite ; ceux de la droite feront un quart de converſion en reculant ; ceux de la gauche en feront un ſur le centre en marchant en avant.

2 *me*. *Command. Prenez garde à vous. Par compagnie, à gauche ſur le centre. Marche.*

Les deux cavaliers du centre de chaque rang tourneront enſemble à gauche ; ceux de la gauche feront un quart de converſion en reculant ; ceux de la droite en feront un ſur le centre en marchant en avant.

Pour faire faire le demi-tour à droite ou à gauche par compagnie ſur le centre, on commandera ſucceſſivement deux quarts de converſion.

X. MANŒUVRE.

ROMPRE LA COMPAGNIE ET MARCHER EN AVANT PAR QUATRE.

Prenez garde à vous. Pour marcher en avant par quatre. Marche.

Les quatre cavaliers de la droite du premier rang marcheront en avant, les huit autres du même rang ſe rompront à droite par quatre & ſuivront les premiers. Dès qu'ils auront fait encore un quart de converſion à gauche, les quatre de la droite du ſecond rang les ſuivront, pendant que les huit autres du même rang ſe rompront à droite par quatre.

XI. MANŒUVRE.

REMETTRE LA COMPAGNIE EN BATAILLE EN AVANT.

Halte. En avant fur deux rangs, formez la compagnie. Marche.

Les quatre cavaliers qui forment le premier rang marcheront quatre pas ; ceux du deuxieme rang feront un quart de converfion à gauche pour fe former par un quart de converfion à droite, à côté du premier rang, pendant que les quatre autres rangs marcheront toujours en avant ; le troifieme fera fon quart de converfion à gauche lorfqu'il fera arrivé à la place où le deuxieme l'a fait, & fe reformera enfuite ; le quatrieme ferrera fur le premier & fera halte ; le cinquieme fera ce qu'a fait le deuxieme ; & le fixieme ce qu'a fait le troifieme.

XII. MANŒUVRE.

ROMPRE LA COMPAGNIE ET MARCHER A DROITE PAR QUATRE.

Prenez garde à vous. A droite par quatre, rompez la compagnie. Marche.

Le premier rang fera à droite par quatre ; lorfque les derniers cavaliers de ce rang auront dépaffé le fecond rang, celui-ci marchera en avant fur le terrein qu'occupoit le premier, fera de même à droite par quatre, & fuivra.

XIII.

XIII. MANŒUVRE.

FORMER LA COMPAGNIE SUR SA GAUCHE.

*Halte. A gauche fur deux rangs, formez la
compagnie. Marche.*

Les trois premiers rangs feront à gauche
par quatre , & marcheront quatre pas en
avant, pendant que les trois autres marcheront toujours devant eux, jusqu'à ce que le
quatrieme rang foit arrivé à la hauteur du
quatrieme cavalier du premier rang ; alors
les trois derniers rangs feront de même à
gauche par quatre.

XIV. MANŒUVRE.

ROMPRE LA COMPAGNIE ET MARCHER A
GAUCHE PAR QUATRE.

*Prenez garde à vous. A gauche par quatre ,
rompez la compagnie. Marche.*

Le premier rang fera à gauche par quatre ;
lorfque les derniers cavaliers de ce rang auront dépaffé le fecond rang , celui-ci marchera en avant fur le terrein qu'occupoit le
premier rang , où il fera de même à gauche par quatre , & fuivra.

Lorfque les compagnies ne feront pas dans
l'obligation de marcher par leur droite, &
qu'on voudra fimplement marcher à gauche , on les fera marcher à colonne renverfée , exécutant par la gauche ce qu'on a exécuté par la droite à la douzieme manœuvre ;
& alors pour les remettre, on exécutera la

Tome II.   **K**

treizieme manœuvre en faifant les quarts de converfion à droite.

XV. MANŒUVRE.

FORMER LA COMPAGNIE SUR SA DROITE.

Halte. A droite fur deux rangs, formez la compagnie. Marche.

Les trois premiers rangs feront à droite par quatre, & marcheront quatre pas en avant, pendant que les trois autres marcheront toujours devant eux, jufqu'à ce que le quatrieme rang foit arrivé à la hauteur du quatrieme cavalier de la gauche du premier rang; alors les trois derniers rangs feront de même un à droite par quatre.

XVI. MANŒUVRE.

BORDER LA HAIE POUR UNE REVUE.

Pour une revûe on fera mettre les cavaliers par ancienneté, fans en tranfporter aucun, & on fera les commandemens fuivans:

1 er. *Commandement. Prenez garde à vous. Par compagnie, à droite. Marche.*

Comme au premier commandement de la huitieme manœuvre.

2 me. *Command. Prenez garde à vous. Sur un rang. Formez la compagnie. Marche.*

Le premier rang de chaque compagnie appuyera à droite du talon gauche : le fecond appuyera à gauche du talon droit, & lorfqu'il aura débordé la gauche du premier, il marchera en avant pour s'aligner.

XVII. MANŒUVRE.

SE REMETTRE SUR DEUX RANGS.

1ᵉʳ. Commandement. **Prenez garde à vous.**
Je parle au demi-rang de la droite. **Marche.**

Il marchera quatre pas, & s'arrêtera au commandement *Halte.*

2ᵐᵉ. Commandement. **Prenez garde à vous.**
Sur deux rangs formez la compagnie.
Marche.

Ceux qui ont marché appuyeront à gauche, pendant que ceux qui font restés appuyeront à droite pour prendre leurs chefs de file.

3ᵐᵉ. Commandement. **Prenez garde à vous.**
Par compagnie, à gauche. **Marche.**

Comme au deuxieme commandement de la huitieme manœuvre.

Lorsqu'on voudra manœuvrer sur trois rangs, la compagnie étant en haie par rang d'ancienneté, au même nombre de vingt-quatre, le premier brigadier restant à la droite, le second brigadier se placera le huitieme, & les quatre carabiniers les neuvieme, seizieme, dix-septieme & vingt-quatrieme.

SE FORMER SUR TROIS RANGS.

Pour former la compagnie sur trois rangs, le commandant ayant marqué les divisions, fera les commandemens suivans.

*Prenez garde à vous. Par tiers de compagnie,
à droite. Marche.*

Les cavaliers exécuteront ce commandement.

*Prenez garde à vous. Serrez vos rangs.
Marche.*

Les deux derniers rangs ferreront fur le
premier.

*Prenez garde à vous. Par compagnie, à gauche.
Marche.*

On exécutera ce commandement.

On observera que lorsque plusieurs compagnies manœuvreront enfemble fur trois
rangs, on ne leur fera exécuter les à-droite
& à-gauche que que par deux compagnies
enfemble.

L'exercice étant fini, le commandant de
la compagnie la conduira au lieu où elle fe
fera affemblée, il y fera mettre les cavaliers
pied à terre, & ils rameneront leurs chevaux à l'écurie, les tenant de même qu'ils
les auront amenés.

On en ufera de même toutes les fois que
les cavaliers reviendront de garde ou de détachement.

DES MANŒUVRES POUR UN RÉGIMENT.

Les jours marqués pour l'exercice d'un
régiment, les cavaliers s'affembleront une
demi-heure avant celle qui aura été donnée
pour l'exercice, au rendez-vous indiqué
pour chaque compagnie, d'où les comman-

dans defdites compagnies, après en avoir fait l'infpection, & les avoir fait monter à cheval & former au nombre de vingt-quatre par compagnie, comme il a été dit au titre des manœuvres pour une compagnie, les conduiront au rendez-vous général du régiment, faifant marcher derriere les cavaliers deftinés pour la petite troupe que l'on formera par chaque efcadron, lorfque le régiment fera raffemblé.

Les compagnies fe placeront en bataille, la premiere à la droite du premier efcadron, la deuxieme à la droite du fecond efcadron, la troifieme à la gauche du premier efcadron, la quatrieme à la gauche du deuxieme efcadron, la cinquieme à la gauche de la premiere compagnie, la fixieme à la gauche de la deuxieme, la feptieme entre la troifieme & la cinquieme, & la huitieme entre la quatrieme & la fixieme.

Dans les régimens compofés d'un plus grand nombre d'efcadrons, on obfervera le même ordre, en plaçant alternativement les compagnies dans chaque efcadron, fuivant leur ancienneté.

Quand on formera l'efcadron par la droite ou par la gauche, toutes les compagnies fe formeront de même.

Les efcadrons dans le régiment, & les régimèns dans la brigade obferveront le même ordre.

Les compagnies ayant pris leur place dans l'efcadron, fe rendront du lieu du

rendez-vous général fur celui qui aura defti-
né pour l'exercice, où elles fe formeront
par compagnie, dès que le terrein le permettra, & le régiment fe mettra en bataille
fur deux rangs, les petites troupes formant
un troifieme rang.

Si quelques compagnies ne pouvoient
fournir le nombre de vingt-quatre cavaliers,
on les égalifera enfemble en leur faifant fe
prêter des hommes mutuellement.

Place des Officiers.

Les officiers, les maréchaux-des-logis &
les trompettes prendront les places qui leur
ont été indiquées aux titres du maniement
des armes.

Le major & l'aide-major, fans avoir de
place fixe, fe tiendront à portée du commandant du premier & du fecond efcadron,
pour recevoir leurs ordres.

Le commandant du régiment placera les
officiers réformés aux compagnies où il jugera à-propos.

Etendards.

On commandera un lieutenant & un brigadier fur tout le régiment, un carabinier
par chaque compagnie où il y a un étendard, & deux cavaliers par chaque compagnie du régiment, lefquels fe rendront avec
le timbalier & tous les trompettes, au lieu
où font les étendards.

Le lieutenant placera ce détachement fur
un rang, dans l'ordre fuivant, commençant

par la droite, quatre cavaliers, la moitié des trompettes, le timballier, l'autre moitié des trompettes, quatre cavaliers, les quatre carabiniers deftinés à porter les étendards, & huit autres cavaliers.

Il fera rompre cette troupe à droite par quatre, les quatre premiers cavaliers qui précederont les trompettes, auront le moufqueton haut, il fe mettra à la tête des autres cavaliers qui auront le fabre à la main, & le brigadier fuivra derriere.

Le lieutenant conduira ainfi les étendards au lieu indiqué pour le rendez-vous général du régiment; & dès qu'on les y verra arriver, on fera mettre le fabre à la main à tout le régiment.

Le lieutenant, avec fa troupe entiere, remettra les étendards à chaque compagnie, & ne renverra les trompettes, ni aucun cavalier de l'efcorte, qu'après que le dernier étendard aura été remis à fa compagnie : alors lefdits cavaliers rentreront à leurs compagnies par-derriere les rangs.

Les deux étendards de chaque efcadron feront au premier rang à la feptieme file, à compter de la droite & de la gauche de l'efcadron, lorfqu'il fera fur deux rangs; & à la cinquieme file, fi l'efcadron eft fur trois.

Petite troupe.

Toutes les fois qu'un régiment prendra les armes en entier pour manœuvrer, on fera une petite troupe par efcadron, des ca-

valiers de chaque compagnie de cet efcadron qui excéderont le nombre de vingt-
quatre.

Cette troupe plus ou moins forte fera
commandée par un lieutenant & un maréchal-des-logis, au choix du commandant.

Elle fera fur un rang, à vingt pas en-arriere du centre de l'efcadron ; elle exécutera
les mêmes mouvemens que le refte de l'efcadron, foit qu'il marche en-avant ou en-
arriere ; & lorfqu'il fe rompra pour marcher
en colonne, elle fe rompra en même tems
fur deux ou fur quatre rangs, & marchera
à même hauteur que l'efcadron, lorfque le
terrein le permettra, ou le fuivra derriere
de fort près, lorfqu'elle ne pourra marcher
à côté.

Le lieutenant fe tiendra à la tête & au
centre de cette troupe, & le maréchal-des-
logis derriere.

Se mettre en bataille.

Le régiment, en arrivant fur le lieu où il
devra faire l'exercice, fe mettra en bataille,
foit en-avant, foit fur fa droite, foit fur fa
gauche, fuivant la commodité du terrein,
& il exécutera, pour cet effet, l'une des
manœuvres ci-après, feptieme, neuvieme,
ou onzieme.

Le régiment étant en bataille, on fera
compter les rangs par quatre.

On fera le maniement des armes, fi le
commandant du régiment le demande, con-

mençant par les commandemens de l'infpection, pour vérifier si les armes ne feront
point chargées ; on fera exécuter enfuite les
manœuvres fuivantes, que le commandant
fera commander par l'officier qu'il jugera
à-propos, s'il ne les commande pas lui-
même.

PREMIERE MANŒUVRE.

DÉFILER PAR UN, DEUX, QUATRE.

Comme à la premiere manœuvre pour
une compagnie.

II. MANŒUVRE.

DOUBLER LES RANGS ET SE REFORMER PAR COMPAGNIE.

Comme aux deux premiers commandemens de la deuxieme manœuvre pour une
compagnie, & toute la onzieme manœuvre
de ce même titre.

La tête de chaque compagnie attendra
pour marcher que fa queue l'ait rejointe :
la premiere compagnie de l'efcadron fera
halte, jufqu'à ce que les autres l'aient rejointe
au trot, n'ayant entre elles que l'intervalle
néceffaire pour fe mettre en bataille. Le
premier efcadron d'un régiment fera halte
de même, jufqu'à ce que les autres foient
arrivés au trot. Le commandant du fecond
efcadron devant réferver, outre les douze
pas néceffaires pour placer la divifion qui

le fuit, vingt-quatre autres pas pour l'intervalle d'un efcadron à l'autre.

Dans une marche de nuit, on continueroit a défiler au pas ou au trot, jufqu'à ce que l'on eût joint la divifion qui précede.

III. MANŒUVRE.

DES A DROITE ET A GAUCHE PAR COMPAGNIE.

Comme à la huitieme manœuvre pour une compagnie.

Les cavaliers du fecond rang auront attention à garder leurs chefs de file.

IV. MANŒUVRE.

DES A DROITE ET A GAUCHE PAR COMPAGNIE SUR LE CENTRE.

Comme à la neuvieme manœuvre pour une compagnie.

V. MANŒUVRE.

DES A DROITE ET A GAUCHE PAR DEUX COMPAGNIES.

Premier Commandement. Prenez garde à vous. Par deux compagnies, à droite. Marche.

La file de la droite de la premiere compagnie de l'efcadron foutiendra, & la file de la gauche de la troifieme marchera ; la file de la droite de la quatrieme foutiendra, & la file de la gauche de la deuxieme marchera : le tout s'arrêtera au commandement *halte.*

2ᵐᵉ. *Command. Prenez garde à vous. Par deux compagnies , à gauche. Marche.*

La file de la gauche de la troisieme compagnie soutiendra, & celle de la droite de la premiere marchera ; la file de la gauche de la deuxieme soutiendra, & la file de la droite de la quatrieme marchera : le tout s'arrêtera au commandement *halte.*

3ᵐᵉ. *Comm. Prenez garde à vous. Par deux compagnies , demi-tour à droite. Marche.*

La file de la droite de la premiere compagnie soutiendra, & celle de la gauche de la troisieme marchera ; la file de la droite de la quatrieme compagnie soutiendra, & celle de la gauche de la deuxieme marchera. On fera la demi-conversion , & l'on s'arrêtera lorsqu'on se retrouvera aligné avec le reste de l'escadron, faisant face du côté opposé.

4ᵐᵉ. *Comm. Prenez garde à vous. Par deux compagnies , demi-tour à gauche. Marche.*

La file de la gauche de la troisieme compagnie soutiendra, & celle de la droite de la premiere marchera ; la file de la gauche de la deuxieme compagnie soutiendra, & celle de la droite de la quatrieme marchera. On fera la demi-conversion, & on s'arrêtera, comme il est dit ci-dessus.

K vj

VI. MANŒUVRE.

DES A DROITE ET DES A GAUCHE PAR ESCADRON.

Premier Commandem. Prenez garde à vous.
Par escadron à droite. Marche.

La droite de l'escadron soutiendra, la gauche marchera.

Lorsque le commandant de l'escadron jugera que le quart de conversion sera fini, il dira *halte*, & l'escadron s'arrêtera.

2me. Commandem. Prenez garde à vous. Par escadron, à gauche. Marche.

La gauche soutiendra, la droite marchera, & s'arrêtera au commandement *halte*.

3me. Command. Prenez garde à vous. Par escadron demi-tour à droite. Marche.

La droite soutiendra, & la gauche marchera, & ne s'arrêtera que lorsqu'après la demi-conversion elle se trouvera alignée avec les autres escadrons.

4me. Commandem. Prenez garde à vous. Par escadron, demi-tour à droite. Marche.

La gauche soutiendra, la droite marchera, & s'arrêtera comme au troisieme commandement.

On répétera cette manœuvre, en marchant au trot très-légerement, faifant les mêmes commandemens ; & à la fin de chaque mouvement, on dira : *en avant, marche... au trot.*

Toutes les manœuvres de la cavalerie étant dérivées de celles qui précedent, on ceffera de répéter les commandemens dans celles qui fuivent.

VII. MANŒUVRE.

UN RÉGIMENT ETANT EN COLONNE PAR COMPAGNIE, SE METTRE EN BATAILLE EN AVANT.

La premiere compagnie fe portera légerement huit pas en-avant, pendant que celle qui fuit fera à gauche par compagnie, & tout de fuite à droite par compagnie pour fe former à la gauche de la premiere : toutes les autres continueront à marcher devant elles, jufqu'à ce que chacune étant arrivée où celle qui la précede a fait à gauche, elle n'ait plus que l'efpace néceffaire pour exécuter ce mouvement ; & elle fera enfuite à droite par compagnie, lorfque fon premier rang fera arrivé à la hauteur de la gauche de la compagnie qui la précede.

VIII. MANŒUVRE.

SE ROMPRE ET MARCHER A DROITE PAR COMPAGNIE.

Cette manœuvre s'exécutera par un à droite par compagnie.

IX. MANŒUVRE.

SE REMETTRE EN BATAILLE SUR SA GAUCHE.

De même par un à gauche par compagnie.

X. MANŒUVRE.

SE ROMPRE ET MARCHER A GAUCHE PAR COMPAGNIE.

La premiere compagnie ayant marché six pas en-avant, fera à gauche par compagnie ; celle qui eſt à ſa gauche marchera auſſi droit devant elle , & fera le même mouvement, & ainſi des autres ; avec cette attention, que chaque compagnie marchera dès que celle qui la précede ſera vis-à-vis la file de ſa droite.

XI. MANŒUVRE.

SE REMETTRE EN BATAILLE SUR SA DROITE.

La premiere compagnie fera à droite par compagnie, & marchera six pas en-avant ; celle qui ſuit marchant toujours droit devant elle , fera de même à droite par compagnie, dès que ſon premier rang ſera à la hauteur de la file de la gauche de la compagnie qui la précede, & ainſi des autres qui marcheront de même devant elles , juſqu'à ce que leur premier rang ſoit à la hauteur de la gauche de la compagnie qui les précede

XII. MANŒUVRE.

SE ROMPRE ET MARCHER EN AVANT PAR COMPAGNIE.

La premiere compagnie marchera droit devant elle ; les autres compagnies feront à droite par compagnie ; & quand elles feront arrivées à la même hauteur que la premiere, elles la suivront en faisant un à gauche par compagnie.

On fera remettre le régiment en bataille en-avant, comme à la septieme manœuvre.

XIII. MANŒUVRE.

SE ROMPRE PAR ESCADRON, ET METTRE CHAQUE ESCADRON EN COLONNE PAR COMPAGNIE.

On fera à gauche par escadron, ensuite à droite par compagnie.

XIV. MANŒUVRE.

SE REMETTRE EN BATAILLE.

On se remettra simplement en bataille, en faisant à gauche par compagnie, & à droite par escadron ; mais pour se remettre sur le même terrein, on fera à droite par compagnie, ensuite à droite par escadron, & on se remettra par un demi-tour à droite par compagnie.

XV. MANŒUVRE.

PASSER ET REPASSER LE DÉFILÉ.

Quand on voudra passer le défilé en→

avant, on commencera par faire paſſer la troupe qui ſe trouvera vis-à-vis le défilé, & les autres de droite & de gauche paſſeront ſucceſſivement pour ſe reformer dans le même ordre au-delà du défilé.

Pour repaſſer le défilé, on commencera par les compagnies des aîles, & celle qui ſera vis-à-vis le défilé paſſera la derniere.

Si le défilé ne pouvoit contenir une compagnie de front, on paſſera par demi-compagnie; de même que s'il étoit plus large, on paſſeroit deux compagnies à-la-fois.

XVI. MANŒUVRE.

RETRAITE.

On fera marcher en-avant la premiere & la quatrieme compagnie de chaque eſcadron, pour former une premiere ligne à cent ou cent cinquante pas de la ſeconde.

Cette premiere ligne fera alors demi-tour à droite par compagnie, & marchera au grand trot juſqu'à cent pas au-moins derriere la ſeconde ligne, où elle ſe remettra par le même mouvement.

La ſeconde ligne ne ſe mettra en mouvement, que quand la premiere ſera à ſa hauteur; elle marchera alors dix pas en-avant, fort lentement: & après que la premiere ligne aura fait face en tête, celle-ci fera demi-tour à droite par compagnie, pour ſe porter au trot cent pas au-moins derriere la premiere.

On répetera pluſieurs fois cette manœuvre, en faifant retirer alternativement l'une des lignes derriere l'autre.

Pour fe remettre en bataille, les premiere & quatrieme compagnies de chaque efcadron étant en-avant, on fera rentrer dans leurs intervalles les troifieme & deuxieme, & ferrer les efcadrons fur le centre de chacun, s'ils étoient trop ouverts.

XVII. MANŒUVRE.

BORDER LA HAIE POUR UNE REVUE.

Comme à la feizieme manœuvre pour une compagnie.

XVIII. MANŒUVRE.

SE REMETTRE SUR DEUX RANGS.

Comme à la dix-feptieme manœuvre pour une compagnie.

Lorfqu'on voudra faire manœuvrer le régiment fur trois rangs, avant de le mener fur le terrein, on le fera former, ainfi qu'il a été dit à la fin des manœuvres pour une compagnie, & on pourra lui faire exécuter toutes les manœuvres ci-deffus, à commencer de la cinquieme, obfervant que tout ce qui eft indiqué pour une compagnie, fe faffe par deux compagnies, n'étant pas poffible que les efcadrons formés fur trois rangs fe rompent par compagnie.

L'exercice étant fini, le régiment retournera au lieu où il s'étoit affemblé, le lieute-

nant commandé pour l'escorte des étendards, l'y rassemblera, commençant par la
premiere compagnie jusqu'à la derniere;
après quoi, on fera mettre le fabre à la main
à tout le régiment, & l'escorte repassera à
la droite pour conduire les étendards chez
le commandant du régiment, dans le même
ordre qu'on les a amenés : ensuite chaque
compagnie fera ramenée par l'officier qui
la commandera, comme il a été dit à la fin
des manœuvres pour une compagnie.

DES MANŒUVRES
Pour une Troupe de cinquante Maîtres.

Les troupes de cinquante maîtres étant
destinées à aller en détachement, ou à être
postées en garde ordinaire, il est nécessaire
que les officiers & les cavaliers soient ins-
truits des manœuvres auxquelles elles doivent être employées.

Pour cet effet, on fera alternativement
diviser le régiment en plusieurs troupes de
cinquante maîtres, auxquelles on attachera
un capitaine, deux lieutenans & un maréchal-des-logis.

Formation de cette Troupe.

Chacune de ces troupes fera composée,
(outre les officiers ci-dessus) de deux brigadiers, quatre carabiniers, un maréchal, un
trompette & quarante-deux cavaliers.

Ils se placeront tous fur un rang, les cavaliers de chaque compagnie étant ensemble.

Le capitaine fera l'inspection des hommes , des chevaux & des armes.

Il fera ensuite marcher en avant les brigadiers & carabiniers , & derriere eux la moitié des cavaliers de chaque compagnie , pour que tous les cavaliers d'une même compagnie ne soient pas au premier rang ; & il formera ensuite sa troupe dans l'ordre suivant.

Premiere Division.

Un brigadier à la droite , cinq cavaliers à sa gauche.

Second rang : un carabinier à la droite , cinq cavaliers à sa gauche.

Deuxieme Division.

Cinq cavaliers , un carabinier à leur gauche.

Second rang : six cavaliers.

Troisieme Division.

Un carabinier, cinq cavaliers à sa gauche.

Second rang : six cavaliers.

Quatrieme Division.

Cinq cavaliers, un brigadier à leur gauche.

Second rang : cinq cavaliers , un carabinier à leur gauche.

Chaque division fera aux ordres de son brigadier ou carabinier.

Le capitaine se placera au centre en avant entre la deuxieme & la troisieme division ; le premier lieutenant à sa droite , entre la premiere & la deuxieme division ; le second lieutenant à fa gauche, entre la troifieme & la quatrieme divifion, & le maréchal-des-logis derriere le centre.

PREMIERE MANŒUVRE.

DEFILER PAR UN, DEUX, TROIS.

Chaque divifion étant cenfée une troupe féparée, lorfqu'on fera défiler par un, deux, trois, toute la premiere divifion défilera de fuite, & fera fuivie par la deuxieme.

II. MANŒUVRE.

SE REFORMER.

Chaque divifion fe formera d'abord fur deux rangs, la premiere ayant attention de faire halte pour attendre les autres ; après quoi elles formeront la troupe en avant, obfervant ce qui eft expliqué à la deuxieme manœuvre pour un régiment.

III. MANŒUVRE.

DES A DROITE ET A GAUCHE PAR DEMI-TROUPE.

On fera des à droite, des à gauche, des demi-tours à droite, & des demi-tours à gauche par deux divifions ou demi-troupe.

IV. MANŒUVRE.

DES A DROITE ET A GAUCHE PAR DEMI-TROUPE SUR LE CENTRE.

On fera à droite, à gauche, demi-tour à droite & demi-tour à gauche fur le centre par demi-troupe.

V. MANŒUVRE.
DES A DROITE ET A GAUCHE PAR TROUPE.

On répétera les mêmes mouvemens par troupe entiere.

VI. MANOEUVRE.
DETACHER UNE AVANT-GARDE.

On fera marcher lé lieutenant en avant avec la division de la droite, dont les cavaliers porteront le mousqueton haut : cette avant-garde se tiendra toujours à cent pas au plus de la troupe, & aura devant son front les cavaliers nécessaires pour éclairer sa marche.

Pour rejoindre la troupe, cette avant-garde fera à droite, marchera en avant jusqu'à ce qu'elle ait dépassé la place qu'elle doit occuper dans la troupe : après un se-cond à droite, elle continuera de marcher en avant, & quand son premier rang sera à la hauteur du dernier rang de la troupe, elle reprendra sa place par un demi-tour à droite.

VII MANOEUVRE.
DETACHER UNE ARRIERE-GARDE.

Le second lieutenant demeurera cent pas au plus derriere la troupe avec la division de la gauche, & se fera suivre de deux ca-valiers à trente pas de lui ; cette arriere-gar-de fera de même haut le mousqueton.

Il rejoindra la troupe en marchant en avant lorsqu'il en recevra l'ordre, & y re-prendra sa place.

VIII. MANOEUVRE.

PLACER UN PETIT CORPS DE-GARDE.

Le capitaine ira lui-même poster son petit corps-de-garde, composé d'une des divisions de sa troupe, & placera les vedettes qui devront entourer, non-seulement le petit corps-de-garde, mais même sa troupe.

Ce petit corps-de-garde sera relevé alternativement par chaque division, & le maréchal-des-logis marchera avec chacune des deux divisions du centre.

IX. MANŒUVRE.

SE RETIRER.

Lorsqu'une garde ordinaire sera obligée de se replier sur le camp, le capitaine ordonnera au premier lieutenant de faire faire une demi-conversion à droite aux deux divisions de la droite, & cependant il fera marcher les deux divisions de la gauche quelques pas en avant pour soutenir les autres pendant qu'elles feront leur mouvement & qu'elles se porteront au trot en arriere, où elles se remettront en bataille ; après quoi les deux divisions de la gauche se replieront au trot pour aller rejoindre celles de la droite, faisant les mêmes mouvemens par la gauche.

Le capitaine pourra ordonner ensuite au second lieutenant de faire faire le demi-tour à gauche aux deux divisions de la gauche ;

alors il marchera quelques pas en avant avec les deux divisions de la droite qui se replieront ensuite par leur droite, faisant face alternativement.

Si on vouloit se retirer avec un nombre un peu considérable de troupes de cinquante maîtres, on les mettra sur deux lignes, & on suivra ce qui est prescrit à la seizieme manœuvre pour un régiment; observant que lorsqu'on fera la demi-conversion, ce mouvement se fera par division, pour le rendre plus prompt & pour approcher son flanc moins près de l'ennemi.

Après les manœuvres finies, les officiers & cavaliers qui y auront été employées retourneront à leurs compagnies.

Des Signaux.

Lorsque dans un exercice on voudra commander à un assez grand nombre d'escadrons ou de troupes, pour que la voix ne puisse pas se faire entendre au total, on se servira des signaux ci-après; & on aura soin d'exercer la cavalerie à en faire usage, afin qu'elle ait une connoissance parfaite des mouvemens qu'ils indiquent.

Un appel sera destiné à prévenir qu'on va faire quelque mouvement; & à ce signal chaque commandant dira: *Prenez garde à vous.*

Lorsqu'il sera suivi immédiatement par la marche, on marchera en avant, le commandant disant: *marche.*

Lorſqu'après le premier appel on ſonnera un *ton bas*, le mouvement ſe fera par compagnie ou par demi - troupe de cinquante maïtres, & le commandant dira : *par compagnie* ou *par demi-troupe*.

Si on ſonne deux *tons bas*, le mouvement ſe fera par deux compagnies, & le commandant dira : *par deux compagnies*.

Si on ne ſonne point de *tons bas*, le mouvement ſe fera par eſcadron ou par troupe entiere.

Les demi-appels indiqueront l'eſpece du mouvement : un demi-appel ſignifiera un quart de converſion à droite, deux demi-appels un quart de converſion à gauche, trois demi - appels une demi - converſion à droite, quatre demi-appels une demi-converſion à gauche ; alors le commandant dira : ou *à droite* ou *à gauche*, *faites un quart de converſion*, ou *demi-tour à droite* ou *demi-tour à gauche*. Il ne dira *marche* que lorſqu enſuite on ſonnera la *marche* ; & alors on ſe mettra en mouvement pour exécuter enſemble la manœuvre indiquée.

Si les troupes de la queue d'une colonne ne peuvent ſuivre la tête, ou qu'elles ſoient obligées de s'arrêter, on fera ſonner un appel qui ſera répété juſqu'à la tête, d'eſcadron en eſcadron : alors la tête fera *halte*. Lorſque la queue aura rejoint, ou qu'elle n'aura plus de raiſon pour faire *halte*, elle fera ſonner un couplet de la *marche* qui ſera répété par un trompette de la tête de chaque
que

que efcadron ; après quoi la tête de la colonne fe remettra en marche : il fera cependant
détaché un officier pour avertir celui
qui commandera la colonne, du fujet pour
lequel on fe fera arrêté.

Veut & entend Sa Majefté, que toutes
fes troupes de cavalerie, tant françoifes qu'é-
trangeres, fe conforment avec la plus grande exactitude à ce qui eft porté dans la préfente ordonnance : Enjoignant aux commandans des corps de ne permettre ni fouffrir
qu'il y foit rien changé, augmenté ou re-
tranché, en quelque maniere & fous tel prétexte que ce foit ; & faifant très-expreffes inhibitions & défenfes aux majors des régimens ou autres officiers qui commanderont
les exercices, de faire exécuter aucuns tems
ni mouvemens autres que ceux qui y font
prefcrits ; dérogeant Sa Majefté à toutes ordonnances à ce contraires.

Mandant Sa Majefté à Monf. le prince de
Turenne, colonel-général de fa cavalerie,
& au fieur marquis de Bethune, meftre-de-
camp général de ladite cavalerie, de tenir
la main à l'exécution de la préfente ordonnance.

Mande & ordonne Sa Majefté, &c. Fait
à Verfailles, le vingt-deux Juin mil fept cens
cinquante-cinq. *Signé*, LOUIS. *Et plus bas*,
M. P. DE VOYER D'ARGENSON.

GODEFROI-CHARLES-HENRI DE LA TOUR D'AUVERGNE, *Prince de Turenne, Grand-Chambellan de France en survivance, Colonel général de la Cavalerie, tant françoise qu'étrangere.*

VU l'Ordonnance du Roi, du 22 Juin 1755, par laquelle Sa Majesté a réglé définitivement l'exercice de sa Cavalerie, à nous adressée, avec ordre de tenir la main à son exécution ; Mandons à M. le marquis de Béthune, mestre-de-camp général de la Cavalerie, de tenir la main à l'exécution de ladite ordonnance. Ordonnons à tous brigadiers, mestres-de-camp, & commandans de cavalerie, de faire observer & exécuter ponctuellement la volonté de Sa Majesté, mentionnée en ladite ordonnance, laquelledite ordonnance sera lûe & publiée à la tête des régimens de Cavalerie, par les commissaires des guerres qui en ont la police. Fait à Paris le vingt-deux Juin mil sept cent cinquante-cinq. *Signé,* LE PRINCE DE TURENNE, *Et plus bas,* Par Monseigneur, GAULTIER.

TITRE XLIV.

Concernant le service dans les Camps pour les Régimens de Cavalerie & de Dragons.

Nota. *Tous les articles de ce Titre sont extraits de deux Instructions , l'une concer-nant la cavalerie & l'autre les dragons, don-nées pour les camps de 1755 & 1756, qu'on a fondues ensemble , & rangées par ordre de matieres , en observant néanmoins de distin-guer ce qui regardoit la cavalerie ou les dra-gons par des parentheses , à l'égard des articles qui sont communs à ces deux corps , ou qui n'ont que de légeres différences.*

DU CAMPEMENT.

ARTICLE PREMIER.

Les mestres-de-camp des régimens (de *cavalerie ou dragons*) qui ont eu ordre de se tenir prêts à camper , auront soin qu'ils soient pourvûs de tout ce qui est nécessaire à cet effet.

Tentes.

II. Il y aura six tentes égales par compagnie : sçavoir, une pour le maréchal-des-logis, & cinq pour les cavaliers (*ou dragons*) à raison de six ou huit hommes par chambrée.

III. Chaque tente doit occuper dix-huit pieds de long, sçavoir, neuf en quarré pour le corps de la tente, quatre pieds & demi pour le cul-de-lampe, & autant pour l'entrée.

IV. Les chambrées seront composées d'anciens & de nouveaux cavaliers (*ou dragons*).

Marmites & outils.

V. Chaque chambrée sera pourvûe d'une marmite, d'une gamelle, d'un barril, d'une pelle, d'une pioche, d'une hache & d'une serpe ; ainsi que des fourches, travers & piquets nécessaires pour dresser la tente.

Manteaux d'armes.

VI. Il y aura un manteau d'armes par compagnie, & un de plus par régiment, pour la garde du camp & des guidons ; lesquels manteaux d'armes seront de coutil.

VII. Le manteau d'armes de chaque compagnie aura six pieds de haut, un pied neuf pouces de rondeur dans la partie supérieure, & dix-neuf pieds de circonférence par le bas, dont deux pour croiser à l'endroit de l'ouverture.

VIII. Le manteau d'armes de la garde sera fait en mansarde, de la hauteur de six pieds ; le toit aura deux pieds des deux côtés, sur un pied de pente ; & pour tendre le manteau, on formera un chevalet de deux mâts, joints par deux travers, dont l'un sera posé au haut des mâts, l'autre aura une cheville de fer à chaque bout pour entrer dans les deux mâts, qui sont percés à la hauteur de quatre pieds pour les recevoir ; les armes de la garde seront appuyées aux deux côtés de ce travers.

IX. Les tentes & manteaux d'armes seront marqués en caractere noir, du nom du régiment & du numéro de la compagnie, qui, étant une fois établi pour chacune d'elles, ne sera plus changé, quelque rang qu'elles prennent par la suite dans le régiment.

Cordeaux & fiches.

X. Il y aura un cordeau par escadron, de cinquante-six ou soixante pas de longueur, pour marquer le front du camp, & un autre de trente-six ou de quarante-six pas pour en marquer la profondeur; ces cordeaux seront divisés par toises & demi-toises.

XI. Il y aura aussi par compagnie deux fiches blanches de sept pieds de haut, ferrées par un bout, & ayant à l'autre une banderole des mêmes couleurs du galon affecté à chaque régiment.

Avis de l'arrivée.

XII. Lorsqu'un régiment arrivera dans le lieu le plus à portée de celui où il devra camper, celui qui le commandera donnera avis de son arrivée au commandant du camp & à l'intendant.

Détachement pour aller marquer le camp.

XIII. Le commandant du régiment fera partir à l'avance, pour aller au campement, un officier-major avec un maréchal-des-logis par escadron, un brigadier & un cavalier (*ou dragon*) par compagnie.

XIV. Les maréchaux-des-logis feront munis des cordeaux, & les brigadiers des fiches ci-deſſus indiqués.

Le brigadier de garde fera chargé de porter le manteau d'armes de ladite garde, & ceux des compagnies feront portés par un carabinier de chaque compagnie.

XV. Aucun autre que les officiers, maréchaux-des-logis, brigadiers & cavaliers (*ou dragons*) commandés pour le campement, n'y marchera avec eux, à moins d'un ordre contraire.

Diſtribution du terrein. (Cav.)

XVI. Quand l'alignement du camp aura été réglé ſur des points de vûe donnés, l'aîle droite ou l'aîle gauche de cavalerie (ſelon le côté par lequel on devra commencer) marquera ſon camp ; & quand l'infanterie aura marqué le ſien, l'autre aîle continuera de même, laiſſant cinquante pas d'intervalle entre le camp de l'infanterie & le ſien.

Marque du camp.

XVII. Si le commandant du camp ordonne que les dragons campent en ligne, ils laiſſeront entr'eux & l'infanterie l'intervalle d'un eſcadron, & s'aligneront ſur le même front (à moins qu'il n'eût été ordonné de faire un coude) commençant à marquer leur camp quand la droite ou la gauche de l'infanterie qu'ils couvriront aura marqué le ſien.

XVIII. Les camps des eſcadrons d'un même régiment ou d'une même brigade, feront marqués dans le même ordre qu'ils devront être en bataille.

XIX. Le maréchal général des logis de la cavalerie distribuera aux majors des brigades de ce corps, le terrein qui lui aura été désigné; & ceux-ci le distribueront à chaque régiment & escadron.

Distribution du terrein. (Drag.)

XX. Le major général des dragons distribuera aux majors des régimens de ce corps, le terrein qui lui aura été désigné, & ceux-ci le distribueront à chaque escadron.

XXI. Les majors de l'aîle de la cavalerie qui marquera son camp la derniere, suivront l'alignement de l'infanterie, à moins qu'il n'eût été ordonné de faire un coude.

XXII. Les camps des escadrons d'un même régiment ou d'une même brigade, seront marqués dans le même ordre qu'ils devront être en bataille.

Intervalles.

XXIII. On laissera six pas d'intervalle entre le camp de chaque régiment, & trente pas d'une brigade à l'autre.

Place des tentes.

XXIV. Lorsque le cordeau du front du camp de l'escadron aura été tendu, on marquera la place de la fourche des premieres tentes de chaque compagnie, de maniere que les tentes des deux compagnies du centre de l'escadron qui seront adossées, occupent onze pas ou trente-trois pieds, y compris la ruelle pour l'écoulement des eaux, & qu'il y ait dix-huit pas ou cinquante-quatre pieds entre les tentes des compagnies qui se feront face. L iij

XXV. Le cordeau qui devra marquer la profondeur du camp , fera placé perpendiculairement à celui du front , fur l'alignement que la premiere compagnie devra former , auquel les autres compagnies fe conformeront.

XXVI. On laiſſera fept (ou neuf) pas , ou vingt-un (ou vingt-fept) pieds entre les fourches des tentes de chaque compagnie.

Place des piquets des chevaux.

XXVII. Les piquets des chevaux feront plantés trois pas en-avant des fourches des tentes ; le premier fera mis vis-à-vis de celle de la tente du maréchal-des-logis ; & on laiſſera un intervalle entre les chevaux de chaque chambrée , pour le paſſage des cavaliers (*ou dragons*).

Place des fourrages , des cuiſines & des forges.

XXVIII. L'on mettra les fourrages dans l'intervalle des tentes de chaque compagnie ; & la derniere chambrée , pour éviter les accidens du feu , à cauſe de la proximité des cuiſines , les mettra entre fa tente & celle de la chambrée précédente. Les places des cuiſines feront à quinze pas de la derniere tente des cavaliers ; & les forges feront placées fur le même alignement.

Des vivandiers.

XXIX. Celles des tentes des vivandiers , à dix pas des cuiſines.

Des faiſceaux.

XXX. Les places des faiſceaux d'armes feront marquées à dix pas ou cinq toiſes en-avant du front de bandiere, chacun dans l'alignement de la premiere tente de sa compagnie.

Place du faisceau d'armes de la garde du camp.

XXXI. Le faisceau des armes de la garde du camp & des guidons, sera placé à dix pas ou cinq toises en-arriere du terrein qu'occupera ladite garde.

Des chapelles.

XXXII. Les chapelles seront placées vis-à-vis le centre du régiment, près de la garde du camp, & il y sera mis un sentinelle pris de cette garde.

Des tentes des officiers.

XXXIII. La place des tentes des lieutenans sera à vingt pas de celles des vivandiers, & celle des tentes des capitaines à vingt pas de celles des subalternes.

XXXIV. A l'égard des tentes des officiers supérieurs des régimens, elles seront trente pas en-arriere de celles des capitaines; sçavoir, celle du mestre-de-camp vers le centre du régiment, celle du lieutenant-colonel à la gauche de celle du mestre-de-camp, & celles du major & des aides-majors à la gauche, & un peu en-arriere de celles du mestre-de-camp & du lieutenant-colonel; observant que quand le régiment sera campé par sa gauche, les tentes du lieutenant-colonel & des officiers majors devront être sur la droite de celle du mestre-de-camp.

L v

XXXV. Les portes de toutes ces tentes feront tournées du côté du camp ; & afin qu'elles foient alignées fur celles des cavaliers (*ou dragons*), ainfi que les cuifines & les forges, l'officier-major qui fera marquer le camp, aura attention qu'il foit mis des fiches qui indiquent cet alignement.

Refferrer ou élargir le camp.

XXXVI. Si l'on fe trouve dans l'obligation de refferrer ou d'étendre le camp, on diminuera ou on augmentera les intervalles entre les régimens & les brigades, & entre la cavalerie & l'infanterie : on pourra auffi élargir les rues des chevaux ; mais on n'augmentera ni né diminuera jamais l'intervalle entre les tentes adoffées.

Paffage par les grands intervalles.

XXXVII. Le camp étant marqué, les majors ordonneront aux maréchaux-deslogis & brigadiers de campement, d'empêcher que les troupes & les équipages ne paffent ailleurs que dans les grands intervalles.

Logement du brigadier & du major de brigade.

XXXVIII. Lorfque les marqueurs du camp auront marqué les maifons qui devront être occupées dans le voifinage, s'il en refte dans le terrein d'une brigade qui n'ayent point été marquées par eux, il fera permis au brigadier, & après lui au major de brigade, d'y loger : mais au défaut de maifons dans ledit terrein, ces officiers feront obligés de camper à la queue de leur brigade.

XXXIX. Pour éviter toute difficulté fur la fixation du terrein de chaque brigade, fa largeur fera comptée, à l'égard de celles qui feront campées en premiere ligne, depuis l'alignement de l'encoignure de la premiere tente de la droite, jufqu'à celui de la premiere tente de la brigade fuivante ; & en profondeur, depuis foixante-dix toifes en-avant du front du camp, jufqu'à quatre-vingt toifes en-arriere. Quant aux brigades de la feconde ligne, leur terrein s'étendra fur la même largeur depuis leur front de bandiere jufqu'à deux cens toifes en-arriere.

Logement du commandant du corps des dragons.

XL. Le commandant des dragons fera logé au quartier général, quand même il n'y auroit au camp qu'un feul régiment de ce corps.

Logement du major général des dragons.

XLI. Le major général des dragons fera de même logé au quartier général, & le plus à portée qu'il fe pourra du commandant du corps.

Defenfe aux officiers de loger.

XLII. Aucun des officiers à qui il eft ordonné de camper, ne pourra, fous quelque prétexte que ce foit, s'établir ni mettre fes chevaux, domeftiques & équipages dans une maifon voifine du camp.

XLIII. Les majors de brigade feront tenus d'avertir le brigadier & le maréchal général des logis de la cavalerie (*ou le major*

L vj

général des dragons), des officiers qui ne seront pas campés à leurs troupes, ou qui seront contrevenus à l'article ci-dessus; & celui-ci en rendra compte au commandant du camp & à celui de la cavalerie (*ou à celui des dragons*).

XLIV. Qui que ce soit, en aucun cas, ne pourra loger dans les églises ou chapelles.

Conduite au camp.

XLV. Chaque major de campement ira au-devant de son régiment, dès qu'il en verra arriver la tête, pour le conduire sur le terrein où il devra camper; & lorsque la colonne des équipages commencera à paroître, un maréchal-des-logis ira pareillement au-devant pour les conduire à la queue du camp, aux places qui auront été marquées; observant de s'informer des chemins par lesquels les troupes & les équipages devront venir au camp, afin qu'ils y arrivent sans embarras.

DE L'ETABLISSEMENT DANS LE CAMP.

Arrivée au Camp.

XLVI. Le régiment étant arrivé à la tête de son camp, s'y mettra en bataille l'épée à la main (*ou le fusil haut*), faisant face en-dehors.

XLVII. Un officier major fera aux cavaliers (*ou aux dragons*) les défenses ordonnées.

Piquet.

XLVIII. Le piquet se tiendra trente pas

en-avant du régiment, jufqu'à ce que le régiment étant campé (*& la garde du camp établie*), le commandant de la brigade (*ou le commandant des dragons*), lui ordonne d'entrer dans le camp.

Garde de l'étendard.

XLIX. Le major fera fortir des rangs les cavaliers pour la garde des étendards, & le brigadier qui devra les commander, lequel les fera entrer dans le camp, mettre pied à terre, attacher leurs chevaux à leurs piquets, prendre leurs moufquetons, & venir fe placer à la tête du camp de la premiere compagnie, pour y recevoir les timbales & les étendards quand ils y arriveront.

L. Le lieutenant ou maréchal-des-logis de chacune des compagnies auxquelles les timbales & les étendards font attachés, & à leur défaut un brigadier fe portera en-avant du régiment, fuivi du timbalier & du cavalier portant l'étendard, avec une efcorte de deux cavaliers ayant le fabre à la main pour les conduire à l'avant-garde du piquet qui fe fera formée entre le régiment & le piquet; & les y ayant remis, il retournera feul à fa troupe.

LI. Le lieutenant ou le maréchal-des-logis de chacune des compagnies auxquelles les guidons font attachés, & à leur défaut un brigadier fe portera en-avant du régiment, fuivi du dragon portant le guidon avec une efcorte de deux dragons ayant le fufil haut, pour les conduire à l'avant-garde du piquet, qui fe fera formée entre le régiment & le piquet, & l'y ayant remis il retournera à fa troupe.

Faifceaux.

LII. Le major fera fortir des rangs les carabiniers chargés des manteaux d'armes de
leurs compagnies, avec le brigadier commandé pour la garde du camp, lequel les
fera entrer dans le camp, mettre pied
à terre, attacher leurs chevaux à leurs
piquets, prendre leurs fufils, & venir
planter les piquets des faifceaux dans la
place ci-deffus prefcrite, ayant attention
qu'ils foient bien alignés, & que chaque
carabinier attende les dragons de leur compagnie pour y recevoir leur fufil.

Entrée dans le camp.

LIII. Lorfque le brigadier ou le meftre-
de-camp commandant la brigade, aura donné l'ordre au major de brigade ou du régiment, de faire entrer la brigade ou le régiment dans fon camp, chaque officier major, après avoir fait remettre les fabres, fera
faire demi-tour à droite par compagnie à
fon régiment, & marcher pour entrer dans
le camp.

LIV. Le régiment étant entré dans fon
camp, l'officier commandant l'avant-garde
du piquet marchera avec les timbales & les
étendards & les cavaliers de leur efcorte,
pour les remettre à la garde de l'étendard;
après quoi il retournera avec fon avant-
garde à la tête du piquet, & les cavaliers
de l'efcorte entreront dans le camp.

LV. Les brigadiers & meftres-de-camp

resteront à cheval à la tête du camp, jusqu'à ce qu'ils y ayent vû entrer leur brigade ou leur régiment.

LVI. Les maréchaux-des-logis feront aligner & tendre les tentes de leur compagnie, & les officiers ne mettront point pied à terre qu'elles ne soient tendues.

Entrée des troupes dans le camp.

LVII. Lorsque le commandant des dragons aura donné l'ordre au major général, de faire entrer les régimens dans son camp, chaque officier-major, après avoir fait mettre les fusils à la grenadiere, fera mettre pied à terre à son régiment par les commandemens prescrits ; il fera ensuite demi-tour à droite, & les dragons de chaque compagnie iront en défilant remettre leurs fusils à leurs faisceaux, & rentreront dans le camp.

LVIII. Les escadrons observeront de faire ces mouvemens ensemble, autant qu'il sera possible, en se réglant sur le régiment chef de brigade.

LIX. Le régiment étant entré dans son camp, le major fera battre & monter la garde du camp, & il fera partir les dragons qui doivent être d'ordonnance ; il tirera du piquet les détachemens commandés, les gardes & postes, tant à pied qu'à cheval ; & avant de les tirer il en commandera d'avance le remplacement, de façon que le piquet reste toujours au même nombre & en bataille, jusqu'à ce que la garde du camp soit montée.

Assemblée de la garde du camp.

LX. Le major assemblera la garde du camp au centre du régiment ; & dès qu'elle sera assemblée, l'officier commandant l'avant-garde du piquet marchera avec les guidons & les dragons de leur escorte, pour les remettre à l'officier commandant la garde du camp ; après quoi il retournera avec son avant-garde à la tête du piquet ; & les dragons de l'escorte, après avoir mis pied à terre & déposé leurs fusils aux faisceaux, entreront dans le camp.

Place des guidons.

LXI. L'officier qui commandera la garde du camp, fera planter les guidons vis-à-vis le centre du régiment, à deux toises l'un de l'autre & à une égale distance du front de bandiere aux faisceaux.

LXII. Il y fera poser un sentinelle, & deux autres à la droite & à la gauche du régiment.

LXIII. Ces trois sentinelles feront faction la bayonnette au bout du fusil.

LXIV. Outre la consigne particuliere qui sera donnée à la sentinelle du centre, de ne point laisser toucher aux guidons sans permission, il leur sera consigné de plus en général, d'avoir la même attention pour les armes des faisceaux, & d'avertir sitôt qu'ils appercevront le commandant du camp, ou le commandant des dragons, ou lorsqu'ils découvriront de loin la moindre troupe.

LXV. Quand l'officier de la garde du camp aura fait poser ces trois sentinelles &

celles qu'elle fournira aux tentes du commandant du régiment & de l'officier-major chargé du détail, elle ira prendre le poſte qui lui ſera ci-après indiqué.

Entrée du piquet dans le camp.

LXVI. Dès que la garde du camp aura pris ſon poſte, le piquet entrera dans le camp, à moins qn'il n'en ſoit autrement ordonné.

LXVII. Les meſtres-de-camp & lieutenans-colonels ne quitteront point la tête du camp, que la garde n'en ſoit poſtée.

LXVIII. Les maréchaux-des-logis feront aligner & tendre les tentes de leurs compagnies, & les officiers ne mettront point pied à terre qu'elles ne ſoient tendues.

Détachemens aux fourrages & autres diſtributions.

LXIX. Pendant qu'on tendra les tentes, un officier-major aſſemblera promptement à la tête du camp, le nombre de cavaliers (*ou dragons*) néceſſaire pour aller au fourrage & autres diſtributions, avec les officiers & maréchaux-des-logis qui devront les conduire.

Propreté du camp.

LXX. Dès que les tentes ſeront tendues, les officiers & maréchaux-des-logis des compagnies feront nettoyer la tête du camp.

Feu.

LXXI. Ils empêcheront de faire du feu ailleurs qu'aux places marquées pour les cuiſines & les forges.

LXXII. Les officiers-majors feront faire diligemment les communications nécessaires, tant à leur droite qu'à leur gauche, en-avant & en-arriere, sans avoir aucun égard au tems & à la fatigue; & s'il se trouvoit dans le régiment un terrein inégal, ils le feront aplanir jusqu'à quarante pas en-avant du front du camp.

LXXIII. Le terrein dont chaque régiment sera chargé, s'étendra depuis le front de sa premiere tente jusqu'à celle de la premiere compagnie du régiment voisin, l'intervalle de l'un à l'autre devant être censé faire partie de celui qui aura été distribué pour camper.

Latrines.

LXXIV. On fera creuser les latrines vingt pas en-avant de la garde du camp; on mettra un appui à la place où elles auront été marquées, & tous les huit jours on en fera de nouvelles & on comblera les anciennes, qu'on marquera avec un jalon.

Boucheries.

LXXV. Dans les régimens où il y aura des bouchers, les majors leur indiqueront en même tems le terrein où ils devront se placer dans un assez grand éloignement, pour qu'ils ne puissent point causer d'infection dans le camp, & ils les obligeront d'enterrer les entrailles des bestiaux qu'ils tueront. Ils empêcheront qu'il ne s'établisse dans leur camp des vivandiers d'un autre régiment.

Corvées.

LXXVI. On commandera pour les corvées le nombre d'hommes néceſſaire, ſans jamais y employer les cavaliers (*ou dragons*) de piquet ; & lorſqu'il y aura à la garde de l'étendard (*ou du camp*) des cavaliers (*ou dragons*) arrêtés pour châtiment, on les obligera d'en faire les travaux.

Attention des majors.

LXXVII. Depuis le moment où la troupe ſera entrée dans le camp, juſqu'à celui où elle ſera campée dans l'ordre où elle doit l'être, les officiers - majors ſeront tenus de reſter à cheval à la tête du camp, ſans pouvoir ſe retirer que tout ce qui eſt preſcrit ci-deſſus n'ait été exécuté.

Abreuvoirs.

LXXVIII. Ils iront enſuite viſiter les abreuvoirs à portée du camp pour faire mettre en état ceux qui ſeront pratiquables, & les majors feront rompre ceux qui ſeroient dangereux.

Etat du régiment.

LXXIX. Les majors des régimens donneront en arrivant au camp, & enſuite tous les mois, au maréchal général des logis de la cavalerie (*& pour les dragons au major général*), un état de la force du régiment & du nombre des officiers préſens , auquel ils ajouteront les noms & les grades des officiers qui manqueront, les raifons de leur abfence, & les lieux où ils feront.

Poudre & balles.

LXXX. Ils rendront compte au même officier de ce qu'il y aura à leur régiment de poudre, de balles & de pierres à fufil, pour qu'il leur en procure la quantité néceffaire.

DE LA GARDE DE L'ETENDARD. (Cav.)

Sa compofition.

LXXXI. La garde des étendards de chaque régiment, fera compofée de trois cavaliers par compagnie, commandés par un brigadier.

Cavaliers bottés pendant le jour.

LXXXII. Les cavaliers feront bottés pendant le jour, & en fouliers pendant la nuit ; à l'égard du brigadier, il fera en fouliers jour & nuit.

Place de la garde raffemblée.

LXXXIII. Cette garde fe tiendra en haie à droite & à gauche des timbales & des étendards, qui feront pofés fix pas en-avant du premier piquet des chevaux de la premiere compagnie du régiment, les cavaliers deftinés à la garde du premier étendard fe tiendront avec le brigadier en-dehors, du côté de l'intervalle, & le refte en-dedans du côté du camp.

Sa durée.

LXXXIV. Elle fera relevée tous les matins aux gardes montantes.

Maniere de la relever.

LXXXV. La nouvelle garde s'assemblera devant le camp au centre du régiment, où elle sera visitée par un officier-major & par le brigadier qui relevera, pour s'assûrer que les armes soient en état & chargées, & les cavaliers bien tenus.

LXXXVJ. Le brigadier portant son mousqueton sur le bras gauche, se fera suivre par les cavaliers deux à deux, portant leur mousqueton, & les conduira jusqu'à l'ancienne garde, que le brigadier qui descendra aura fait mettre en haie à son poste.

LXXXVII. Quand le brigadier approchera de l'ancienne garde, il fera filer les cavaliers derriere lui un à un, jusqu'à ce qu'étant arrivé à la hauteur du brigadier de cette garde, il s'arrêtera & se formera vis-à-vis d'elle en faisant à droite.

LXXXVIII. Le brigadier de la nouvelle garde ayant pris la consigne & relevé les sentinelles, l'ancienne garde se retirera dans le même ordre que la nouvelle sera venue jusqu'au centre du front du camp du régiment, d'où le brigadier qui la commande la renverra.

Etendards divisés.

LXXXXIX. Le brigadier de la nouvelle garde fera développer ensuite les étendards excepté dans les tems de grosse pluie, pendant lesquels ils resteront ployés auprès des timbales.

XC. On ne déployera pas non plus les

étendards les jours de fourrage ; & la nouvelle garde remplacera les sentinelles de nuit de l'ancienne garde, & ne les retirera point qu'on ne soit revenu du fourrage.

XCI. Les étendards étant déployés, le brigadier les remettra aux cavaliers des compagnies à la tête desquelles ils devront être portés, qui seront les premiers à entrer en faction.

XCII. Comme il y a deux étendards par escadron, les six cavaliers des deux compagnies de la droite seront destinés à en garder un, & ceux des compagnies de la gauche, l'autre, lorsqu'ils seront dispersés.

XCIII. Les cavaliers qui porteront les étendards seront gantés & les tiendront de la main gauche, posés sur l'épaule ; ils seront accompagnés chacun de droite & de gauche par un cavalier ; & les autres cavaliers affectés à chaque étendard, qui ne seront point en faction, formeront un second rang derriere l'étendard.

XCIV. Le brigadier ayant ainsi rangé les cavaliers de sa garde, il les fera marcher le long du front du camp, observant que ceux des compagnies les plus éloignées marchent les premiers.

XCV. A mesure que chaque étendard arrivèra vis-à-vis de la compagnie devant laquelle il devra être posé, le cavalier qui le portera le pointera dans terre vis-à-vis, & six pas en-avant du premier piquet des chevaux de cette compagnie, & il y restera

en faction le fabre nu à la main ; les autres
cavaliers qui l'auront accompagné, poferont
leurs armes fur un chevalet long de quatre
pieds & de la même hauteur, qui fera dreffé
à cet effet fur la même ligne que l'étendard ;
& ils feront renvoyés enfuite à leurs tentes
par le brigadier.

CXVI. Les mêmes chofes ayant été ob-
fervées pour tous les étendards du régiment, le brigadier retournera au premier
étendard, & avertira en paffant les fentinelles aux étendards, d'appeller lorfque la
garde devra prendre les armes.

Vifites de jour.

XCVII. La garde des étendards prendra
les armes pour le commandant du camp,
pour celui de la cavalerie, pour les officiers
généraux de jour, & lorfqu'il paffera une
troupe devant le front du camp du régiment.

XCVIII. Alors les cavaliers factionnaires
à chaque étendard, fe plaçant derriere cet
étendard, en empoigneront la lance de la
main gauche à la hauteur de la poitrine,
tenant leur fabre nu de l'autre main, la garde appuyée fur la cuiffe, la lame croifant
l'étendard, portant fur le pouce de la main
gauche qu'elle débordera par la pointe d'environ un demi-pied, les deux talons vis-à-
vis l'un de l'autre fur la même ligne, à un
demi-pied de diftance l'un de l'autre, la
pointe de la botte du pied gauche touchant
la lance de l'étendard, le genou gauche un

peu plié, la jambe droite tendue, l'épaule droite effacée, & le regard afsûré.

Les autres cavaliers fe mettront en haie à droite & à gauche de celui qui tiendra l'étendard de leur compagnie portant le moufqueton.

Quant au brigadier, il fe tiendra à la droite de la garde du premier étendard, étant répofé fur le moufqueton qu'il tiendra de la main droite par le bout du canon, la croffe à terre, la platine tournée en-dehors, & le bras tendu: il ôtera le chapeau de la gauche pour faluer ceux pour qui il aura pris les armes.

XCIX. Les officiers généraux qui feront employés aux camps en cette qualité & en celle d'infpecteurs généraux de la cavalerie, feront reçûs des piquets & des gardes, lorfqu'ils les verront, comme s'ils étoient officiers généraux de jour, fans néanmoins tirer à conféquence à l'égard de ces mêmes officiers, lorfqu'ils font employés dans les armées.

Raffembler les étendards.

C. Le foir, à l'heure du guet, le brigadier appellera la garde de l'étendard : pour lors les cavaliers ayant quitté leurs bottes pour prendre des fouliers, & ayant leurs manteaux renverfés fur les épaules, fe mettront en haie avec leurs armes à droite & à gauche de l'étendard qu'ils auront gardé pendant le jour, & le brigadier les ramenera avec les étendards, commençant par les

les plus éloignés, dans le même ordre qu'il les aura posés le matin.

CI. Les étendards étant rassemblés autour des timbales, le sentinelle qui les gardera sera armé d'un mousqueton, de même que tous ceux qui feront posés pendant la nuit.

Garde de nuit.

CII. A l'entrée de la nuit, outre le sentinelle qui restera aux étendards, le brigadier en posera deux à chaque escadron, un à la tête & l'autre à la queue du centre de l'escadron; ces sentinelles se promeneront le long du front & de la queue de l'escadron, pour voir s'il ne se détachera pas des chevaux, & veiller aux accidens qui peuvent arriver.

CIII. Il détachera de sa garde quatre cavaliers pour la garde de nuit du mestre-de-camp qui aura un sentinelle à sa tente pendant le jour.

CIV. En l'absence du mestre-de-camp, le lieutenant-colonel aura jour & nuit à sa tente un sentinelle tiré de cette même garde.

CV. Le commandant du régiment par accident, en aura un la nuit seulement.

CVI. Le major ou l'officier chargé du détail du régiment, aura un sentinelle jour & nuit.

CVII. Le brigadier, après avoir posé tous ces sentinelles, fera allumer le feu de sa garde, & l'entretiendra pendant la nuit.

CVIII. Il partagera les factions des sentinelles, tant de jour que de nuit, de maniere qu'elles soient également réparties à toute la garde.

Tome II.   M

CIX. Si le commandant du camp, un officier général de jour, le commandant de la cavalerie, le brigadier, meftre-de-camp & lieutenant-colonel de piquet, ou le maréchal général des logis de la cavalerie, viennent à paffer le long de la ligne pendant la nuit, le fentinelle en faction aux étendards, après qu'on lui aura répondu au *qui-vive*, criera *halte-là*, & avertira le brigadier commandant la garde de l'étendard, qui fera prendre les armes à fa garde, & fe détachera de dix pas en-avant des étendards ayant le fabre à la main, efcorté de deux cavaliers le moufqueton préfenté; alors il dira, *avance qui a l'ordre*, & ayant reçû le mot de l'officier qui fait la vifite, il retournera en rendre compte à l'officier de piquet qui doit être à cette garde. Cependant les deux cavaliers demeureront les armes préfentées vis-à-vis l'officier fupérieur, qui s'arrêtera jufqu'à ce que l'officier du piquet ait ordonné de le laiffer avancer; & ledit officier, efcorté de quatre cavaliers préfentant leurs armes, marchera au-devant de l'officier fupérieur, auquel il rendra le mot.

Prifonniers aux étendards.

CX. Lorfqu'il y aura aux étendards un ou plufieurs prifonniers, fi ces prifonniers font accufés de crime, ils feront attachés à un piquet, & la garde reftera raffemblée jour & nuit; ce qui n'empêchera pas néanmoins qu'on ne place les étendards à la tête de leurs compagnies : mais il ne reftera auprès de ces étendards que les sentinelles pour les garder ; & indépendamment du sentinelle qui sera au premier étendard, on mettra un second cavalier en faction avec un mousqueton pour garder les criminels, lequel en sera responsable, ainsi que le brigadier. Il sera même commandé un détachement particulier pour garder les criminels, si le nombre en est trop grand pour que la garde de l'étendard y puisse suffire.

CXI. Quand les prisonniers ne seront détenus que par correction, la garde se divisera à l'ordinaire : cependant si quelqu'un de ces prisonniers faisoit la tentative de s'échapper, on l'attachera à un piquet comme un criminel.

Jours de marche.

CXII. Les jours de marche, la garde de l'étendard ne sera relevée qu'à l'arrivée au camp. Lorsqu'on sonnera le boutte-selle, on renverra successivement une moitié des cavaliers de cette garde pour aller seller & charger leurs chevaux ; & lorsqu'on sonnera à cheval, l'officier qui commandera l'avant-garde du piquet fera prendre les timbales & les étendards, & les distribuera chacun à leur compagnie, quand le régiment sera en bataille.

CXIII. Les étendards ayant été ainsi remis, les cavaliers de cette garde rentreront chacun dans leur compagnie, pourvû qu'il n'y ait pas de prisonniers aux étendards, parce qu'en ce cas ils devroient les conduire à la tête du régiment jufqu'au nouveau camp.

DE LA GARDE DU CAMP.

Sa compofition.

CXIV. La garde du camp fera compofée de trente-deux dragons, non compris un brigadier & un tambour, le tout comman-mandé par un lieutenant.

Sa place.

CXV. Elle fera placée cent trente pas en-avant des faifceaux au centre de chaque ré-giment, ou cent trente pas en-arriere des dernieres tentes des dragons fi le régiment étoit campé en feconde ligne : on pourra auffi la placer fur les flancs du régiment, fuivant les circonftances.

Tems de la monten

CXVI. Cette garde fe montera tous les matins lorfqu'on battra l'affemblée, excepté les jours de marche.

CXVII. Les dragons de cette garde arri-vant à leur pofte, fe rangeront en haie & poferont leurs armes à terre chacun devant foi, quand le tems le permettra ; & en cas de pluie, ils les mettront fous le faifceau d'armes.

CXVIII. Ils n'auront point de tentes, & ne pourront quitter, non plus que l'officier & le brigadier, ni pour aller manger, ni fous tel autre prétexte que ce foit.

Prifonniers.

CXIX. Les prifonniers qui feront remis à cette garde, foit pour crimes ou pour châtiment, seront consignés à l'officier, au brigadier & au sentinelle qui en répondront aux peines portées par les ordonnances, & les criminels seront liés & attachés à des piquets & gardés à vûe.

Sentinelles.

CXX. Les sentinelles de cette garde y feront toujours faction l'arme au bras & la bayonnette au bout.

CXXI. Cette garde fournira quatre dragons pour la garde de nuit du mestre-de-camp qui aura un sentinelle pendant le jour.

CXXII. En l'absence du mestre-de-camp, le lieutenant-colonel aura jour & nuit à sa tente un sentinelle tiré de cette même garde.

CXXIII. Le commandant du régiment, par accident ; en aura un la nuit seulement.

CXXIV. Le major, ou l'officier chargé du détail du régiment, aura un sentinelle jour & nuit.

CXXV. L'officier de la garde du camp fera partager les factions des sentinelles, tant de jour que de nuit, de maniere qu'elles soient également réparties à toute la garde.

Passage des troupes.

CXXVI. Dès que ces gardes appercevront une troupe armée, elles prendront les armes & se mettront en haie, faisant face au-dehors du camp, jusqu'à ce que cette troupe soit passée & éloignée de leur poste.

Si cette troupe marche tambour battant

M iij

ou trompette fonnante, le tambour de la garde battra aux champs

Brigadiers à l'ordre.

CXXVII. Le lieutenant de la garde du camp enverra le brigadier de fa garde tous les foirs à l'ordre.

Diane.

CXXVIII. Le tambour de la garde du camp battra la diane au point du jour.

Difperfer les guidons.

CXXIX. Quand on voudra difperfer les guidons à la tête des régimens, le brigadier de la garde du camp, efcorté de deux dragons la bayonnette au bout du fufil, ira prendre chaque guidon l'un après l'autre, & le fera porter par un troifieme dragon & planter à la tête de chaque efcadron, en commençant par celui de la droite; obfervant de mettre un fentinelle à chaque guidon, la bayonnette au bout du fufil.

Jours de marche.

CXXX. Les jours de marche, l'ancienne garde du camp marchera immédiatement après le piquet.

CXXXI. S'il y a des prifonniers, l'officier les fera mettre au centre.

CXXXII. Les criminels feront gardés par des dragons qui marcheront à côté d'eux ayant le fabre à la main, & ayant attaché à l'arçon de devant de la felle de leurs chevaux, le bout de la corde avec laquelle ils fe feront liés, le brigadier marchera derriere eux armé de même.

CXXXIII. Cette garde fera relevée à

l'arrivée de la troupe au nouveau camp, & la nouvelle garde ne fera pas moins relevée le lendemain à l'heure accoûtumée, si la troupe ne doit pas marcher.

CXXXIV. Lorsqu'on battra le second on renverra successivement une moitié des dragons de cette garde pour aller seller & charger leurs chevaux ; & lorsqu'on battra à cheval, l'officier qui commandera l'avantgarde du piquet fera prendre les guidons, & les distribuera chacun à leur compagnie, quand le régiment sera en bataille.

CXXXV. Les guidons ayant été ainsi remis, les dragons de cette garde rentreront chacun dans leur compagnie, pourvû qu'il n'y ait pas de prisonniers, parce qu'en ce cas ils devront les conduire comme il a été dit ci-dessus.

Poste de nuit.

CXXXVI. La garde du camp se retirera pendant la nuit au centre du régiment, enavant des guidons, menant avec elle les prisonniers qui lui auront été consignés.

Visites de nuit.

CXXXVII. Si le commandant du camp, le commandant des dragons, le mestre-decamp ou le lieutenant-colonel de piquet du corps des dragons, ou le major général des dragons, viennent à passer le long de la ligne pendant la nuit, le sentinelle en faction à la droite ou à la gauche du régiment, après qu'on lui aura répondu au *qui-vive*, criera *halte-là*, & avertira l'officier commandant la garde du camp & des guidons, lequel fera prendre les armes à fa garde & détachera le brigadier de ladite garde, ayant la bayonnette au bout du fufil, efcorté de deux dragons, le fufil préfenté ; alors il dira, *avance qui a l'ordre ,* & ayant reçû le mot de l'officier qui fait la vifite , il retournera en rendre compte à l'officier de garde. Cependant les deux dragons demeureront les armes préfentées vis-à-vis l'officier fupérieur , qui s'arrêtera jufqu'à ce que l'officier de garde ait ordonné de le laiffer avancer ; & ledit officier , efcorté de quatre dragons préfentant leurs armes , marchera au-devant de l'officier fupérieur auquel il rendra le mot.

CXXXIX. Si le capitaine de piquet fe trouvoit à la tête du camp lors de cette vifite, ce feroit lui qui enverroit reconnoître l'officier fupérieur & qui lui rendroit le mot.

DU PIQUET. (Cavalerie.)
Sa compofition.

CXL. Le piquet de chaque régiment confiftera en une troupe de trente-fix maîtres, y compris deux brigadiers, un trompette & un maréchal, commandés par un capitaine, un lieutenant & un maréchal-des-logis : cette troupe fera compofée comme les chambrées, d'anciens & de nouveaux cavaliers.

Officiers fupérieurs du piquet.

CXLI. Il fera nommé tous les jours à l'ordre un brigadier , un meftre-de-camp & un lieutenant-colonel fur toute la cavalerie , &

un major par chaque aîle de cavalerie, pour être de piquet; ces officiers seront aux ordres des officiers généraux de jour, & du commandant de la cavalerie.

Durée du piquet.

CXLII. Le piquet se formera, comme il a été dit, à l'arrivée du régiment au camp, & il sera relevé tous les jours par de nouveaux cavaliers.

Inspection.

CXLIII. Le nouveau piquet s'assemblera le matin à la tête de son régiment, où le major fera l'inspection des hommes, des armes & des chevaux, avant de faire celle des gardes.

Piquet à la tête du camp.

CXLIV. Cette inspection étant faite, les piquets monteront à cheval, & resteront en bataille, chacun à la tête du camp de son régiment, jusqu'à ce que les gardes ordinaires soient parties du rendez-vous, où on les assemblera pour aller relever les anciennes gardes; & alors on fera rentrer les piquets dans le camp.

Jours de fourrage.

CXLV. Les jours de fourrage, le nouveau piquet restera à cheval après l'inspection, & se tiendra à la tête du camp de son régiment, d'où il enverra des vedettes à la queue & aux flancs du camp, afin d'empêcher les cavaliers & valets d'en sortir que le rendez-vous ne soit donné, & que les fourrageurs n'aient reçû l'ordre de partir avec les efcortes commandées ; & le piquet ne rentrera dans le camp que lorfque tous les fourrageurs y feront revenus.

Jours de marche.

CXLVI. Les jours de décampement le piquet montera à cheval au boute-felle, & mettra pareillement des vedettes à la queue & aux flancs du camp, pour que perfonne ni aucuns équipages n'en fortent, jufqu'à ce que l'ordre du départ ayant été donné, il retirera les vedettes & prendra la tête du régiment.

Préfence des Officiers fupérieurs à la tête des piquets.

CXLVII. Le meftre-de-camp & le lieutenant-colonel entrant de piquet, refteront à cheval à la tête des piquets pendant tout le tems qu'ils feront à la tête du camp.

Vifite du Major de Brigade.

CXLVIII. Pendant que les piquets feront à la tête du camp, les majors de brigade les vifiteront ; & s'ils trouvent qu'il y manque quelqu'officier ou cavalier, ou qu'il y en ait quelqu'un de négligé, ils en rendront compte à leur brigadier & au maréchal général des logis de la cavalerie.

Leur préfence aux gardes montantes.

CXLIX. Les brigadier, meftre-de-camp & lieutenant-colonel fortant de piquet, fe trouveront aux gardes montantes, pour rendre compte à l'officier général de jour de ce qui fe fera paffé pendant la nuit ; & ils iront enfuite en rendre compte au commandant de la cavalerie.

Le brigadier entrant de piquet se trouvera aussi aux gardes montantes, pour recevoir les ordres de l'officier général de jour.

Piquets dans le camp.

CL. Les piquets étant rentrés dans le camp, seront toujours prêts à marcher : pour cet effet, les officiers & cavaliers ne pourront s'éloigner du camp ni se deshabiller ; ils resteront bottés jour & nuit ; leurs chevaux seront toujours sellés ; ils auront la bride à portée d'eux, & leurs cuirasses seront à la tête de leurs chevaux.

Un Officier de piquet à la garde de l'étendard.

CLI. Les deux officiers & le maréchal-des-logis de chaque piquet, s'arrangeront ensemble de façon qu'un d'eux soit continuellement jour & nuit à la garde de l'étendard : ils auront leurs chevaux prêts pour faire monter le piquet à cheval en cas de besoin ; & ils visiteront de tems en tems le piquet, tant de jour que de nuit, pour voir s'il sera en état.

Marche & remplacement des piquets.

CLII. Si l'on fait marcher le piquet, dès qu'il sera sorti du camp on en commandera un autre.

Leur rentrée après avoir passé les gardes ordinaires.

CLIII. Quand le piquet rentrera dans le camp, après avoir passé les gardes ordinaires, son service sera fait, & celui qui l'aura remplacé restera en fonction.

Piquets demandés.

CLIV. Les piquets sortiront à la tête du camp pendant le jour, quand ils seront demandés par le commandant du camp, celui de la cavalerie, les officiers généraux de jour, le brigadier, le mestre-de-camp & le lieutenant-colonel de piquet, & par le maréchal général des logis de la cavalerie.

CLV. Quand on appellera le piquet à la tête du camp pendant le jour, les cavaliers sortiront bottés avec leurs bandoulieres & leurs sabres, mais sans mousquetons : ils se mettront en haie entre les deux étendards de leur escadron, sur le même alignement de la garde de l'étendard.

CLVI. les officiers se trouveront à pied dispersés en avant des cavaliers de piquet, de maniere qu'il y en ait à chaque escadron.

Visite du piquet pendant la nuit.

CLVII. L'officier de piquet qui restera au feu de la garde de l'étendard pendant la nuit, recevra les officiers qui ont autorité sur le piquet, comme il est expliqué à l'article CX. & s'ils veulent le visiter, il les ménera dans les rues des compagnies.

CLVIII. Si les piquets font la nuit hors du camp, lorsque les officiers qui ont droit de les visiter arriveront à la ligne, la vedette criera d'environ quinze pas, *Qui vive*; il sera répondu *France*, & elle demandera *quel régiment.* Quand l'officier aura indiqué son grade, la vedette l'arrêtera en criant *halte là :* alors un brigadier & deux cavaliers de piquet s'avanceront jusqu'à la vedette, le brigadier le pistolet à la main, & les cavaliers le mousqueton haut. Le brigadier criera *avance qui a l'ordre*, afin de recevoir le mot de l'officier supérieur : ayant reçû le mot & reconnu celui qui le lui aura donné, il retournera au trot en rendre compte au capitaine de piquet, dont la troupe sera à cheval l'épée à la main. Le capitaine s'avancera ensuite à six pas de la vedette, escorté de deux cavaliers le mousqueton haut, & dira *avance à l'ordre :* l'officier supérieur s'avancera & recevra le mot du capitaine, qui lui fera voir ensuite son piquet, dont les officiers seront chacun à leur place.

CLIX. Le brigadier, le mestre-de-camp & le lieutenant-colonel de piquet feront chacun une ronde pendant la nuit, dont l'heure sera réglée par le brigadier, non-seulement ils parcourront la tête du camp, mais ils passeront aussi entre les deux lignes, afin d'examiner s'il ne s'y commettra pas de désordre.

CLX. Ils visiteront les piquets pendant la nuit quand ils seront hors du camp, pour s'assurer que les officiers soient présens, & les cavaliers en état ; & ils seront reçûs comme il a été dit à l'article CLVIII. quand ils demanderont à voir le piquet d'un régiment.

CLXI. Les fonctions des majors de piquet feront de faire une ronde pendant la nuit, chacun dans les brigades de leur aîle, à l'heure qui leur paroîtra la plus convenable, efcortés d'un brigadier & de deux cavaliers de piquet ayant leur moufqueton ; d'y vifiter les gardes des étendards, pour voir fi les brigadiers & les cavaliers font leur devoir ; d'y faire une fois le jour la vifite des piquets, pour voir s'il y aura un officier de piquet de chaque régiment à la tête du camp, & fi les fentinelles feront alertes.

D'examiner fi le feu des cuifines fera éteint, fi l'on ne donnera point à boire chez les vivandiers, & s'il ne fe paffera aucun défordre.

Ils rendront compte chaque jour aux officiers fupérieurs de piquet, de ce qui fe fera paffé à leur ronde, & informeront les majors de brigade de ce qu'ils auront remarqué de défectueux dans leurs brigades, pour que ceux-ci en inftruifent le maréchal général des logis de la cavalerie.

CLXII. Les officiers de chaque piquet veilleront à ce qu'il ne refte point d'immondices à la tête & à la queue de leur camp: pour cet effet, ils feront enterrer ces immondices par des cavaliers de leur piquet ; ils leur feront auffi tranfporter au loin les chevaux morts, ayant foin qu'ils les enterrent à quatre pieds de profondeur au moins.

DU PIQUET. *(Dragons.)*

Sa composition.

CLXIII. Le piquet de chaque régiment consistera en une troupe de quarante-huit dragons, y compris deux brigadiers, & non compris un tambour & un maréchal, & sera commandé par un capitaine, un lieutenant & un maréchal-des-logis ; cette troupe sera composée, comme les chambrées, d'anciens & de nouveaux dragons.

Sa durée.

CLXIV. Le piquet sera relevé tous les jours aux gardes montantes.

Inspection du piquet.

CLXV. Il s'assemblera à la tête de son régiment, où le major, ainsi que le nouveau capitaine, feront l'inspection des hommes, des armes & des chevaux.

Piquet à la tête du camp.

CLXVI. Cette inspection étant faite, les piquets monteront à cheval & resteront en bataille, chacun à la tête du camp de son régiment, jusqu'à ce que les gardes ordinaires & postes soient partis du rendez-vous, où on les assemblera pour aller relever les anciennes gardes, & alors on fera rentrer les piquets dans le camp.

Jours de fourrage.

CLXVII. Les jours de fourrage, le piquet restera à cheval à la tête du camp de son régiment, d'où il enverra des vedettes à la queue & au flanc du camp, afin d'empêcher

les dragons & valets d'en fortir que leur rendez-vous ne foit donné, & que les fourrageurs n'aient reçû l'ordre d'en partir avec
les efcortes commandées ; & le piquet ne
rentrera dans le camp que lorfque tous les
fourrageurs y feront revenus.

Sentinelles.

CLXVIII. Les dragons de chaque piquet
fourniront les fentinelles qu'il fera ordonné
de placer pendant la nuit à chaque intervalle
des rues des chevaux & fur les flancs du
camp, & fi le piquet devoit marcher, ils
feront relevés fur le champ par les dragons
du nouveau piquet.

Demeure des Officiers dans le camp.

CLXIX. Les officiers, maréchaux-des-
logis & dragons de piquet, ne quitteront
point le camp de leur régiment, afin d'être
toujours prêts à marcher quand on en aura
befoin, ils refteront en bottines jour & nuit,
ils ne fe deshabilleront point, leurs chevaux
feront toujours fellés, & ils auront la bride
à portée d'eux.

Un Officier de piquet à la garde des guidons.

CLXX. Les officiers & le maréchal-des-
logis de chaque piquet s'arrangeront enfemble, de façon qu'un d'eux foit continuellement jour & nuit à la tête du camp, ils auront leurs chevaux prêts pour faire monter
le piquet à cheval en cas de befoin, & ils vifiteront de tems en tems le piquet, tant de
jour que de nuit, pour voir s'il fera en état.

CLXXI. Les jours de décampement le piquet montera à cheval à la générale, & mettra des vedettes à la queue & aux flancs du camp, pour que personne ni aucuns équipages n'en sortent, jusqu'à ce que l'ordre du départ étant donné, il retirera les vedettes & prendra la tête du régiment.

Officiers supérieurs de piquet.

CLXXII. Il sera nommé chaque jour, à l'ordre, des officiers supérieurs de piquet du corps des dragons, suivant le nombre & le grade de ceux qui se trouveront au camp.

Les officiers supérieurs entrans de piquet, resteront à cheval à la tête des piquets, pendant tout le tems qu'ils seront à la tête du camp.

Visite du Major général des Dragons.

CLXXIII. Pendant que les piquets seront à la tête du camp, le major général des dragons les visitera, & s'il trouve qu'il y manque quelque officier ou dragon, ou qu'il y en ait quelqu'un de négligé, il en rendra compte au commandant des dragons.

CLXXIV. Les officiers supérieurs du corps des dragons sortans de piquet, se trouveront aux gardes montantes, ainsi que le mestre-de-camp entrant de piquet ; & ils iront ensuite rendre compte au commandant des dragons ou recevoir ses ordres.

CLXXV. Ces officiers supérieurs de piquet seront relevés tous les jours après que les gardes seront montées.

Piquets demandés.

CLXXVI. Les piquets fortiront à la tête du camp pendant le jour, quand ils feront demandés par le commandant du camp, celui des dragons, le meftre-de-camp & le lieutenant-colonel de piquet de leur corps, & par le major général des dragons.

CLXXVII. Quand on appellera le piquet à la tête du camp pendant le jour, les dragons fortiront en bottines avec leurs gibernes & leurs fabres, mais fans fufil, ils fe mettront en haye fur le même alignement entre les faifceaux d'armes.

CLXXVIII. Les officiers fe trouveront à pied difperfés en avant des dragons de piquet, de maniere qu'il y en ait à chaque efcadron.

Vifite du piquet pendant la nuit.

CLXXIX. L'officier de piquet reftera au feu de la garde du camp pendant la nuit, rendra compte à ceux qui ont autorité fur le piquet; & s'ils veulent le vifiter, il les ménera dans les rues des compagnies.

CLXXX. Si les piquets font la nuit hors du camp lorfque les officiers qui ont droit de les vifite. arriveront à la ligne, la vedette criera d'environ quinze pas, *qui vive*; il fera répondu *France*, & elle demandera quel régiment, quand l'officier aura indiqué fon grade, la vedette l'arrêtera en criant *halte là*, alors un brigadier & deux dragons de piquet s'avanceront jufqu'à la vedette, le brigadier le fabre à la main, & les dragons le fufil haut, le brigadier criera *avance qui a l'ordre*, afin de recevoir le mot de l'officier supérieur ; ayant reçû le mot & reconnu celui qui le lui aura donné, il retournera au grand trot en rendre compte au capitaine de piquet dont la troupe sera à cheval le fusil haut; le capitaine s'avancera ensuite à six pas de la vedette, escorté de deux dragons le fusil haut, & dira *avance à l'ordre*, l'officier supérieur s'avancera & recevra le mot du capitaine, qui lui fera voir ensuite son piquet dont les officiers seront chacun à leur place.

CLXXXI. Les officiers supérieurs de dragons étant de piquet, feront une ronde pendant la nuit : ils visiteront les piquets des dragons pendant la nuit quand ils seront hors du camp, pour s'assurer que les officiers sont présens, & les dragons en état.

Officier-major de piquet.

CLXXXII. On commandera aussi un officier-major de piquet, dont les fonctions feront de faire une ronde pendant la nuit à l'heure qui lui paroîtra la plus convenable, escorté d'un brigadier & de deux dragons de piquet ayant leur fusil ; de visiter les gardes du camp, pour voir si les officiers & dragons font leur devoir ; de faire une fois le jour la visite des piquets, pour voir s'il y aura un officier de piquet de chaque régiment à la tête du camp, & si les sentinelles feront alertes.

CLXXXIII. D'examiner si le feu des cuisines fera éteint, si l'on ne donnera point à boire chez les vivandiers, & s'il ne se passera aucun desordre.

CLXXXIV. Il rendra compte chaque jour aux officiers supérieurs de piquet de son corps, de ce qui se sera passé à sa ronde ; & il informera le major-général de ce qu'il aura remarqué de défectueux, pour qu'il en instruise le commandant des dragons.

Replier les guidons.

CLXXXV. Dès que la retraite aura été battue, les officiers de piquet feront replier les guidons par un brigadier de leur piquet.

Visite des faisceaux.

CLXXXVI. Ils auront soin que le maréchal-des-logis de piquet assiste à la visite que les maréchaux-des-logis de chaque compagnie devront faire des faisceaux d'armes desdites compagnies, & qu'il les fasse consigner de nouveau aux sentinelles, par le brigadier de la garde du camp, laquelle sera toujours subordonnée au capitaine de piquet.

Visite du camp.

CLXXXVII. Ils auront pareillement soin qu'une heure après la retraite battue, le maréchal-des-logis de piquet, fasse rentrer les dragons dans leurs tentes, qu'il fasse sortir ceux qui seroient chez les vivandiers, arrêter les filles de mauvaise vie & autres gens suspects, pour être conduits au Prevôt, & mettre à la garde du camp les dragons qui se seroient trouvés avec eux, & qu'il fasse éteindre les feux qui seroient allumés.

CLXXXVIII. Un des brigadiers de piquet

fera la même vifite à minuit, & une autre pareille une heure avant le jour.

CLXXXIX. Les officiers de chaque piquet veilleront auffi à ce qu'il ne refte point d'immondices à la tête & à la queue de leur camp ; pour cet effet ils feront enterrer ces immondices par des dragons de leur piquet ; ils leur feront auffi tranfporter au loin les chevaux morts, ayant foin qu'ils les enterrent à quatre pieds de profondeur au moins.

DES BRIGADES.

CXC. Les régimens feront mis en brigade à leur arrivée au camp.

Arrangement des Régimens & Efcadrons.

CXCI. Le régiment chef de brigade en prendra la droite, foit pour fe mettre en bataille, pour marcher ou pour camper : le fecond fe placera à la gauche ; & quand il y en aura un plus grand nombre, ils fe placeront de même alternativement dans le centre de la brigade, tous les régimens de l'aîle droite fe formant par leur droite, excepté ceux de la brigade de la gauche qui appuyera à l'infanterie, laquelle fe formera par fa gauche.

Cet ordre fera renverfé dans les brigades de l'aîle gauche.

CXCII. Les efcadrons d'un même régiment obferveront entr'eux le même ordre que tiendront les régimens dans la formation de la brigade.

Majors des brigades.

CXCIII. Celui des majors des régimens

d'une même brigade, qui fera le plus ancien de commiffion de capitaine, fera major de cette brigade.

Major général.

CXCIV. Le major de dragons le plus ancien en commiffion de capitaine, fera les fonctions de major-général de ce corps.

CXCV. S'il n'y avoit dans la brigade aucun major en état de faire le fervice, il y feroit fuppléé par l'aide-major le plus ancien en commiffion de capitaine.

DE L'ORDRE.

Donné chez le Maréchal général des logis de la Cavalerie.

CXCVI. Les majors de brigade iront tous les jours à l'ordre chez le maréchal général des logis de la cavalerie, à l'heure qu'il leur aura indiquée, pour y écrire l'ordre qu'il leur dictera, ainfi que les détails qui concerneront leurs brigades.

CXCVII. Ils ne s'exempteront d'aller à l'ordre fous aucun prétexte ; & lorfque pour des raifons légitimes quelqu'un d'eux ne pourra s'y trouver, il fera avertir le major de la brigade le plus ancien après lui, qui s'y rendra à fa place.

Porté au Brigadier.

CXCVIII. Le major de brigade portera l'ordre & le mot au brigadier de fa brigade, lorfque ledit brigadier fera au camp, & il recevra fes ordres fur ce qu'il aura à y ajoûter avant de le diftribuer aux autres majors de fa brigade.

Diſtribué par les Majors de brigade.

CXCIX. Les majors, & à leur défaut, les aide-majors des régimens, iront à l'ordre chez le major de leur brigade, qui le leur dictera avec le détail concernant le ſervice de leur régiment, & ce que le brigadier aura jugé à propos d'y ajoûter.

DE L'ORDRE.

CC. Le major général des dragons prendra l'ordre du commandant du camp.

Ordre porté au commandant des dragons.

CCI. Il portera l'ordre & le mot au commandant des dragons, & recevra ſes ordres ſur ce qui regarde le détail & la police de ſon corps.

Diſtribué aux majors des régimens.

CCII. Les majors, & à leur défaut, les aides-majors des régimens iront à l'ordre chez le major général des dragons, qui le leur dictera, avec le détail concernant le ſervice de leur régiment, & ce que le commandant des dragons aura jugé à-propos d'y ajouter.

Porté au meſtre-de-camp.

CCIII. Les majors des régimens ayant pris l'ordre du major de leur brigade, & les dragons du major général, iront porter le mot à leur meſtre-de-camp, lorſqu'il ſera au camp, lui feront la lecture de l'ordre, & recevront ceux qu'il aura à donner, après quoi ils iront donner l'ordre à leur régiment.

Au lieutenant-colonel.

CCIV. En l'absence du mestre-de-camp, le major donnera le mot au lieutenant-colonel, à qui il sera porté par l'aide-major quand le mestre-de-camp sera présent ; & lorsque le le mestre-de-camp & le lieutenant-colonel ne seront point au régiment, le major portera l'ordre également à l'officier qui le commandera à leur défaut.

Envoi de l'ordre.

CCV. Aucun officier-major n'enverra l'ordre d'un régiment à l'autre, autrement que par écrit, & par un officier ou un maréchal-des-logis.

Cercle.

CCVI. Lorsque le major d'un régiment voudra distribuer l'ordre, le timbalier battra un appel auquel les maréchaux-des-logis des compagnies s'assembleront à la tente du major.

CCVII. Il ne sera permis d'y entrer qu'au brigadier de la brigade, au mestre-de-camp, au lieutenant-colonel ou autre officier commandant le régiment, & aux officiers majors.

CCVIII. Le brigadier commandant la garde aux étendards, en prendra aussi-tôt deux cavaliers qu'il conduira à cette tente ; & en les mettant en faction, l'un devant, l'autre derriere la tente, il leur donnera pour consigne de n'en laisser approcher personne que les officiers ci-dessus.

CCIX. Le major fera écrire aux maréchaux

chaux-des-logis ce qu'ils auront à exécuter ;
il en fera faire ensuite la lecture, vérifiera
leur livre d'ordre pour s'assurer qu'ils l'aient
écrit véritablement, & le leur fera expliquer par un officier major.

CCX. On nommera à l'ordre les officiers
commandés pour tous les différens genres
de service du camp, & le brigadier qui devra commander la garde des étendards.

CCXI. Le major fera mention aussi chaque jour dans l'ordre ; des officiers qui seront les premiers à marcher pour chaque
espece de service.

Rendu aux officiers des compagnies.

CCXII. Chaque maréchal-des-logis portera l'ordre aux officiers de sa compagnie ;
& lorsqu'il fera cette fonction, il aura le
chapeau bas, ainsi que l'officier, dans l'ins-
tant où le maréchal-des-logis lui donnera le
mot à l'oreille.

Aux cavaliers.

CCXIII. Le maréchal-des-logis ira ensuite dans chaque tente de la compagnie expliquer aux cavaliers les défenses & ce qui
aura été ordonné, & avertir ceux qui devront être de service.

Aux gardes ordinaires.

CCXIV. Le major de brigade donnera
l'ordre cacheté à un cavalier de chaque garde
ordinaire de sa brigade, que le commandant de ladite garde aura eu soin, à son arrivée à son poste, de renvoyer au camp de

son régiment, pour lui apporter les ordres qu'on aura à lui donner.

Cercle.

CCXV. Pour les dragons, lorsque le major d'un régiment voudra donner l'ordre, le tambour de piquet fera trois roulemens pour y appeller, sans jamais crier à l'ordre.

CCXVI. Alors les aide - majors, les maréchaux-des-logis; en leur absence les brigadiers, & en outre un brigadier, ou en son absence un carabinier de chaque compagnie du régiment, s'assembleront au centre du régiment, vingt pas en-avant des faisceaux.

CCXVII. Les maréchaux-des-logis, sans armes, formeront le cercle en se rangeant suivant l'ancienneté de leur compagnie.

CCXVIII. Les brigadiers ou carabiniers en feront un second derriere les maréchaux-des-logis, tenant le fusil présenté en-dehors, la bayonnette au bout, en empêchant que personne n'approche.

CCXIX. Le tambour - major se mettra entre les maréchaux-des-logis & les brigadiers.

CCXX. Le major, & en son absence l'aide-major, expliquera l'ordre aux maréchaux-des-logis, & ce qu'ils auront à exécuter.

CCXXI. Il nommera les officiers commandés pour monter les gardes, tant à pied qu'à cheval; il commandera toujours les gardes à pied les premieres, enfuite les détachemens & le piquet qui fera toujours commandé le dernier.

CCXXII. Il ôtera enfuite fon chapeau, ainfi que les officiers & maréchaux-des-logis, & donnera le mot aux officiers, & puis au premier maréchal-des-logis du cercle, qui s'avancera pour le recevoir, & étant retourné à fa place le donnera au fecond, celui-ci au troifieme, & ainfi de fuite.

CCXXIII. Les maréchaux-des-logis refteront chapeau bas jufqu'à ce que le dernier maréchal-des-logis ait rendu le mot au major.

CCXXIV. Il fera permis d'entrer dans le cercle au meftre-de-camp, au lieutenant-colonel ou autre officier commandant le régiment, & aux officiers-majors.

CCXXV. Le maréchal-des-logis, le brigadier de piquet & le brigadier de la garde du camp, fe trouveront auffi au cercle pour prendre l'ordre & le mot, & le porter à l'officier de ladite garde & aux officiers de piquet.

Ordre cacheté.

CCXXVI. Le major général des dragons donnera l'ordre cacheté à un dragon de chaque garde ordinaire & pofte de ce corps, que le commandant de ladite garde ou pofte aura eu foin à fon arrivée de renvoyer au camp du régiment, pour lui apporter les ordres qu'on aura à lui donner.

Ordre rendu aux Officiers des Compagnies.

CCXXVII. Chaque maréchal-des-logis portera l'ordre aux officiers de sa compagnie ; & lorſqu'il fera cette fonction, il aura le chapeau bas, ainſi que l'officier, dans l'inſtant où le maréchal-des-logis lui donnera le mot à l'oreille.

CCXXVIII. Le maréchal-des-logis ira enſuite, dans chaque tente de la compagnie expliquer aux dragons les défenſes & ce qui aura été ordonné, & avertir ceux qui devront être de ſervice.

DU GUET ET DE L'APPEL,

& autres regles du camp. Ecole des Trompettes.

CCXXIX. Une heure avant que le ſoleil ſe couche, tous les Trompettes ſe trouveront à la tête du camp de leur régiment, pour tenir entr'eux l'école juſqu'au ſoleil couchant.

Signal pour ſonner le guet.

CCXXX. Au ſignal de la retraite, les trompettes ſonneront le guet, commençant à l'aîle droite & à l'aîle gauche par les régimens qui joindront l'infanterie.

Raſſembler les étendards & poſer les ſentinelles de nuit.

CCXXXI. Le guet étant ſonné, les étendards ſeront rapportés à la tête de la première compagnie de chaque régiment ; & le brigadier de cette garde poſera les ſentinelles de nuit.

DE LA RETRAITE ET AUTRES
regles du Camp.

CCXXXII. Pour les dragons, les tambours des régimens battront la retraite, quand ceux de l'infanterie qu'ils couvriront, auront commencé à la battre.

CCXXXIII. Les tambours, tant pour la retraite que pour tout ce qu'ils auront à battre, iront & reviendront le long du front du régiment, en commençant par sa droite, ou par sa gauche si le régiment étoit campé à colonne renversée.

Manteaux d'armes sur les faisceaux.

CCXXXIV. Immédiatement après la retraite, le maréchal-des-logis, ou un brigadier de chaque compagnie, fera mettre les manteaux d'armes sur les faisceaux, s'ils en ont été ôtés pendant le jour.

CCXXXV. Il en visitera en même tems les armes en présence du brigadier de la garde du camp ; & s'il en manque, après avoir vérifié à qui elles appartiendront, il fera arrêter les dragons qui les auront prises & les sentinelles à qui elles étoient consignées.

Replier les guidons.

CCXXXVI. Le brigadier de la garde du camp, escorté de deux dragons armés avec leur fusil la bayonnette au bout, ira prendre les guidons, s'ils ont été dispersés pendant le jour à la tête de chaque escadron, & il les rassemblera au centre du régiment où la garde du camp se retirera après la retraite battue.

Eteindre les feux.

CCXXXVII. On éteindra les feux des cuisines : les vivandiers cesseront de donner à boire, & les cavaliers (*ou dragons*) seront rentrés dans leurs tentes une heure après la retraite.

Appels.

CCXXXVIII. Les maréchaux-des-logis, & en leur absence les brigadiers, feront régulierement des appels des cavaliers (*ou dragons*) de leur compagnie, une heure après le guet sonné & au point du jour, & plus souvent s'il est nécessaire.

CCXXXIX. Ils feront ensuite leurs billets d'appel, sur lesquels ils marqueront s'il manque quelqu'un ou non, & le nombre des cavaliers (*ou dragons*) qui seroient morts au camp, ou qui auroient été envoyés à l'hôpital d'un appel à l'autre.

Ils dateront & signeront ces billets, & ils les porteront au brigadier de la garde de l'étendard, qui les remettra au major de son régiment ; & ils en rendront compte au commandant, & à leur capitaine.

CCXL. Les appels se feront tente par tente, en appellant les cavaliers (*ou dragons*) par leur nom, & les obligeant de répondre chacun pour soi.

Les maréchaux-des-logis ou brigadiers qui y manqueront par négligence, ou qui ne marqueront pas sur leurs billets les cava-

liers (*ou dragons*) qui ne se seront pas trouvés, à leur appel seront punis sévérement.

CCXLI. Les lieutenans des compagnies
en feront l'appel après le guet, indépendamment de celui des maréchaux-des-logis;
& ils marqueront les cavaliers (*ou dragons*)
qui auront manqué, sur des billets qu'ils signeront, & qu'ils remettront au commandant du régiment; ils en informeront ensuite le capitaine.

CCXLII. Les majors des régimens formeront sur les billets d'appel des maréchaux-
des-logis ou brigadiers, des billets datés &
signés d'eux, qu'ils enverront tous les matins au major de leur brigade, (*& les dra-*
gons au major général.)

Ils marqueront sur ces billets les noms des
cavaliers qui auront manqué à l'appel, avec
ceux de leurs compagnies, & l'heure à laquelle on se sera apperçû de leur absence.

Quand il n'auroit manqué personne, ils
n'en feront pas moins mention sur leurs billets.

Ils y marqueront aussi le nombre des cavaliers entrés à l'hôpital ou morts au camp.

CCXLIII. Chaque major de brigade formera de même sur les billets des majors des
régimens de sa brigade, un billet détaillé des
cavaliers qui y auront manqué, lequel il si-
gnera, datera & enverra au maréchal général des logis de la cavalerie; & il en rendra
compte à son brigadier.

CCXLIV. Le maréchal général des logis

de la cavalerie formera du tout un état général, qu'il remettra au commandant du
camp, & à celui de la cavalerie, à l'heure
de l'ordre.

CCXLV. Le major général des dragons
formera du tout un état général qu'il remettra au commandant du camp & à celui des
dragons à l'heure de l'ordre.

Visite des Lieutenans.

CCXLVI. Les lieutenans des compagnies
feront tous les matins la visite des tentes,
afin de voir si les cavaliers (*ou dragons*) sont
propres, si leurs équipages & leurs armes
sont en bon état, & s'ils feront ordinaire.

CCXLVII. Ils verront leur compagnie
lorsqu'on pensera les chevaux, lorsqu'on
leur donnera l'avoine, & quand on les ménera à l'abreuvoir ; & ils auront attention
qu'en les y menant, il y ait à la tête un maréchal-des-logis ou un brigadier, & un carabinier à la queue.

CCXLVIII. Les lieutenans des compagnies de dragons feront aussi tous les jours
la visite des armes, ils y ordonneront les ré-
parations nécessaires, & tiendront la main
à ce qu'elles soient faites.

Ils veilleront de même, ainsi que le major du régiment, lorsque la distribution de
la poudre, des balles & des pierres à fusil
aura été faite, à ce que les dragons aient
toujours leur giberne garnie, & qu'ils aient
chacun deux pierres de rechange, avec les
autres petites ustensiles nécessaires pour l'en-

tretien & la propreté des armes ; & à mesure que ces munitions seront consommées, les majors des régimens en informeront le major général des dragons, afin qu'il les fasse remplacer, & ils rendront compte de tout au commandant dudit régiment.

Munitions.

CCXLIX. Lorsque l'on fera tirer les dragons dans les exercices, ils n'y employeront point les munitions qui seront dans leurs cartouches, mais seulement la poudre qui leur sera donnée à cet effet.

CCL. Les maréchaux-des-logis auront attention à retirer la poudre & les balles des dragons de leur compagnie qui seront envoyés aux hôpitaux, & de les donner à ceux qui en manqueront.

DE L'ORDRE A OBSERVER
pour commander les gardes & détachemens.
Détachemens par brigade.

CCLI. Les détachemens pour toute sorte de service, seront commandés par brigade, chacune devant fournir à son tour, en commençant par la premiere, à proportion du nombre d'escadrons dont elles seront composées.

Contrôles du Maréchal général des logis de la Cavalerie.

CCLII. Le maréchal général des logis de la cavalerie (*ou le major général des dragons*) tiendront un contrôle des brigades, suivant leur rang, fur lequel feront marqués tous les détachemens commandés.

Ils tiendront pareillement des contrôles des brigadiers employés, des meftre-de-camps & des lieutenant-colonels, pour les commander chacun à leur tour.

Brigadiers, Meftre-de-camps & Lieutenant-Colonels.

CCLIII. Les brigadiers employés, & les meftre-de-camps & lieutenant - colonels, foit en pied, réformés ou par commiffion, feront commandés par rang d'ancienneté.

CCLIV. Les meftre-de-camps & les lieutenant-colonels par commiffion, qui auront d'autres emplois dans la cavalerie, y feront un double fervice; mais ils feront toujours celui de leurs emplois, par préférence à celui de meftre-de-camp & de lieutenant-colonel; à l'exception des majors qui, lorfqu'ils auront la commiffion de meftre-de-camp ou de lieutenant-colonel, ne feront de fervice en cette qualité qu'une fois en entrant & en fortant de campagne.

Contrôles des Majors de brigade.

CCLV. Les majors de brigade tiendront un contrôle des régimens de leur brigade, où ils marqueront les officiers, maréchaux-des-logis & cavaliers qui feront commandés par proportion du nombre de leurs efcadrons, & par rang de régiment, en commençant par le régiment chef de brigade.

Contrôles des Majors des Régimens.

CCLVI. Chaque major de régiment tien-

dra auſſi un contrôle dudit régiment, compagnie par compagnie, ſur lequel il marquera le nombre d'officiers, de maréchaux-
des-logis, de brigadiers & de cavaliers (*ou*
dragons) qui ſeront commandés.

CCLVII. Ces contrôles commenceront
du jour de l'arrivée au camp, & ſeront con-
tinués juſqu'à celui de ſa ſéparation.

Tours de garde.

CCLVIII. Pour la cavalerie, il y aura
quatre ſortes de tours de garde.

Le premier, pour les gardes d'honneur,
lorſqu'il y aura occaſion d'en donner.

Le ſecond, pour les gardes ordinaires.

Le troiſieme, pour les détachemens.

Et le quatrieme, pour le piquet.

CCLIX. Les régimens fourniront de plus,
chacun à leur tour, une garde de capitaine
pour le quartier général.

CCLX. Il y aura un tour particulier pour
les brigadiers & cavaliers qui ſeront commandés pour la garde des étendards, ainſi
que pour tout autre ſervice à pied, pour lequel les cavaliers ne ſeront commandés qu'-
avec un brigadier, ou tout au plus un maréchal-des-logis.

CCLXI. Les trois premiers tours de garde
ſeront commandés par la tête, & celui du
piquet par la queue.

CCLXII. On ſuivra exactement le rang
des capitaines, & on fera marcher les lieutenans ſuivant celui des compagnies aux-

quelles ils font attachés ; ce qui n'empêchera pas que ceux du même régiment ne commandent entr'eux fuivant leur ancienneté.

CCLXIII. Les maréchaux-des-logis, brigadiers & cavaliers feront pareillement commandés par rang des compagnies.

Concours des différens tours de garde.

CCLXIV. L'officier qui fe trouvera en même tems le premier à marcher pour différens fervices, fera commandé par préférence pour le premier de ces fervices, dans l'ordre qui eft défigné ci-deffus.

CCLXV. Celui qui étant de fervice actuel pour une garde d'honneur, une garde ordinaire ou un détachement, devroit marcher à fon tour pour tout autre fervice, continuera celui dont il eft.

CCLXVI. Celui qui étant de piquet devra marcher pour un des autres fervices, quittera fon piquet, & fera remplacé dans le moment par celui qui doit le fuivre dans le tour du piquet.

Quand le tour fera paffé.

CCLXVII. Tout officier qui étant le premier à marcher pour une garde d'honneur, une garde ordinaire, un détachement ou le piquet, ne fe trouvera pas au camp quand on le commandera, ou ne pourra faire ce fervice pour quelque caufe que ce foit, fera remplacé par celui qui le fuivra.

CCLXVIII. En ce cas, fon tour fera paffé

pour les gardes d'honneur & les détachemens , dont il ne pourra venir prendre le
commandement si-tôt qu'ils seront en marche & au-delà des gardes ordinaires : mais
à l'égard de la garde ordinaire & du piquet ,
le tour n'en passera jamais , soit que l'officier soit absent ou de service ailleurs , devant toujours le reprendre après son retour
au camp , le seul cas de maladie excepté.

Les détachemens ne seront censés faits
que lorsqu'ils auront passé les gardes ordinaires , & l'on ne tiendra point compte de
ceux qui auront été renvoyés du lieu du
rendez-vous.

Un seul tour de garde.

CCLXIX. Pour les dragons, il n'y aura
qu'un tour de garde pour tout service qui se
fera à pied ou à cheval avec des dragons armés , & toutes les gardes & détachemens
qui seront commandés après les gardes montées , seront tirés du piquet & remplacés sur
le champ.

Service censé fait.

CCLXX. Si l'on fait marcher le piquet il
sera remplacé aussi-tôt qu'il aura passé les
gardes ordinaires , & dès-lors son service
sera censé fait.

CCLXXI. Toute garde & détachement
qui aura passé les gardes ordinaires sera aussi
censé avoir fait son service.

Corvée.

CCLXXII. Tout détachement dont les

dragons ne feront point armés, fera réputé corvée, & comme tel commandé par la queue.

CCLXXIII. La petite efcorte des fourrageurs quoiqu'armée, fera néanmoins réputée corvée.

Tour paffé.

CCLXXIV. Tout officier qui ne fe trouvera pas au camp quand il fera commandé pour un fervice armé, ou qui ne pourra faire ce fervice pour quelque caufe que ce foit, fera remplacé par celui qui le fuivra, & fon tour fera paffé.

CCLXXV. A l'égard des corvées, le tour n'en paffera jamais, & l'officier qui auroit été malade, abfent, ou de fervice ailleurs, devroit toujours le reprendre après fa guérifon ou fon retour au camp.

Commandant par accident.

CCLXXVI. Le commandant d'un régiment de cavalerie par accident, devra être commandé à fon tour, de garde & de détachement ; il fera feulement exempt de piquet pendant le tems qu'il commandera.

Officiers majors.

CCLXXVII. Les majors de brigade ne marcheront qu'avec leur brigade ou leur régiment.

CCLXXVIII. Il fera commandé un major ou un aide-major pour accompagner un brigadier commandé en détachement ou de piquet, lequel fera pris dans la même brigade où le brigadier fera employé, & par préférence dans fon régiment s'il en eft meftre-de-camp.

CCLXXIX. Les majors des régimens marcheront avec leurs meftre-de-camps, à moins qu'ils ne foient majors de brigade, auquel cas un aide-major accompagnera le meftre-de-camp à la place du major.

CCLXXX. Les aides-majors marcheront avec les lieutenant-colonels en pied de leur régiment, à moins que le major du régiment ne fût major de brigade, auquel cas il fera commandé un lieutenant pour marcher avec le lieutenant-colonel.

CCLXXXI. Lorfqu'un meftre-de-camp & lieutenant-colonel réformé ou par commiffion, fera détaché dans ce grade, il fera commandé un lieutenant du corps auquel il fera attaché, pour marcher avec lui.

Commandant par accident.

CCLXXXII. Le commandant d'un régiment de dragons par accident fera commandé à fon tour pour tout fervice armé.

Officiers-majors.

CCLXXXIII. Le major général des dragons ne marchera qu'avec fon corps entier.

CCLXXXIV. Le major d'un régiment marchera avec fon meftre-de-camp, à moins qu'il ne foit major général, auquel cas un aide-major accompagnera le meſtre-de-camp à la place du major.

CCLXXXV. L'aide-major marchera avec le lieutenant - colonel en pied de ſon régiment, à moins que le major du régiment ne fût major général, auquel cas il ſera commandé un lieutenant pour marcher avec le lieutenant-colonel.

CCLXXXVI. Lorſqu'un meſtre-de-camp ou un lieutenant-colonel réformé ou par commiſſion, ſera détaché dans ce grade, il ſera commandé un lieutenant du corps auquel il ſera attaché pour marcher avec lui.

Compoſition des gardes & détachemens.

CCLXXXVII. Toute troupe commandée pour une garde ou pour un détachement, ſera compoſée, ſçavoir:

Celle de capitaine, d'un lieutenant, un maréchal-des-logis & cinquante maîtres, (*ou cinquante dragons*) compris deux brigadiers, deux carabiniers, un trompette (*ou un tambour*) & un maréchal.

Celle de lieutenant, d'un maréchal-des-logis, trente-ſix maîtres, (*ou trente-ſix dragons*,) compris deux brigadiers, un carabinier & un trompette, (*ou un tambour.*)

Et celle de maréchal-des-logis, de douze cavaliers, (*ou douze dragons*,) compris un brigadier.

CCLXXXVIII. Le commandant du camp pourra cependant dans certains cas, faire doubler s'il le juge à propos, les lieutenans dans une même troupe commandée par un capitaine.

. CCLXXXIX. Chaque troupe fera compoſée d'officiers & de cavaliers (*ou dragons,*) tirés du même régiment.

CCXC. Les maréchaux-des-logis des compagnies auront attention que les gardes & détachemens ſoient toujours compoſés d'anciens & de nouveaux cavaliers.

Carabiniers.

CCXCI. Lorſque le commandant du camp voudra faire marcher les carabiniers, ils ſeront toujours commandés par le plus ancien capitaine, le plus ancien lieutenant & le plus ancien maréchal-des-logis de chaque régiment.

DE LA GARDE ORDINAIRE.

Son aſſemblée.

CCXCII. Les gardes ordinaires s'aſſembleront tous les matins à l'heure ordonnée, chacune à la tête du centre du régiment qui devra la fournir.

CCXCIII. Le major ou l'aide-major de chaque régiment, après avoir fait l'inſpection des cavaliers & des chevaux de ſa garde, la ménera au centre de la brigade, pour la remettre au major de brigade.

CCXCIV. Le major de brigade fera l'inſpection des gardes de ſa brigade en préſence des officiers-majors de chaque régiment; & il les conduira enſuite au rendez-vous général des gardes, pour les remettre au maréchal général des logis de la cavalerie.

CCXCV. Cet officier mettra les gardes en bataille selon le rang des brigades dont elles feront tirées, & les visitera.

DE LA GARDE ORDINAIRE.

Leur assemblée.

CCXCVI. Le commandant du camp ordonnera l'heure à laquelle les tambours des dragons devront battre l'assemblée tous les matins, soit que les gardes s'assemblent ou non.

CCXCVII. Une demi-heure avant qu'on batte l'assemblée, les majors des régimens assembleront à la tête de leur camp toutes les gardes & détachemens que ces régimens devront fournir : ils en feront l'inspection, observant de s'assurer que les dragons soient pourvûs du pain, de l'avoine, & des munitions de guerre & outils qu'ils devront avoir, selon le service auquel ils seront destinés.

CCXCVIII. Après que les majors auront visité les dragons & les chevaux des gardes & détachemens de leur régiment, ils les conduiront ou feront conduire par un officier-major à la tête du régiment chef de brigade, assez à tems, pour que le major-général puisse en faire l'inspection avant que l'on batte l'assemblée.

CCXCIX. Les officiers commandés joindront à la tête de leurs régimens les détachemens avec lesquels ils devront marcher ;

ils affifteront à la vifite que le major en fera. & compteront les hommes pour être fûrs qu'il y ait le nombre ordonné.

CCC. Le major-général fera l'infpection defdites gardes & détachemens en préfence des officiers - majors de chaque régiment ; il les conduira enfuite au rendez-vous général des gardes des dragons au moment que l'on battra l'affemblée, & les y remettra en bataille felon le rang des régimens dont elles feront tirées.

Départ des gardes.

CCCI. Il fera défiler les gardes quand il en aura reçû l'ordre des officiers généraux de jour, ou du commandant de la cavalerie ; (*& pour les dragons, du commandant du camp, ou de celui des dragons,*) & en leur abfence d'un officier fupérieur de piquet : & pour cet effet, il fe mettra à la droite des gardes ; & lorfqu'il aura dit à l'officier commandant la troupe, qu'il peut marcher, celui-ci en donnera l'ordre à fa troupe, en difant : *Prenez garde à vous : Marche.*

CCCII. Le cavalier, (*ou dragon*) de chaque garde ordinaire qui aura été renvoyé au camp, fe trouvera à l'affemblée des nouvelles gardes pour conduire à fon pofte celle qui devra la relever. Ce cavalier fe mettra en face de la garde qu'il aura à conduire, à la diftance qui lui fera prefcrite, & prendra la tête de cette garde quand elle défilera.

Salut en défilant.

CCCIII. Les gardes falueront, en défilant, le commandant du camp, les officiers généraux de jour, & le commandant de la cavalerie.

Les gardes des dragons salueront le commandant du camp & celui des dragons ; mais s'ils se trouvent ensemble, elles ne salueront que l'officier supérieur.

CCCIV. Les gardes défileront le sabre à la main, (*ou le fusil haut*) & trompettes sonnantes, (*ou tambour battant.*) Les officiers qui les commanderont, pourront faire remettre les sabres (*ou les fusils*) quand elles seront hors de l'alignement des gardes du camp de l'infanterie ; mais ils devront les faire tirer ou remettre de nouveau lorsque les gardes arriveront à la vûe d'une vieille garde.

CCCV. Si une garde rencontre chemin faisant, une troupe armée, ou un officier général à qui les honneurs soient dûs, le commandant de cette garde fera sonner la trompette, ou battre, sans s'arrêter.

Avant-garde.

CCCVI. Les officiers détachés avec les gardes ordinaires, observeront au sortir du camp, d'avoir une avant-garde commandée par un officier, lequel fera porter les mousquetons hauts aux cavaliers, (*ou le fusil haut aux dragons*) de cette avant-garde, & marchera à une distance convenable de la troupe dont il aura été détaché.

Arrivée au poste.

CCCVII. Quand la nouvelle garde arrivera à son poste, son avant-garde rentrera dans les rangs, & la troupe aura le sabre à la main, (*ou le fusil haut,*) ainsi que l'ancienne garde qu'elle devra relever, dont elle prendra la gauche.

Donner la consigne.

GCCVIII. Le capitaine qui descend la garde, donnera la consigne à celui qui le releve.

Relever le petit corps-de-garde.

CCCIX. Celui-ci fera sortir de sa garde un officier l'épée à la main, & douze cavaliers le mousqueton haut, (*ou douze dragons le fusil haut,*) pour aller relever le petit corps-de-garde avancé.

Relever les vedettes.

CCCX. Les brigadiers des deux gardes iront ensemble relever les vedettes.

Reconnoître le poste.

CCCXI. Pendant qu'on relevera les vedettes, les deux capitaines visiteront ensemble les flancs & les avenues du poste; & celui qui releve prendra de l'autre les eclaircissemens nécessaires sur tout ce qui peut contribuer à sa sureté.

CCCXII. Les deux lieutenans iront ensuite reconnoître le poste de nuit, ainsi que les chemins & les endroits où les patrouilles devront se porter pendant la nuit; & celui de la nouvelle garde en rendra compte au capitaine.

Retour de l'ancienne garde.

CCCXIII. Tous les postes étant relevés,

la vieille garde retournera au camp, son petit corps-de-garde composé d'une division faisant l'arriere-garde : elle y arrivera le sabre à la main & trompette sonnante, (*ou le fusil haut & tambour battant,*) se mettra en bataille à la tête du centre de sa brigade ; & ayant remis les sabres, fera face au camp par un demi-tour à droite par troupe : après quoi le commandant de la garde fera décharger les armes, renverra les cavaliers (*ou dragons*) & ira rendre compte de son retour au commandant de la brigade, (*ou au commandant des dragons,*) & à celui du régiment.

DU SERVICE DES GARDES
ordinaires dans leurs postes.
Etablissement dans le poste.

CCCXIV. Après le départ de l'ancienne garde, le commandant de la nouvelle s'emparera du poste.

CCCXV. Il ne pourra en sortir ni rien changer à la consigne ; mais seulement augmenter des précautions, & en rendre compte aux officiers supérieurs quand ils le visiteront.

CCCXVI. Le commandant restera à cheval avec sa garde, & fera doubler les vedettes lorsque la sureté de sa troupe l'exigera.

CCCXVII. Le reste du tems, il fera mettre pied à terre à un rang alternativement, pour débrider les chevaux & les faire manger, ayant attention que le rang qui sera à cheval, soit toujours quinze pas en avant de celui qui sera débridé ; & il restera toujours un officier au moins, à cheval avec le rang qui y sera.

CCCXVIII. S'il y a des bois ou des haies à portée du poste, il les fera fouiller par un brigadier & quelques cavaliers (*ou dragons*) avant de faire mettre pied à terre ; & quand même le pays seroit uni & découvert autour de lui, il ne laissera pas d'envoyer à une certaine distance, pour examiner s'il n'y auroit point de ravins ou chemins creux.

Assiduité au poste.

CCCXIX. Le commandant de la garde ne permettra à aucun officier ni cavalier (*ou dragon,*) de s'écarter en aucun tems, sous quelque prétexte que ce puisse être.

Communication avec les gardes voisines.

CCCXX. Il aura soin d'avoir une communication libre avec les gardes voisines, afin que rien ne puisse passer entr'elles & lui sans être vû.

Consignes.

CCCXXI. Il sera consigné aux gardes en avant & sur les flancs du camp, de ne laisser passer au-delà aucuns cavaliers, dragons, soldats ni valets, d'arrêter tous ceux qui se présenteront, de les envoyer au prevôt, & d'en donner avis au maréchal général des logis de la cavalerie.

CCCXXII. La même consigne sera donnée aux gardes sur les derrieres du camp, excepté qu'elles devront laisser passer les ca-

valiers , dragons & foldats qui feront porteurs de congés dans la forme prefcrite par
les ordonnances , & les valets qui auront
des congés par écrit de leurs maîtres , vifés
du major du régiment.

CCCXXIII. Il fera auffi configné de reconnoître ceux qui arriveront au camp , &
de faire conduire les étrangers au maréchal
général des logis de la cavalerie, (*ou major
général des dragons*) fans cependant caufer
aucun trouble ni empêchement aux allans &
venans pour le commerce & la fubfiftance
du camp , & donnant au contraire toute liberté & fureté à ceux qui y apportent des
vivres & denrées.

Aller au qui-vive.

CCCXXIV. Quand une vedette avertira
qu'elle apperçoit une troupe ou plufieurs
perfonnes enfemble venant de fon côté ; fi
la garde n'eft pas à cheval, le commandant
l'y fera monter, le fecond rang ferrant alors
fur le premier : il enverra deux cavaliers au
grand trot , le moufqueton haut, (*ou deux
dragons le fufil haut,*) à trente pas en avant
des vedettes. Lorfque ceux que ces cavaliers
(*ou dragons*) voudront reconnoître, feront
à portée de les entendre, ils crieront *qui vive ;* leur ayant été répondu *France* , ils demanderont *quel régiment.* Après la feconde
réponfe , un des deux cavaliers (*ou dragons*)
ira rendre compte au commandant de la
troupe, l'autre fe retirera au pofte de la vedette , d'où il criera à la troupe venant,

halte

halte là ; & lorfque le commandant lui aura envoyé dire de laiffer approcher ou paffer, il fe retirera à fa troupe après avoir averti ceux qu'il aura arrêtés qu'ils pourront avancer ou paffer.

Envoi à l'ordre.

CCCXXV. Le commandant de la garde ordinaire, après s'être établi dans fon pofte, enverra un cavalier (*ou dragon*) de fa troupe au camp, pour lui apporter les ordres que le major de fa brigade aura à lui envoyer.

Pofte de nuit.

CCCXXVI. Au coucher du foleil, le commandant de la garde la fera monter à cheval, fera retirer fes vedettes & fon petit corps-de-garde, & fe retirera au pofte de nuit. En faifant cette retraite il fera deux haltes, & marchera avec une arriere-garde : il tâchera de faire ce mouvement en même tems que les gardes qui feront à fa droite & à fa gauche.

Abreuvoir.

CCCXXVII. Dans les cas qui exigent d'être alerte, on ne doit faire boire les chevaux qu'après que la garde s'eft retirée au pofte de nuit : en toute autre circonftance, on pourra faire boire le matin avant de quitter le pofte de nuit, & dans la journée fi les chaleurs obligent de faire rafraîchir les chevaux.

CCCXXVIII. Quand on enverra à l'abreuvoir, fi la garde eft au pofte de jour, elle montera entiérement à cheval, les offi-

ciers à la tête : on ne détachera que six cavaliers (*ou dragons*) à la fois, avec un brigadier ou un carabinier, & on attendra que
les premiers soient revenus pour en envoyer
d'autres. On aura aussi attention de faire relever le petit corps-de-garde pendant qu'il
ira faire boire, conduit par l'officier qui le
commandera.

CCCXXIX. On prendra les mêmes précautions en allant à l'abreuvoir, partant du
poste de nuit, si ce n'est que l'on pourra y
envoyer un plus grand nombre de chevaux
à la fois, pour que cette opération soit plutôt finie.

CCCXXX. La garde ordinaire étant établie au poste de nuit, celui qui la commande, après avoir mis des vedettes autour &
un petit corps-de-garde en avant, fera mettre pied à terre au reste de la troupe ou à
une partie, selon les circonstances, ayant
toujours au moins un des rangs bridé, dont
les cavaliers (*ou dragons*) tiendront leurs
chevaux par la bride, & feront en avant de
l'autre rang dont les chevaux feront débri-
dés.

CCCXXXI. Les vedettes feront toujours
doublées pendant la nuit ; & elles feront
assez près les unes des autres, pour qu'il ne
puisse passer personne entr'elles sans être entendu.

CCCXXXII. Il y aura du feu au poste de
nuit des gardes ordinaires, autant que cela
sera possible.

CCCXXXIII. Le commandant de la garde réglera le tems auquel les officiers & le maréchal-des-logis feront tour à tour la patrouille.

CCCXXXIV. Celui qui devra faire la patrouille, prendra avec lui deux cavaliers, (*ou dragons*) ; & après avoir reçû les derniers ordres du commandant, il partira le piſtolet à la main, ſuivi des cavaliers ayant le mouſqueton haut, armé & accroché à la bandouliere ; (*& le fuſil haut, pour les dragons.*)

CCCXXXV. Ils marcheront avec le moins de bruit qu'il ſera poſſible, & feront halte de tems en tems pour écouter.

CCCXXXVI. Lorſqu'ils reviendront à la troupe, les vedettes les arrêteront en leur criant *halte là* ; alors un brigadier eſcorté par deux cavaliers (*ou dragons*) viendra les reconnoître, & recevoir le mot de celui qui commandera la patrouille, avec celui du ralliement : après quoi on les laiſſera rejoindre la garde ; & l'officier rendra compte au commandant de ce qu'il aura vû & entendu.

CCCXXXVII. Pour éviter que les patrouilles ſoient découvertes, on conviendra d'un ſignal muet, que l'on donnera aux vedettes & aux patrouilles.

Reprendre le poſte de jour.

CCCXXXVIII. Au petit point du jour, toute la garde montera à cheval, & y reſtera juſqu'à ce que la découverte ait été faite.

CCCXXXIX. Lorſqu'il fera jour, on détachera un maréchal-des-logis avec quatre cavaliers, (*ou dragons*) pour aller faire la découverte dans tous les endroits qui lui auront été marqués.

CCCXL. La découverte étant faite, le commandant de la garde fera retirer les vedettes, & marcher pour reprendre le poſte de jour, le petit corps-de-garde faiſant l'avant-garde; & s'il y a un poſte d'infanterie dans le cas de prendre ſon poſte de jour auprès du ſien, il obſervera d'y marcher enſemble, pour ſe protéger mutuellement.

Viſites.

CCCXLI. Si le commandant du camp, le lieutenant-général de jour, ou le commandant de la cavalerie, (*ou celui des dragons,*) viſitent les gardes ordinaires pendant le jour, elles monteront à cheval, les cavaliers auront le ſabre à la main, le trompette ſonnera, (*& les dragons auront le fuſil haut, & le tambour battra aux champs,*) & les officiers ſalueront.

CCCXLII. Le maréchal-de-camp de jour ſera reçû comme le lieutenant-général de jour, excepté que le trompette ne ſonnera pas.

CCCXLIII. Pour le brigadier de piquet, les gardes monteront à cheval ſans mettre l'épée à la main, & le trompette ne ſonnera point.

CCCXLIV. Ces officiers viſitant les gar-

des pendant la nuit, feront reçûs comme
par les piquets.

CCCXLV. Le maréchal général des logis
de la cavalerie aura le droit de vifiter les
gardes ordinaires, dont les commandans
exécuteront ce qu'il leur preſcrira de la part
du commandant du camp, ou de celui de
la cavalerie, & il fera reçû comme le brigadier de piquet.

CCCXLVI. Le major général des dragons aura le droit de vifiter les gardes ordinaires, dont les commandans exécuteront
ce qu'il leur preſcrira de la part du commandant du camp ou de celui des dragons ; les
gardes monteront à cheval pour lui, ſans
mettre le fuſil haut, & le tambour ne battra
point.

Paſſage des troupes.

CCCXLVII. Les gardes ordinaires monteront à cheval, & ſonneront quand il paſſera une troupe à portée d'elles pendant le
jour : elles n'en laiſſeront paſſer aucune allant au camp pendant la nuit, quand même
elles l'auroient parfaitement reconnue pour
être de celles du camp ; elles la feront reſter
à l'écart, & ne lui donneront paſſage que
lorſqu'il fera grand jour, à moins d'un ordre du commandant du camp ou du maréchal général des logis de la cavalerie, (*ou
du major général des dragons.*)

CCCXLVIII. Elles permettront néanmoins à l'officier qui commandera cette
troupe, s'il a des nouvelles preſſées à don-

ner au commandant du camp , d'aller chez lui ou d'y envoyer.

Nouvelles.

CCCXLIX. Si le commandant d'une garde ordinaire apprend des nouvelles qui méritent attention , il les écrira, & les enverra par un cavalier au maréchal général des logis de la cavalerie , (*ou par un dragon , au major général des dragons.*)

Déserteurs.

CCCL. S'il se présente des déserteurs étrangers pour entrer au camp, on les fera conduire par un brigadier & un cavalier (*ou dragon*) chez le commandant du camp : s'il étoit trop éloigné, on les fera garder à vûe après les avoir fait désarmer, & on les lui aménera avec leurs armes & chevaux en descendant la garde.

Relever les gardes.

CCCLI. Aucune garde ordinaire n'abandonnera son poste, sous quelque prétexte que ce puisse être, qu'après avoir été relevée par une autre, ou par un ordre écrit du commandant du camp, du maréchal général des logis de la cavalerie , (*ou du major général des dragons*) ou du major de brigade, à moins qu'un officier général de jour ou le major de brigade ne vienne la retirer lui-même , ou qu'elle ne soit attaquée par une troupe supérieure.

CCCLII. Un commandant de garde ne pourra refuser de se laisser relever par une autre garde , sous prétexte qu'elle seroit moins nombreuse, ou commandée par un officier d'un grade inférieur au sien.

CCCLIII. Les jours de marche, les anciennes gardes attendront les ordres du général pour rentrer dans leurs régimens ou faire l'arriere-garde ; & les nouvelles s'assembleront à l'ordinaire pour suivre le maréchal-de-camp de jour au campement, & exécuter ses ordres.

CCCLIV. Les jours de marche, les anciennes gardes attendront les ordres du commandant du camp pour rentrer dans leur régiment ou faire l'arriere-garde, & les nouvelles s'assembleront à l'ordinaire pour aller au camp.

Garde du quartier général.

CCCLV. La garde du quartier général fournira au Prevôt les cavaliers dont il aura besoin pour son escorte.

Elle ne montera à cheval pour personne sans un ordre du commandant du camp, qui lui prescrira ce qu'elle aura à faire.

Son maréchal-des-logis ira prendre l'ordre chez le maréchal général des logis de la cavalerie.

DES VEDETTES.

CCCLVI. Les vedettes doivent toujours être mises à portée & en vûe de la garde qui les pose.

CCCLVII. Quand elles ont été posées, les officiers de la garde doivent aller successivement leur faire répéter la consigne.

CCCLVIII. Elles doivent se tourner de tems en tems de différens côtés, pour mieux découvrir ce qui se passera autour d'elles, & avertir en appellant ou par signes, quand elles découvrent des troupes ou plusieurs personnes venant de leur côté.

CCCLIX. Celles qui sont doublées ne doivent jamais parler ensemble que pour les cas du service : elles seront tournées de deux côtés opposés ; l'une viendra avertir pendant que l'autre restera pour observer ; & si une des deux deserte, l'autre tirera dessus.

CCCLX. Les vedettes doivent toujours avoir le mousqueton haut & armé, & accroché à la bandouliere, (*& pour les dragons, le fusil haut & armé.*)

CCCLXI. Tous cavaliers (*ou dragons*) qui doivent relever les vedettes, seront conduits par un brigadier, qui partira de la troupe le sabre à la main, & les cavaliers le mousqueton haut, (*& les dragons le fusil.*)

CCCLXII. Les cavaliers (*ou dragons*) qui seront relevés, auront pareillement le mousqueton (*ou le fusil*) haut, jusqu'à ce qu'ils aient rejoint la troupe.

CCCLXIII. Quand le brigadier aura plusieurs vedettes à relever, il commencera toujours par la plus éloignée, & ramènera ensemble tous les cavaliers (*ou dragons*) qu'il aura relevés.

CCCLXIV. La nouvelle vedette prendra la gauche de la vieille en la relevant, & le brigadier se tiendra devant elles, pour avoir attention que la configne foit bien donnée.

DES CAVALIERS D'ORDONNANCE.

CCCLXV. Il fera commandé tous les jours deux cavaliers par brigade, pour être d'ordonnance chez le commandant de la cavalerie, aux ordres d'un brigadier.

CCCLXVI. Il y aura auffi deux cavaliers par brigade, avec un brigadier d'ordonnance chez le maréchal général des logis de la cavalerie.

CCCLXVII. Les brigadiers employés auront chez eux deux cavaliers tirés de leur brigade, dont ils ne pourront fe faire fuivre.

CCCLXVIII. Lorfque les majors de brigade auront des ordres à envoyer ailleurs qu'aux gardes ordinaires, ils pourront fe fervir d'un cavalier du piquet, mais fans pouvoir s'en faire fuivre.

DES GARDES A PIED.

CCCLXIX. Quand le commandant du camp jugera à propos de faire monter des gardes à pied aux dragons, il leur fera affigner, autant qu'il fera poffible, des poftes féparés, fans les mêler avec l'infanterie.

CCCLXX. Les gardes & détachemens à pied s'affembleront à la tête du régiment à la droite des gardes à cheval, & feront conduits de même après l'infpection à la tête du régiment chef de brigade, & de là au rendez-vous général des gardes, à moins qu'il n'ait été ordonné de les envoyer en droiture au lieu de leur deftination.

Inspection des gardes.

CCCLXXI. Lorsque les détachemens au-ront été rangés, & les dragons d'ordonnan-ce placés, le major général fera mettre aux dragons à pied la bayonnette au bout du fu-fil, & les fera reposer sur leurs armes.

CCCLXXII. Le commandant du camp & celui des dragons en feront l'inspection, s'ils le jugent à propos ; & quand ils l'or-donneront, le major général fera défiler les gardes.

CCCLXXIII. Chaque capitaine fera le commandement à sa troupe pour marcher ; il marchera à la tête, le lieutenant à la gau-che & en arriere du capitaine, & le maré-chal-des-logis à la queue.

Mot de ralliement.

CCCLXXIV. Le major général, qui fera défiler les gardes, donnera le mot de rallie-ment au commandant de chaque poste ; & lorsque les gardes ne s'assembleront point, il sera remis ou envoyé par le major général aux majors des régimens, dans autant de billets cachetés qu'il devra y avoir de déta-chemens postés pour la sureté du camp.

Sortie du camp.

CCCLXXV. Les officiers des détachemens destinés pour les gardes qui seront placées aux environs du camp, observeront dès qu'-ils seront en marche, de faire ôter les tam-pons de dessus le bassinet des fusils de leurs troupes.

CCCLXXVI. Ils feront marcher devant eux un brigadier & quelques dragons, qui s'avanceront environ cinquante pas en avant de la troupe, obfervant de ne la point perdre de vûe, & de faire enforte qu'ils ne puiffent point en être féparés.

CCCLXXVII. Le dragon d'ordonnance qui conduira la troupe, marchera devant elle, & à l'avant-garde quand il y en aura une.

Entrée au pofte.

CCCLXXVIII. Lorfque la nouvelle garde approchera du pofte qu'elle devra relever, la vieille garde s'affemblera au milieu du pofte, & après avoir reconnu la nouvelle, elle la laiffera entrer dans le pofte où elle bordera le parapet.

CCCLXXIX. Dans les lieux qui ne feront point fermés, la nouvelle garde fe mettra en bataille à la droite & fur le même alignement de l'ancienne.

Prendre la configne.

CCCLXXX. Les officiers, maréchaux-des-logis, brigadiers & carabiniers qui devront defcendre la garde, donneront exactement la configne à ceux qui la monteront.

Relever les fentinelles.

CCCLXXXI. Les brigadiers ou carabiniers iront enfuite pofer les fentinelles de la nouvelle garde, & relever ceux de l'ancienne.

CCCLXXXII. Pendant qu'on relevera les fentinelles, le capitaine qui montera la

garde prendra tous les éclaircissemens nécessaires de celui qui la descendra.

Dragon d'ordonnance.

CCCLXXXIII. Lorsque la vieille garde
partira, il enverra avec elle un dragon in-
telligent de son détachement qui ira à l'ordonnance chez le major général des dragons ; ce dragon lui apportera les ordres
qui pourront survenir, & conduira le lendemain la garde qui devra le relever.

Dans le cas où les gardes de dragons à
pied seroient éloignés du camp & dans des
postes dangereux, on donnera à chacune un
ou deux dragons d'ordonnance à cheval
pour que le capitaine puisse avec plus de cé-
lérité donner des nouvelles au camp de ce
qui pourra se passer dans son poste.

Pose des premieres gardes.

CCCLXXXIV. Les premieres gardes qui
seront posées à l'arrivée des troupes au
camp, ou celles qui seront demandées d'augmentation, seront conduites par ceux qui
auront été chargés de reconnoître les endroits où elles devront être posées.

DU SERVICE DES GARDES A PIED
dans leurs postes.

Leur établissement.

CCCLXXXV. A l'arrivée d'une garde à
son poste, soit qu'elle en releve une autre
ou non, le commandant la disposera comme
il voudroit qu'elle fût en cas d'attaque, &

aura foin que chaque dragon mette fon fufil à fon pofte.

CCCLXXXVI. Il fera placer les fentinelles, ou les changera s'il les trouve mal
placés ; il fe fera rendre compte de leur configne, & il en augmentera ou diminuera le
nombre, ou même les fera doubler en certains endroits, foit de jour, foit de nuit,
felon qu'il le jugera néceſſaire.

Il reconnoîtra les chemins ou débouchés
par lefquels l'ennemi pourroit venir à lui ;
afin d'y mettre, s'il en eſt befoin, quelques
petits poſtes en avant qui fe retireront la
nuit au gros de la troupe.

CCCLXXXVII. Il fera travailler diligemment les dragons à retrancher le poſte,
s'il ne l'eſt pas fuffifamment ; & il fe fervira
de tous les moyens praticables pour le mettre en état de défenfe.

Reconnoître le chemin des patrouilles.

CCCLXXXVIII. Le commandant du
poſte fera reconnoître pendant le jour, les
chemins que fes patrouilles auront à tenir
pendant la nuit, & fera faire cette recon-
noiſſance par ceux mêmes qu'il deſtinera
pour ces patrouilles.

Difpofition pour la nuit.

CCCLXXXIX. Vers le foir il expliquera
aux officiers, au maréchal-des logis & aux
brigadiers qui feront avec lui, les rondes
qu'ils auront à faire pendant la nuit, & il en
réglera les heures, de façon que les fentinelles puiſſent être vifitées fouvent.

CCCXC. A l'entrée de la nuit, il donnera à ces officiers, maréchal-des-logis & brigadiers, le mot de ralliement qu'il aura reçû avant de partir du camp.

CCCXCI. Il fera mettre les sentinelles d'augmentation pour la nuit, & les fera doubler dans les endroits nécessaires, défendant aux sentinelles doublés de parler ensemble, & leur ordonnant de regarder alternativement chacun de différens côtés.

CCCXCII. Il fera prendre ensuite les armes à son détachement pour en faire la visite & instruire encore plus précisément les dragons du poste qu'ils devront occuper en cas d'attaque.

CCCXCIII. Il leur fera garder leurs armes toute la nuit entre leurs bras, veillant à ce qu'ils se tiennent assis autour du feu vis-à-vis leur poste, sans dormir, & qu'ils couvrent la platine de leur fusil, pour que la pluie ni la rosée ne puissent la mouiller.

Patrouilles.

CCCXCIV. Il fera faire des patrouilles pendant la nuit en dehors de son poste, lesquelles feront plus ou moins fréquentes, suivant les circonstances.

CCCXCV. Celui qui sera chargé de faire la patrouille, prendra avec lui deux hommes à son choix & partira, après avoir reçû les ordres de l'officier qui commandera.

CCCXCVI. Il observera de marcher avec le moins de bruit qu'il sera possible, & de faire halte de tems en tems pour écouter.

CCCXCVII. Quelque rencontre qu'il fasse il ne tirera jamais, que lorsqu'étant coupé il ne pourra retourner à son poste pour l'avertir.

CCCXCVIII. Sa tournée étant finie, il s'arrêtera lorsque le sentinelle aura crié *halte là*; & il attendra qu'un brigadier escorté de deux dragons, vienne le reconnoître & recevoir de lui le mot de ralliement.

CCCXCIX. Dès qu'il aura été reconnu on le laissera entrer dans le poste avec ses dragons, & il rendra compte au commandant de ce qu'il aura vû & entendu.

C D. Pendant que la patrouille sera dehors, une partie des dragons du poste en bordera les retranchemens.

CD I. Dans les postes exposés où il seroit à craindre que le cri des sentinelles ne les fît découvrir, on leur donnera, de même qu'à ceux qui feront les patrouilles, un signal muet dont on sera convenu.

CD II. Au petit point du jour, les officiers & leurs détachemens borderont le parapet de leurs postes, & y resteront jusqu'à ce que la découverte ait été faite.

Disposition au point du jour.

CD III. Lorsqu'il fera jour, on détachera le maréchal-des-logis & quatre dragons pour aller faire la découverte.

CD IV. Le maréchal-des-logis, chargé de cette commission, ira exactement dans tous les endroits qui lui auront été indiqués par son commandant, & il visitera tous les lieux circonvoifins où l'ennemi auroit pû s'embufquer.

CDV. La découverte étant faite, on relevera les fentinelles d'augmentation qui auront été pofés pendant la nuit.

CDVI. Les dragons remettront leurs armes à leur place, & le maréchal-des-logis les leur fera effuyer, & on ne leur permettra jamais, à moins qu'il ne pleuve, de mettre leurs couvre-platines.

Aller au qui vive.

CDVII. Les gardes ordinaires placées pour la fureté du camp, feront reconnoître exactement les troupes & les perfonnes qui en approche ont, foit pour entrer dans le camp ou pour en fortir.

CDVIII. Dès que les fentinelles appercevront une troupe ou quatre ou cinq perfonnes enfemble qui viendront de leur côté, ils avertiront le pofte & préfenteront les armes.

CDIX. Auffi-tôt l'officier fera prendre les armes aux dragons de fon détachement, leur faifant mettre l'arme au bras, & en même tems il enverra reconnoitre la troupe par le maréchal-des-logis & quatre dragons, qui iront fe placer près le fentinelle les armes préfentées.

CDX. Lorfque le maréchal-des-logis fera à portée d'être entendu, il criera *qui vive ?* & après qu'il lui aura été répondu *France,* il demandera *quel régiment ?*

Ayant reconnu la troupe par la feconde

réponſe qui lui aura été faite, il détachera un dragon pour en aller rendre compte au commandant du poſte, & cependant il fera faire halte à cette troupe, juſqu'à ce que ledit commandant lui ait envoyé dire de la laiſſer approcher ou paſſer.

CDXI. Le commandant du poſte fera reſter ſon détachement en état juſqu'à ce que la troupe ſoit paſſée & hors de ſa vûe, & il fera rendre au commandant du camp, à celui des dragons & aux officiers de piquet, les honneurs qui leur ſont dûs.

Les honneurs rendus par les différentes batteries de tambours, ceſſeront à la retraite, & ne recommenceront qu'à l'heure marquée pour battre l'aſſemblée des gardes.

Poſte detaché.

CDXII. Si le lieutenant devoit être détaché du poſte du capitaine, il marchera avec lui juſqu'au poſte que le capitaine devra occuper, où il le quittera pour aller prendre le ſien, conduit par un dragon d'ordonnance.

CDXIII. Le lieutenant avant de quitter la capitaine, prendra de lui le mot de ralliement, qu'il ne donnera que le ſoir aux brigadiers & carabiniers détachés avec lui.

CDXIV. Il n'enverra pas d'ordonnance chez le major général, mais au poſte du capitaine.

CDXV. Il ſe conduira pour relever le poſte pour ſa ſureté & pour les autres choses qu'il aura à faire, de la même maniere que le capitaine le devroit faire.

CDXVI. Lorsqu'il sera relevé il viendra rejoindre le capitaine à son poste, pour retourner au camp avec lui, sans que l'un ni l'autre puisse s'en retourner séparément.

Rentrée au camp.

CDXVII. Les officiers de garde descendront exactement la parade à la tête du camp de leur régiment.

CDXVIII. Ils y mettront leur détachement en bataille, pour examiner s'il n'y manquera personne; & après lui avoir fait faire demi-tour à droite & présenter les armes, ils le congédieront.

CDXIX. Les gardes à pied des dragons se conformeront au reste à ce qui est prescrit pour les gardes à cheval, depuis & compris l'article CCXXXIX jusqu'à l'article CCXLV.

DES SENTINELLES.

Heures de faction.

CDXX. Les sentinelles des postes seront relevés de deux en deux heures, sans qu'on puisse les laisser plus long-tems en faction.

CDXXI. Si on campoit dans des tems de grande gelée, on les releveroit toutes les heures.

Pose des sentinelles.

CDXXII. Avant que les sentinelles partent d'un poste, ils seront présentés à celui qui commandera, lequel les fera mettre en haye, examinera s'ils feront en état, & les verra partir fous la conduite d'un brigadier ou d'un carabinier qui marchera à la tête, les fentinelles le fuivant deux à deux.

CDXXIII. Les fentinelles allant relever, fuivront le brigadier ou le carabinier, fans pouvoir s'en féparer pour l'aller attendre fur fon chemin.

CDXXIV. Ceux qui feront relevés le fuivront de même pour revenir au pofte, & aucun d'eux ne pourra pofer les armes, qu'après que le commandant l'aura vû.

CDXXV. Les fentinelles en fe relevant fe préfenteront les armes l'un à l'autre, & ils fe donneront la configne en préfence de leur brigadier ou carabinier qui feul les écoutera.

CDXXVI. Aucun fentinelle ne fe laiffera jamais relever que par le brigadier ou carabiniers de fon détachement.

Port *des armes.*

CDXXVII. Tout dragon commandé, foit pour aller en faction, foit pour marcher à l'avant-garde, foit pour aller à la découverte ou en patrouille, marchera l'arme au bras, la bayonnette au bout.

Les fentinelles étant aux guidons & aux faifceaux, ceux des poftes placés pour la fureté du camp, ceux qui feront chargés de garder des criminels, & ceux qui feront mis à des magafins, auront de même l'arme au bras, la bayonnette au bout, & ne préfenteront les armes que lorfqu'il paffera des troupes à portée d'eux, ou qu'ils croiront devoir fe mettre en état de défenfe.

CDXXVIII. Les fentinelles placés pour la garde de l'artillerie ou des poudres, auront le fabre à la main.

CDXXIX. Les fentinelles des autres gardes particulieres, porteront le fufil fans avoir la bayonnette au bout, de même que tout autre fentinelle qui ne fera pas dans le cas des exceptions ci-deffus.

DES DRAGONS D'ORDONNANCE.

CDXXX. Il fera commandé tous les jours deux dragons & un brigadier, pour être d'ordonnance chez le commandant des dragons.

CDXXXI. Il y aura auffi deux dragons d'ordonnance avec un brigadier chez le major général des dragons.

DES DETACHEMENS.
Leur affemblée.

CDXXXII. Tous les détachemens commandés, (*tant à pied qu'à cheval,*) feront formés chacun à la tête du régiment qui le fournira.

CDXXXIII. L'officier major qui en fera l'infpection, vifitera les armes & munitions des cavaliers (*ou dragons,*) en préfence des officiers qui devront commander le détachement : il vérifiera fi les cavaliers (*ou dragons*) auront du pain & de l'avoine pour le tems qui aura été ordonné ; & il ne souffrira point de chevaux qui ne soient en bon état.

CDXXXIV. Pour remédier à ce qui pourroit se trouver de manque à cette inspection, il s'y trouvera un officier ; & au défaut d'officier, un maréchal-des-logis (*ou un brigadier*) de chaque compagnie.

CDXXXV. L'officier major du régiment conduira ensuite les détachemens au centre de la brigade, d'où le major de brigade, après les avoir visités, les conduira au rendez-vous indiqué par le maréchal général des logis de la cavalerie, auquel il les remettra en lui donnant par écrit le nom des régimens qui auront fourni les différens détachemens, & ceux des officiers de tous grades qui seront attachés à chaque troupe commandée.

CDXXXVI. L'officier major du régiment de dragons, conduira ensuite les détachemens à la tête du régiment chef de brigade, où il les remettra au major général en lui donnant par écrit le nom des régimens qui auront fourni les différens détachemens, & ceux des officiers de tous grades qui seront attachés à chaque troupe commandée ; & le major général, après les avoir visités, les conduira au rendez-vous indiqué.

Rang des détachemens.

CDXXXVII. Les détachemens de cavalerie & les détachemens de dragons, soit à pied, soit à cheval, de quelque régiment qu'ils soient, marcheront entr'eux suivant le rang des régimens dont ils auront été tirés, mais les capitaines commanderont entr'eux suivant l'ancienneté de leur commission.

Commandement.

CDXXXVIII. L'officier de grade supérieur, soit de cavalerie, d'infanterie ou de dragons, commandera par-tout à celui d'un grade inférieur.

CDXXXIX. En parité de grade, l'officier de cavalerie commandera par préférence à celui d'infanterie, lorsqu'ils se trouveront ensemble en campagne.

CDXL. Dans les détachemens mêlés d'infanterie & de dragons à pied, les officiers d'infanterie commanderont à grade égal à ceux de dragons; bien entendu que dans les détachemens où les dragons serviront à cheval, leurs officiers à grade égal, commanderont en campagne à ceux d'infanterie.

CDXLI. Tout officier qui aura été nommé à l'ordre de l'armée pour commander un détachement composé d'infanterie & de cavalerie, le commandera pendant tout le tems que ce détachement sera hors du camp.

CDXLII. Tout officier qui aura été nommé à l'ordre de l'armée pour commander un détachement composé d'infanterie & de dragons, le commandera pendant tout le tems que ce détachement sera hors du camp & dans quelque lieu qu'il se trouve.

CDXLIII. Lorfque l'officier nommé à l'ordre pour commander un détachement, fera hors d'état de le fuivre, le commandement paffera à un des premiers officiers qui auront marché avec lui, felon ce qui eft réglé aux artic. CDXXXVIII. & CDXXXIX.

Mot de ralliement.

CDXLIV. Tout officier qui commandera un détachement fortant du camp, donnera un mot de ralliement à fa troupe, & même s'il en eft befoin, un rendez-vous pour la raffembler.

Retour des détachemens.

CDXLV. Quand au retour d'un détachement, il fe trouvera à la vûe du camp & en dedans des gardes ordinaires, l'officier qui le commandera fera faire halte à fon avantgarde, & mettra fes troupes en bataille à mefure qu'elles arriveront, faifant face en dehors du camp.

CDXLVI. Dès que fon arriere-garde l'aura joint, il fera défiler devant lui chaque troupe pour retourner à leur camp.

CDXLVII. Avant de faire défiler, il examinera s'il ne manquera perfonne, afin de faire châtier les cavaliers (*ou dragons*) qui fe feront abfentés.

CDXLVIII. S'il s'en trouve quelqu'un chargé de maraude, il le fera arrêter & conduire fur le champ au prevôt.

CDXLIX. Si le détachement eft chargé d'efcorter quelque convoi, il ne féparera point ſes troupes que tout le convoi ne ſoit entré dans le camp.

CDL. Les détachemens de chaque régiment ne ſe ſépareront qu'à la tête de leur régiment, & il ne ſera permis à aucun dragon de quitter plutôt ſa troupe.

CDLI. Après avoir fait l'arriere-garde de tous les détachemens, il ira rendre compte au commandant du camp, & à celui de la cavalerie (*ou des dragons.*)

S'il eſt meſtre-de-camp, il ira rendre compte de plus au brigadier de ſa brigade.

Les autres officiers, depuis le lieutenant-colonel juſqu'au cornette, rendront compte de même à leur brigadier, s'ils ont commandé un détachement en chef, & enſuite au commandant de leur régiment, à qui ils rendront toujours compte, quand même ils n'auroient fait que marcher avec leurs troupes, ſans avoir de commandement.

CDLII. Le lieutenant-colonel de dragons rendra compte de plus au meſtre-de-camp du régiment, & les autres officiers inférieurs au commandant du régiment, quel qu'il ſoit, quand même ils n'auroient fait que marcher avec leur troupe ſans avoir de commandement.

CDLIII. Les détachemens qui rencontreront des troupes ou des officiers généraux auxquels le ſalut eſt dû, en uſeront à cet égard de même qu'il eſt dit pour les gardes ordinaires.

CDLIV.

CDLIV. Chaque commandant de déta-chement aura soin de faire décharger les ar-mes des cavaliers (*ou dragons*) qui le com-poseront, avant de les faire rentrer dans le camp, comme il a été dit pour les gardes.

DES MARCHES.

Boute-selle.

CDLV. Lorsqu'on sonnera le boute-selle, les majors de brigade se rendront prompte-ment auprès du maréchal général des logis de la cavalerie, pour recevoir les ordres qu'il aura à leur distribuer.

CDLVI. Le piquet montera à cheval, & mettra des vedettes à la queue & sur les flancs du camp, comme il a été dit au titre du piquet.

CDLVII. Les officiers supérieurs de pi-quet se trouveront pareillement à la tête du camp, ainsi qu'un des deux majors de pi-quet, avec les nouvelles gardes & les cam-pemens.

CDLVIII. Ces officiers suivront le maré-chal-de-camp de jour lorsqu'il se mettra en marche pour aller au nouveau camp.

CDLIX. A mesure que le maréchal-de-camp de jour postera chaque garde, le ma-jor de piquet en prendra note, & en remet-tra l'état au maréchal-de-camp, & au ma-réchal général des logis de la cavalerie, qui en donnera un état au commandant du camp & à celui de la cavalerie.

CDLX. Les majors sortant de piquet asfembleront les détachemens qui feront commandés, foit pour efcorter les équipages, foit pour faire l'arriere-garde, ou pour toute autre commiffion.

Ils raffembleront auffi les vieilles gardes, qui n'ayant pas rejoint leurs corps, devront faire l'arriere garde, ou en compofer une partie.

CDLXI. Les officiers des compagnies feront abattre, plier & charger diligemment les tentes.

CDLXII. Les maréchaux-des-logis veilleront avec les chefs de chambrée, à ce que chaque cavalier raffemble fon équipage fans fe charger de chofes inutiles. Ils feront éteindre les feux exactement, & empêcheront que les cavaliers ne brûlent la paille du camp, à quoi les commandans des corps veilleront pareillement.

CDLXIII. L'avant-garde du piquet ira prendre les timbales & les étendards comme il a été dit à l'article CXIII.

A cheval.

CDLXIV. Lorfqu'on fonnera à cheval, les cavaliers déboucheront pour fe mettre en bataille à la tête de leur camp.

CDLXV. Lorfque le major de brigade fera mettre en mouvement le régiment chef de brigade, ceux des autres régimens de la même brigade en feront autant; & ils marcheront enfemble en bataille, environ trente pas à la tête du camp, où ils feront halte,

CDLXVI. Les brigades marcheront dans le même ordre qu'elles seront campées.

Dès que la premiere brigade marchera, les autres exécuteront aussi-tôt les mêmes mouvemens, pour que la ligne se déploie en même tems; à moins que la disposition de la marche n'exige qu'elles partent successivement.

CDLXVII. Aucun officier ne quittera sa troupe pendant la marche, sans la permission du commandant du régiment.

CDLXVIII. Les officiers-majors se proméneront de la tête à la queue de leur régiment, pour examiner si tout est en regle, & ils en rendront compte au commandant du régiment.

Cavaliers à leur rang.

CDLXIX. Les cavaliers ne pourront sortir de leur rang pour s'écarter de la colonne.

CDLXX. On obligera ceux qui auront des besoins, à avertir; & on laissera avec eux un brigadier, qui les obligera de rejoindre diligemment.

CDLXXI. Il sera défendu de laisser boire les chevaux en marche; les maréchaux-des-logis des compagnies auront attention de l'empêcher: & à cet effet, au passage de chaque gué, le commandant du régiment laissera un officier, qui sera relevé successivement par un autre officier de chacune des compagnies suivantes.

Valets.

CDLXXII. Les officiers ne pourront se

faire fuivre dans les marches, que par un feul valet à cheval, avec un cheval de main; en ce cas ces valets fe tiendront dans l'intervalle des efcadrons.

Cavaliers écartés.

CDLXXIII. Si quelques cavaliers écartés font du defordre, on enverra un officier avec des cavaliers pour les arrêter.

CDLXXIV. Si un cavalier eft rencontré hors de la marche de la colonne, fans que les officiers de fa compagnie aient averti le commandant du régiment, & celui ci le brigadier, celui de ces officiers qui y aura manqué, fera refponfable du defordre que ce cavalier aura fait.

CDLXXV. Les officiers, de tel corps que ce foit, feront arrêter tout cavalier qui ne fera pas à fa troupe, quand même fon régiment ne feroit pas dans la colonne; & ils le feront conduire à fon régiment lorfque l'on fera arrivé au nouveau camp.

Main-forte au Prevôt.

CDLXXVI. Les commandans des régimens donneront main-forte au prevôt, s'ils en font requis, & ils concourront avec lui pour empêcher le defordre : ceux des détachemens en feront de même.

Défenfe de tirer.

CDLXXVII. Ils empêcheront que perfonne ne tire en marche, & feront arrêter les cavaliers qui auront tiré, lefquels feront envoyés au prevôt.

CDLXXVIII. Ils ne souffriront dans les colonnes des troupes, sous tel prétexte que ce puisse être, ni chaise, ni carosse, ni aucune autre espece de voitures à roue.

Cris.

CDLXXIX. Ils empêcheront que personne ne crie, ni *halte*, ni *marche*, & qu'on ne fasse passer aucune parole.

Haltes.

CDLXXX. Si les troupes de la queue d'une colonne ne peuvent suivre la tête, ou qu'il leur arrive quelque accident qui les oblige à s'arrêter, on fera sonner un appel qui sera répété jusqu'à la tête, de régiment en régiment : alors la tête fera halte. Lorsque la queue aura rejoint, elle fera sonner un couplet de la marche qui sera répété par un trompette de la tête de chaque régiment ; après quoi la tête de la colonne se remettra en marche : il sera cependant détaché un officier pour avertir celui qui commandera la colonne, du sujet pour lequel on se sera arrêté.

Passage du Commandant.

CDLXXXI. Quand le commandant du camp, ou celui de la cavalerie, passeront le long d'une colonne de cavalerie étant en marche ou en halte, les cavaliers ne mettront point le sabre à la main, & les troupes qui marcheroient ne s'arrêteront pas, mais les trompettes sonneront & les timbales battront.

Arrivée au nouveau Camp.

CDLXXXII. Les régimens en arrivant au nouveau camp, se formeront en bataille à la tête du terrein qui leur sera destiné ; & ils n'y entreront que lorsque le brigadier l'ordonnera.

DES MARCHES,
pour les Dragons.
Ordre des batteries.

CDLXXXIII. On commencera par battre la générale quand toutes les troupes du camp devront marcher ou prendre les armes.

CDLXXXIV. Au lieu de la générale on battra aux champs en premier lieu, quand il n'y aura qu'une partie des troupes qui devra marcher.

CDLXXXV. On battra l'assemblée en second lieu, soit que les troupes doivent marcher en tout ou en partie.

Générale ou *Premier.*

CDLXXXVI. Aussi-tôt qu'on battra la générale ou le premier, les majors des régimens se rendront auprès du major général pour recevoir les ordres qu'il aura à leur donner.

CDLXXXVII. Le piquet montera à cheval & mettra des vedettes à la queue & sur les flancs du camp, comme il a été dit au titre du piquet.

CDLXXXVIII. L'officier-major sortant de piquet assemblera les détachemens qui feront commandés, foit pour efcorter les équipages, foit pour faire l'arriere-garde, ou pour toute autre commiffion.

CDLXXXIX. Il raffemblera auffi les vieilles gardes qui, n'ayant pas rejoint leurs corps, devront faire l'arriere-garde, ou en compofer une partie.

CDXC. Les officiers fupérieurs & l'officier-major entrant de piquet, fe trouveront à la tête du camp avec les nouvelles gardes & les campemens.

CDXCI. Ils marcheront avec les campemens; & à mefure que les gardes feront poftées, l'officier-major de piquet en prendra note & en remettra l'état au major général des dragons, qui en donnera auffi un état au commandant du camp & à celui des dragons.

Affemblée ou *fecond.*

CDXCII. Les tambours, après avoir battu le fecond ou l'affemblée, monteront à cheval & fe raffembleront au centre du régiment, en avant des guidons pour attendre le moment où ils devront battre à cheval, & pour cet effet ils auront la précaution d'équiper & charger leurs chevaux avant de commencer à battre le fecond.

CDXCIII. Les officiers des compagnies feront abattre, plier & charger diligemment les tentes, &c. *Voyez les articles ci-deffus aux marches de la cavalerie, où il n'y a que le mot de dragon à fubftituer à celui de cavalier.*

DES CUIRASSES.

CDXCIV. Tous les officiers, maréchaux-des-logis, brigadiers & cavaliers, seront tenus de porter leurs cuirasse & plastron toutes les fois qu'ils seront commandés ou détachés pour quelque service à cheval ; & nul officier ne pourra se servir de cuirasse de tôle, ou d'aucune autre fabrique que celles qui sont ordonnées.

CDXCV. Si quelqu'officier commandé se trouve au rendez-vous général des gardes, sans cuirasse, les officiers-généraux de jour ou le commandant de la cavalerie, l'enverront au camp aux arrêts, & en avertiront le commandant du camp.

DES EQUIPAGES.

Voitures.

CDXCVI. La suppression des voitures à deux roues, à l'exception des chaises, ayant été ordonnée, on ne souffrira au camp que des chariots à quatre roues avec un timon, qui seront tirés au moins par quatre chevaux attelés deux à deux.

CDXCVII. Les brigadiers, mestres-de-camp, lieutenant-colonels ou autres anciens officiers qui pourroient avoir besoin d'une chaise, en demanderont la permission au commandant du camp, qui la leur donnera par écrit s'il le juge à propos.

CDXCVIII. Il ne pourra y avoir plus d'un vivandier, un boulanger & un boucher à la fuite de chaque régiment ; & ils auront chacun un chariot feulement.

Nombre de chevaux.

CDXCIX. Les brigadiers, commandans & meftres-de-camps ne pourront avoir plus de feize chevaux d'équipage, y compris l'attelage d'une voiture à quatre roues.

D. Les autres officiers ne pourront avoir un plus grand nombre de chevaux de monture ou de bât, que celui pour lequel ils reçoivent des fourrages, quand Sa Majefté leur en fait donner.

DI. Les majors des régimens donneront au commandant du camp, un état exact de ce que chaque officier aura d'équipage, & de leur efpece.

Vaguemeftres.

DII. Chaque commandant de brigade choifira entre les brigadiers des compagnies dont elle fera compofée, celui qu'il jugera le plus capable de faire les fonctions de vaguemeftre de cette brigade.

DIII. Il fera choifi de même par le meftre-de-camp dans chaque régiment, un brigadier pour faire les fonctions de vaguemeftre particulier du corps, lequel recevra les ordres du vaguemeftre de brigade.

DIV. La veille de chaque jour de marche, les vaguemeftres de brigade prendront l'ordre du maréchal général des logis de la cavalerie, (*ou du major général des dragons*,) fur l'heure & le lieu où les équipages devront être conduits le lendemain ; & ils le

P v

rendront aux vaguemestres des autres régimens de leur brigade.

DV. Les vaguemestres des régimens disposeront les équipages de leurs régimens en file, suivant le rang des escadrons & celui des compagnies dans l'escadron.

DVI. Les vaguemestres des régimens ne souffriront point qu'aucun bagage se mette en marche que le vaguemestre de la brigade ne soit venu l'ordonner ; ce que les vaguemestres de brigade ne feront point que le maréchal général des logis de la cavalerie, (*ou le major général des dragons,*) n'en ait envoyé l'ordre.

DVII. Les vaguemestres feront arrêter tout charretier & conducteur de bagages, qui se sera mis en marche avant l'heure ordonnée.

Fanion.

DVIII. Il y aura à chaque régiment un étendard nommé *Fanion,* qui sera porté par un des valets que le major choisira. La banderole du fanion sera d'un pied en quarré, & d'étoffe de laine des couleurs affectées au régiment, dont le nom y sera écrit.

Marche des bagages.

DIX. Lorsque le vaguemestre de brigade aura reçû l'ordre pour marcher, il fera mettre en marche le bagage de chaque régiment, suivant le rang que le régiment tiendra dans la brigade.

DX. Le bagage du brigadier marchera à la tête des équipages de la brigade, & devant ceux des régimens qui la composeront.

DXI. Le vaguemestre de chaque brigade en conduira les équipages pendant la marche, en suivant exactement les guides qui conduiront la colonne, & sans les devancer.

DXII. Il fera arrêter tous les valets qui voudroient passer devant le fanion de leur régiment, à la suite duquel ils resteront rassemblés, à l'exception de ceux qui marcheront avec leurs maîtres dans les divisions.

DXIII. Il veillera à ce que chaque vaguemestre particulier fasse son devoir, & à ce que l'ordre soit ponctuellement exécuté.

DXIV. Chacun des vaguemestres particuliers des régimens, sera assidu pendant la marche auprès des bagages de son régiment, & tiendra la main à les faire avancer & suivre dans le rang où il les aura mis.

DXV. Il sera commandé un détachement pour escorter chaque colonne d'équipage; & l'officier qui la commandera devant être instruit de l'ordre de la marche, aura soin de faire observer exactement ce qui aura été ordonné, & de faire arrêter qui que ce soit qui voudra croiser la file.

DXVI. On ne donnera aucune escorte armée à l'équipage particulier de qui que ce puisse être, & on n'y enverra aucun cavalier (*ni dragons*): en cas de contravention, le major du corps dont sera l'escorte, en rendra compte au commandant de la brigade, à celui du régiment, & au maréchal général des logis de la cavalerie, (*ou au major général des dragons*).

DXVII. Les valets se tiendront, dans les marches, à l'équipage de leurs maîtres ; & les vivandiers, où ils devront être sans s'écarter à droite ni à gauche.

DXVIII. Les équipages qui seront arrêtés pour quelque cause que ce soit, ne pourront reprendre la file qu'à la queue des équipages de leur régiment ou de leur brigade ; & si ceux de leur brigade étoient passés avant qu'ils fuffent en état de marcher, ils seront obligés d'attendre que tous les équipages de la colonne soient passés, pour en prendre la queue.

DXIX. Aucun charretier ni conducteur de bagage, ne coupera ni devancera l'équipage qui le précédera, à moins que celui-ci ne puisse pas suivre la colonne.

DXX. Ceux qui contreviendront à ce qui est prescrit ci-dessus pour l'ordre de la marche des bagages, seront punis suivant la rigueur des ordonnances.

DXXI. Les menus équipages marcheront dans le même ordre que les gros, lorsqu'ils en seront séparés : en ce cas, outre l'escorte qui marchera avec les gros équipages, on commandera un brigadier par brigade, pour contenir les valets qui seront aux menus équipages.

DES FOURRAGES.

DXXII. Lorsqu'il y aura un fourrage commandé, il sera consigné dès la veille aux sentinelles de nuit tirés de la garde des étendards, de ne laisser sortir du camp aucuns cavaliers, dragons ni domestiques sans la permission du capitaine de piquet; & cette consigne sera renouvellée à ceux de la nouvelle garde qui les releveront.

DXXIII. Dès que le nouveau piquet aura été assemblé le matin à la tête du camp, il posera à la queue & sur les flancs, des vedettes qui auront la même consigne.

DXXIV. Les officiers du piquet se promeneront à cheval autour du camp, pour voir si ces vedettes feront leur devoir, & s'il ne sortira personne du camp.

DXXV. On commandera dès le soir, les gardes & les petites escortes pour le fourrage du lendemain.

DXXVI. Les gardes destinées à former la chaîne, seront conduites au rendez-vous, à l'heure indiquée, par un officier-major de chaque brigade.

DXXVII. Les petites escortes feront d'un cavalier (*ou dragon*) par compagnie, & commandée par un capitaine, avec un trompette (*ou tambour*,) pour rassembler les fourrageurs en cas de besoin.

CXXVIII. Elles marcheront chacune avec les fourrageurs de leur régiment, jusques dans l'enceinte désignée pour le fourrage.

DXXIX. Les fourrageurs marcheront dans le même ordre que les troupes sont campées.

DXXX. Les majors de brigade & de chaque régiment, doivent conduire les fourrageurs de leur brigade au rendez - vous du fourrage.

DXXXI. Le brigadier conduira aussi ceux de sa brigade, & le mestre - de - camp & le lieutenant-colonel ceux de leur régiment.

DXXXII. Il y aura toujours un officier à la tête des fourrageurs de chaque compagnie, pour les contenir ainsi que les valets des officiers de la compagnie.

DXXXIII. Lorsque le brigadier ou mestre-de-camp commandant les fourrageurs de chaque brigade, aura permis de les laisser débander, & qu'ils auront mis pied à terre, les petites escortes seront rassemblées ou dispersées, selon que le commandant du fourrage ou de la brigade l'ordonnera.

DXXXIV. Les petites escortes ne se retireront qu'après que les fourrageurs de la brigade se seront retirés ; & le commandant de la brigade les ramenera avec ordre, à la suite des fourrageurs de la brigade, qui seront accompagnés de leurs officiers.

DES DISTRIBUTIONS.

DXXXV. Lorsqu'il y aura des distributions à faire, les cavaliers (*ou dragons*) de chaque régiment y seront conduits en bon ordre, par un officier-major.

DXXXVI. Cet officier aura attention à ce que la distribution soit faite en regle, & donnera son reçû de ce qui aura été fourni.

DXXXVII. Il se concertera avec le commissaire des guerres qui sera présent, pour lever les difficultés qui pourroient survenir, & s'abstiendra de toutes voies de fait.

DXXXVIII. Si le commissaire des guerres & l'officier major ne s'accordoient pas sur la maniere de terminer les difficultés survenues, l'officier-major en rendra compte au major de brigade, *(ou au major général des dragons)* & celui-ci au maréchal général des logis de la cavalerie, & le commissaire des guerres à l'intendant.

DXXXIX. L'officier chargé de ce détail ne se présentera point à la distribution, qu'il n'ait un état exact du nombre des rations qu'il aura à demander pour le régiment, compagnie par compagnie.

DXL. Il se rendra d'abord où le commis principal tiendra le bureau; & celui-ci lui donnera un commis particulier pour le conduire avec sa troupe au lieu où la distribution devra être faite.

DXLI. Il sera fait mention sur les reçûs, des quantités qui auront été délivrées pour chaque compagnie & pour l'état-major.

DXLII. Le même ordre s'observera à toutes les distributions, de quelque espece qu'elles soient.

DXLIII. On chargera, autant qu'il se pourra, le même officier d'assister toujours à la même espece de distribution.

DXLIV. Les distributions se feront à chaque régiment, dans le rang qui aura été prescrit à l'ordre.

DE LA DISCIPLINE ET POLICE
du Camp.

Prendre les armes,

DXLV. Aucun régiment ne prendra les armes fans la permiffion du commandant du camp, à moins qu'il ne lui foit ordonné par un officier général de jour, le commandant ou le maréchal général des logis de la cavalerie, (*ou le major général des dragons*).

Si c'eft par l'ordre d'un officier général de jour, le major de brigade en avertira fur le champ le maréchal général des logis de la cavalerie, & fon brigadier.

Uniforme des Officiers.

DXLVI. Tous les officiers porteront les habits uniformes de leur régiment. Ils ne monteront point de chevaux qui n'aient auffi des houffes de cet uniforme ; & ne paroîtront point chez le commandant du corps, ni aucun autre officier fupérieur, fans être bottés.

Leur armement.

DXLVII. Les lieutenans & maréchaux-des-logis qui feront commandés pour quelque fervice que ce foit, à pied ou à cheval, porteront un fufil & une gibeciere, & fi quelqu'un d'eux fe trouve au rendez-vous des gardes & détachemens fans en porter, il fera renvoyé aux arrêts.

Campemens des Officiers.

DXLVIII. Les meftres-de-camp & autres

officiers, camperont réguliérement chacun
à leur régiment & compagnie.

DXLIX. Les officiers-majors camperont
pareillement à leur régiment, à l'exception
des majors de brigade, lorsqu'il leur aura
été marqué un logement dans le terrein de
leur brigade.

Abfence des Officiers.

DL. Aucun officier ne pourra s'abfenter
du camp, ni même en découcher, quand
ce ne feroit que pour un jour, fans la permiffion par écrit du commandant du camp;
& on s'adreffera au commandant de la cavalerie (*ou à celui des dragons,*) pour avoir
cette permiffion, après l'avoir obtenue du
commandant du corps.

Bans.

DLI. A l'arrivée des troupes au camp,
on fera battre des bans pour publier les défenfes ci-après, fous les peines portées par
les ordonnances, ou celles qui feront ordonnées par le commandant du camp, s'il
juge à propos d'en infliger de plus féveres.

Défenfes.

DLII. Il fera défendu de rien prendre dans
les maifons voifines du camp, ni dans aucun
autre lieu, de cueillir aucuns fruits, herba-
ges ni légumes dans les jardins ni dans les
champs, de couper aucun arbre fruitier ou
autre, ni aucune haie, & d'entrer dans les
vignes.

Chaffe & pêche.

DLIII. Il fera pareillement défendu à tous
officiers, cavaliers & valets, de chaffer &

de pêcher : les commandans des corps puniront ceux qui y contreviendront, & en rendront compte au commandant du camp.

Vivres.

DLIV. Mêmes défenses feront faites aux cavaliers, dragons & à tous autres, de prendre quoique ce puisse être aux paysans & autres personnes qui apporteront des vivres & autres denrées au camp, soit à titre de rétribution ou autrement, ni de leur faire aucun tort ou violence, même d'aller au-devant d'eux, soit pour prendre ces vivres en les taxant arbitrairement, ou pour les choisir avant qu'ils soient arrivés au lieu qui sera désigné pour servir de marché, ni de donner aucun empêchement aux moulins ; le tout pour quelque cause & sous quelque prétexte que ce puisse être.

DLV. Qui que ce soit qui se trouvera chargé de hardes ou ustensiles prises en maraude, sera arrêté & envoyé au prevôt.

Vivandiers.

DLVI. Les majors ne souffriront point qu'aucuns autres vivandiers que ceux de leur régiment, s'établissent dans le terrein qu'il occupera.

Gens sans aveu.

DLVII. Ils ne souffriront point non plus qu'il y ait aucuns gens sans aveu à la suite des corps.

Commerce.

DLVIII. Nul cavalier (*ou dragon*) ne pourra aller camper au quartier général ou ailleurs que dans le terrein de son régiment, pour faire aucun métier ou commerce.

DLIX. Ils ne pourront auffi aller au quartier général fous prétexte d'acheter des vivres, fans une permiffion par écrit de leur capitaine, fignée du major du régiment; laquelle permiffion ne pourra être accordée que pour les heures qui feront réglées par le commandant au camp.

DLX. Les cavaliers (*ou dragons*) ne pourront rien vendre dans le camp fans une permiffion par écrit du major de leur régiment.

Paffer les gardes.

DLXI. Il fera défendu aux cavaliers (*ou dragons*), de paffer les gardes établies autour du camp, fans un congé dans la forme prefcrite par les ordonnances: ceux qui fe trouveront hors des gardes, fans même y avoir fait de defordre, feront arrêtés & punis comme deferteurs; & on les punira comme voleurs, s'ils fe trouvent avoir commis du defordre.

DLXII. Les meftres-de-camp ou commandans des corps ne pourront permettre à aucuns cavaliers de paffer les gardes du camp, à-moins que les congés qu'ils leur donneront ne foient approuvés du commandant de la cavalerie (*ou de celui des dragons*), qui en demandera la permiffion au commandant du camp.

DLXIII. S'il arrivoit qu'on arrêtat aux environs du camp quelque cavalier (*ou dragon*) qui eût découché fans que fon capitaine en eût averti, le capitaine fera interdit & payera le defordre fait par le cavalier (*ou dragon*) arrêté ; & le commandant du régiment en fera refponfable.

Mettre l'épée à la main.

DLXIV. Il fera défendu aux cavaliers (*ou aux dragons*), de mettre l'épée à la main dans le camp & aux environs.

Balles & plomb.

DLXV. Ils ne pourront tirer, ni avoir aucune balle, plomb à giboyer, ou moule pour en couler.

DLXVI. En arrivant au camp, les officiers feront en préfence des commandans des corps, une vifite exacte des armes & équipages des cavaliers (*ou dragons*) de leur compagnie, feront décharger les armes avec un tire-bourre ; ou, fi cela ne fe peut, les feront tirer devant eux, en prenant toutes les précautions néceffaires pour qu'il n'en arrive pas d'accident ; & ils prendront toutes les balles & autre plomb que les cavaliers (*ou dragons*) pourront avoir.

DLXVII. Lorfqu'il fera néceffaire de faire décharger les armes, on y procédera de la même maniere en préfence d'un officier, entre neuf & dix heures du matin.

DLXVIII. A la féparation du camp, les officiers rendront aux cavaliers (*ou dragons*) les balles qu'ils leur auront ôtées.

DLXIX. Lorfqu'on affemblera les gardes ordinaires & autres détachemens, il fera donné trois balles à chaque cavalier (*ou dragon*) commandé pour lefdites gardes & détachemens, par le maréchal-des-logis de leur compagnie, qui aura attention de fe faire rendre ces balles au retour des gardes & détachemens.

Uniforme.

DLXX. Il sera défendu à tous cavaliers, dragons, ou soldats, de se travestir, ni porter d'autres habits que les uniformes des régimens dont ils seront, même de retourner leur juste au-corps, sous quelque prétexte que ce puisse être, ni de prêter leurs habits uniformes à des cavaliers, dragons ou soldats d'autres régimens.

Jeux.

DLXXI. Les commandans des corps tiendront la main à ce qu'il ne soit établi dans le camp ni aux environs, aucun jeu de hazard, sous quelque nom qu'il puisse être déguisé, & feront mettre en prison, tant ceux qui auront donné à jouer, que les officiers qui auront joué.

DLXXII. Les officiers & maréchaux-des-logis de piquet visiteront de tems en tems les lieux où les cavaliers pourroient tenir des jeux dans le voisinage du camp; & ils enverront des patrouilles pour arrêter ceux qui se trouveront en contravention.

Cris défendus.

DLXXIII. Le terme d'*alerte* sera interdit pour faire prendre les armes; & les officiers & maréchaux-des-logis tiendront la main à ce que l'on se serve de celui d'apeller *aux armes*.

Envoi au Prévôt.

DLXXIV. Lorsque les majors des régimens enverront quelque cavalier, dragon, ou valet au prévôt, ils marqueront sur un billet le fujet pour lequel ils y feront envoyés.

Deferteurs étrangers.

DLXXV. Aucun officier ne pourra engager un deferteur venant du pays étranger, qu'après qu'il en aura obtenu la permiffion du commandant du camp ; il ne pourra auffi acheter les armes & les chevaux des deferteurs, fans la permiffion du commandant de la cavalerie (*ou des dragons*).

Chevaux perdus.

DLXXVI. Les chevaux qui feront trouvés fans maîtres ou fans conducteurs, dans le camp ou aux environs, feront conduits chez le prevôt, qui les rendra à qui ils appartiendront.

DLXXVII. On reftituera de même, fans rien payer, ceux qui ayant été volés ou perdus, feront réclamés par leurs maîtres, quand même ils auroient été vendus par ceux qui les auroient volés ou trouvés ; devant être défendu à qui que ce puiffe être, d'acheter des chevaux que d'une perfonne connue.

Batterie de tambours.

DLXXVIII. Les tambours ne battront que pour les chofes ordonnées & pour leurs écoles, qui ne commenceront jamais par la générale, & fe tiendront ordinairement aux heures des repas.

Compte à rendre.

DLXXIX. Les majors des régimens rendront compte exactement à leur commandant & à leur brigadier, de tout ce qui s'y paffera de contraire à la difcipline, & des punitions qui auront été ordonnées ; & les brigadiers en rendront compte à leur commandant, qui de son côté informera le commandant du camp de tout ce qui méritera attention.

DLXXX. Les commandans des corps seront responsables des contraventions qui s'y commettront sur le fait de la discipline, & les capitaines le seront pareillement envers eux de celles de leur compagnie.

Nota. L'utilité de l'usage des calottes dans la Cavalerie, a porté le Roi à ordonner que cet usage s'étendroit aux dragons ; & par ordonnance du premier Mai 1759, ils sont obligés d'en être garnis toutes les fois qu'ils montent à cheval.

TITRE XLV.
Concernant les Carabiniers.

ORDONNANCE DU ROI,
Portant nouveau Réglement pour le Régiment des Carabiniers de M. le Comte de Provence.
Du 27 Avril 1759.

SA Majesté ayant, par son ordonnance du 13 Mai 1758, mis son régiment des carabiniers sous le titre de *M. le Comte de Provence,* dans lequel Elle a fait en même tems quelque changement : Et étant informée de la nécessité de changer aussi plusieurs dispositions du réglement du 6 Novembre 1756, Elle a résolu de faire un nouveau réglement relativement à la nouvelle compofition de ce corps : & en conféquence Elle a ordonné & ordonne ce qui fuit :

ARTICLE PREMIER.

Le régiment des carabiniers de M. le comte de Provence, continuera d'être compofé de quarante compagnies divifées en cinq brigades de deux efcadrons chacune, & aura le rang qui lui a été fixé par l'ordonnance du 13 Mai 1758.

II. Le meftre-de-camp lieutenant, infpecteur dudit régiment, prendra une des compagnies vacantes dans ledit corps, dont il fera le capitaine ; cette compagnie portera le titre de *compagnie du meftre-de-camp-lieutenant du régiment des carabiniers de M. le comte de Province*, & fera la premiere compagnie de la premiere brigade. Le lieutenant de cette compagnie aura rang de capitaine, dont la commiffion lui fera expédiée du jour qu'il fera pourvû de cet emploi.

III. Chaque chef de brigade aura le détail de fa brigade, dont il rendra compte au meftre-de-camp-lieutenant, infpecteur.

IV. Sa Majefté ayant, par fon ordonnance du 13 Mai 1758, établi un major pour tout le corps, & étant informée qu'il eft néceffaire de le faire aider dans tous les détails qu'exige cette place, Elle a jugé à-propos de créer un premier aide-major, qui
n'étant

n'étant attaché à aucune brigade, fera uniquement occupé à foulager le major dans les détails de tout le corps, & jouira de deux cens cinquante livres d'appointemens par mois.

V. Sa Majefté voulant traiter favorablement les aides-majors, & les attacher de plus en plus à leurs emplois, fon intention eft qu'ils puiffent à leur tour monter à des lieutenances-colonelles, quand il en vaquera, fans avoir eu de compagnie. Le capitaine-lieutenant de la compagnie meftre-de-camp-lieutenant aura la même prérogative.

VI. Lorfque les brigades viendront à vaquer, Sa Majefté en difpofera alternativement en faveur des meftres-de-camp de cavalerie & des lieutenans-colonels du corps; & quand une place de lieutenant-colonel vaquera, les capitaines des cinq brigades, ainfi que les aides-majors, concourront, pour la remplir, fuivant l'ordre de leur ancienneté & la qualité de leurs fervices.

VII. A l'égard des compagnies qui vaqueront, il en fera donné alternativement une à un capitaine de cavalerie, & une au-autre à un lieutenant du corps, que Sa Majefté jugera, par l'ancienneté & le mérite de fes fervices, être dans le cas d'y monter.

VIII. Les capitaines qui feront choifis dans la cavalerie pour remplir des compagnies vacantes, devront avoir au-moins cinq années d'ancienneté de capitaine en pied;

Sa Majefté fe refervant néanmoins d'y admettre les capitaines actuellement réformés, pourvû qu'ils aient été précédemment capitaines en pied dans les mêmes régimens d'où ils feront tirés.

IX. L'intention de Sa Majefté étant que tous les régimens de cavalerie participent également à la diftinction de fournir des officiers dans le régiment des carabiniers, Elle fe referve de choifir Elle-même, en fuivant, autant qu'il fe pourra, l'ordre des régimens, les capitaines qui devront entrer dans le régiment des carabiniers, parmi les plus capables & les plus intelligens, & qui auront toutes les qualités requifes, pour fervir dans un régiment auffi diftingué que celui des carabiniers.

X. Les capitaines de cavalerie qui entreront dans le régiment des carabiniers, devant y conferver leur rang d'ancienneté de commiffion, & pouvant fe trouver par ce moyen à portée de prétendre promptement à la place de lieutenant-colonel, Sa Majefté entend qu'ils ne puiffent y parvenir qu'après avoir été au-moins cinq ans dans le corps.

XI. Sa Majefté voulant de plus en plus donner au régiment des carabiniers, des marques de diftinction, & procurer aux officiers de ce corps la facilité d'y faire entrer leurs enfans, ce qui leur donnera les moyens de les former fous leurs yeux, Elle a jugé à-propos d'ordonner qu'à l'avenir, lorfqu'il n'y aura point de cornettes entretenus dans

les autres régimens de cavalerie, il en sera
confervé un dans ce corps par efcadron;
lefquelles places de cornettes feront remplies de préférence par les enfans des officiers dudit régiment, qui auront feize ans
accomplis; & il fera payé quarante - cinq
fols d'appointemens par jour, à chacun defdits cornettes.

XII. A mefure qu'il vaquera des places
de lieutenans, elles feront données alternativement à un lieutenant de cavalerie en
pied, ou réformé qui aura été lieutenant en
pied & aura continué de fervir à fon corps,
ou à un cornette, lorfqu'il y en aura dans la
cavalerie; lefquels lieutenans ou cornettes,
pour être admis, devront avoir trois ans au-
moins d'ancienneté de fervice dans leur grade, & à un cornette dudit régiment des carabiniers, qui aura pareillement trois années
d'ancienneté, ou à un maréchal-des-logis
dudit régiment, qui fe fera diftingué, &
qui aura cinq ans de fervice en cette qualité.

Les lieutenans tirés de la cavalerie, pour
entrer dans ce corps, ne pourront parvenir
aux compagnies, qu'ils n'y aient au-moins
fervi fix ans.

XIII. L'intention de Sa Majefté étant que
le fonds de ce corps continue d'être compofé d'hommes de choix tirés de fes régimens de cavalerie, il fera dreffé chaque année par le meftre-de-camp-lieutenant infpecteur dudit corps, des états contenant le
nombre des carabiniers à remplacer, qu'il

enverra au secrétaire d'état ayant le département de la guerre.

XIV. Les inspecteurs de cavalerie apporteront une attention particuliere au choix des carabiniers de remplacement, qu'ils seront chargés d'envoyer au corps ; ils s'informeront dans les régimens d'où ils auront à les tirer, des meilleurs sujets, tant du côté des mœurs que de la valeur, & examineront s'ils sont d'une figure & d'une tournure convenables, en se conformant d'ailleurs à ce qui est porté par l'instruction que Sa Majesté a fait expédier le 20 Mars 1751, suivant laquelle ces carabiniers de remplacement ne doivent point être mariés, doivent être de la taille de cinq pieds quatre pouces & au-dessus, de l'âge de vingt-cinq ans jusqu'à quarante, servant depuis deux ans & plus, & ayant encore au-moins trois ans de service à remplir, suivant leur engagement.

XV. Dans aucun cas on ne tirera dans les compagnies de cavalerie, qui seront en tour de fournir des carabiniers, les deux brigadiers ; on ne tirera point non plus de carabiniers parmi les quatre carabiniers de chaque régiment de cavalerie, à-moins qu'il ne s'y trouvât absolument point d'autres sujets convenables ; & s'il n'y avoit réellement aucun homme propre pour les carabiniers, l'inspecteur choisira dans d'autres compagnies ; & celles qui n'auront point contribué à leur tour fourniront l'année suivante.

XVI. Les capitaines de carabiniers continueront de payer aux régimens de cavalerie la somme de quatre-vingt-dix livres pour chaque cavalier, aussi-tôt qu'ils seront arrivés aux brigades, excepté en tems de guerre, que le major du corps donnera sa reconnoissance payable à l'entrée de l'hiver, de ce qui sera dû pour lesdits cavaliers de remplacement.

XVII. Les cavaliers choisis & partis pour se rendre au corps des carabiniers, qui viendront à mourir en route, seront à la charge des carabiniers ; mais les capitaines de cavalerie ne pourront exiger aucun payement pour les cavaliers qui déserteront avant d'avoir joint le corps des carabiniers.

XVIII. Si quelques-uns des cavaliers envoyés aux brigades, sont reconnus, dans l'espace de six mois, à compter du jour de leur arrivée, incapables de servir dans le corps, le mestre-de-camp-lieutenant-inspecteur en informera le secrétaire d'état ayant le département de la guerre, & cependant ces cavaliers resteront aux brigades jusqu'à la revûe prochaine de l'inspecteur ; afin qu'en conséquence de l'examen qu'il en fera, les cavaliers défectueux puissent être renvoyés à leur régiment, aux dépens du major & du capitaine, qui auront dissimulé leurs défauts, dont Sa Majesté les rend responsables. Lesdits capitaines seront de plus obligés de fournir à leurs dépens d'autres cavaliers qui aient toutes les qualités

requifes pour être admis dans les carabiniers:
Sa Majefté fe réfervant d'ailleurs de leur en
marquer fon mécontentement.

XIX. Il fera arrêté par le meftre-de-camp-
lieutenant & infpecteur, lors de fes revûes,
des états des congés abfolus, qui devront
être délivrés aux carabiniers qui fe trouveront dans le cas de les obtenir par l'ancienneté de leurs fervices, fuivant la diftribution qui en aura été ordonnée par Sa Majefté ; il arrêtera pareillement des états des
congés à donner à ceux qu'il jugera fufcep-
tibles d'être reçûs à l'hôtel royal des invalides ; & il ne pourra, fous quelque prétexte que ce foit, être donné par les capitaines aucun congé abfolu, qu'aux cavaliers
compris dans lefdits états, & ces congés feront fignés defdits capitaines & vifés par les
commandans & major du corps.

XX. Sa Majefté voulant que les remplacemens qui feront à faire audit corps, ne
foient pas trop à charge à fa cavalerie, &
qu'elle puiffe les fupporter également dans
toutes les circonftances & dans tous les tems,
Elle entend qu'il ne pourra être tiré de fa cavalerie, pour les carabiniers, plus d'un cavalier par efcadron, chaque année, en forte
que chaque capitaine n'ait à fournir au plus
qu'un cavalier en quatre ans ; & lorfque le
corps aura befoin d'un plus grand nombre
d'hommes, il fera tenu d'y pourvoir par des
recrues de choix & de diftinction qu'il fera
à fes frais.

XXI. Veut au surplus Sa Majesté, que le régiment des carabiniers de M. le comte de Provence, soit de tout point assujéti aux regles générales de sa cavalerie, tant pour la discipline intérieure, que pour ses exercices, manœuvres, évolutions & formation d'escadron.

XXII. Lorsque ce régiment ne sera point en campagne, l'intention de Sa Majesté est que toutes les brigades soient rassemblées chaque année, autant qu'elles seront à portée d'être réunies, pour être exercées conjointement & uniformément ; dérogeant Sa Majesté à toutes ordonnances & réglemens contraires à la présente.

Mandant Sa Majesté au sieur marquis de Béthune, colonel général de sa cavalerie, & au sieur marquis de Castries, mestre-de-camp général de ladite cavalerie, de tenir la main à l'exécution de la présente ordonnance.

Mande & ordonne Sa Majesté aux généraux commandant ses armées, aux officiers généraux ayant commandement sur ses troupes, aux gouverneurs & lieutenans généraux dans ses provinces, aux gouverneurs & commandans dans ses villes & places, aux intendans de ses armées dans ses provinces & sur ses frontieres, aux commissaires des guerres & à tous autres ses officiers qu'il appartiendra, de tenir aussi la main à l'exécution de ladite ordonnance. Fait à Ver-

failles le vingt-fept Avril mil fept cent cinquante-neuf. *Signé*, LOUIS. *Et plus bas*,
LE MARÉCHAL DUC DE BELLE-ISLE.

ARMAND, MARQUIS DE BETHUNE,
Colonel général de la Cavalerie, tant légere, françoife, qu'étrangere.

VU l'ordonnance du Roi du 27 Avril 1759,
portant nouveau réglement pour le régiment des
carabiniers de M. le Comte de Provence ; ladite
ordonnance à nous adreffée, avec ordre de tenir
la main à fon exécution : Mandons à M. le marquis de Caftries, meftre-de-camp général de la
cavalerie, de tenir la main à ce qu'elle foit exactement obfervée. Ordonnons à tous brigadiers,
meftres-de-camp, commandans de la cavalerie &
autres, de s'y conformer, & à tous qu'il appartiendra, de la faire exécuter felon fa forme & teneur. En témoin de quoi nous avons figné la préfente, & fait contre-figner par le fecrétaire général de la cavalerie. Fait à Paris le trente Avril
mil fept cinquante-neuf. *Signé*, LE MARQUIS
DE BETHUNE. *Et plus bas*, Par Monfeigneur,
GAULTIER.

TITRE XLVI.

*De la néceffité du Serment pour le payement
des Gages & Appointemens des Charges
Militaires.*

EXTRAIT DES REGISTRES
du Confeil d'Etat.

LE Roi étant informé que plufieurs de
ceux qui font revêtus de charges, tant de

fa couronne & de fa maifon , que d'autres
charges & offices, foit militaires de terre &
de mer , foit de juftice & de finances , négligent de prêter le ferment auquels ils font
tenus , & que les tréforiers ou autres payeurs
ont la facilité de payer les gages , penfions
& appointemens attribués aufdites charges,
quoiqu'il leur foit défendu d'en faire aucun
payement , que du jour de la preftation
du ferment : Et Sa Majefté défirant empêcher la continuation d'un pareil abus, contraire aux bonnes regles & au bien de fon
fervice ; Sa Majefté étant en fon Confeil, a
ordonné & ordonne que les officiers pourvûs de charges , tant de celles de fa couronne
& de fa maifon , que toutes autres charges
& offices , foit militaires de terre & de mer,
ou de juftice & de finances , généralement
quelconques, ne pourront en faire les fonctions, ni être payés des gages , penfions ,
appointemens & autres droits y attribués ,
que lorfqu'ils auront prêté ferment ; foit
que par les prérogatives de leurs charges ils
doivent le prêter entre les mains de Sa Majefté, foit que la preftation doive être faite
entre les mains d'officiers fupérieurs , ou
aux différentes cours & jurifdictions du
royaume ; à l'effet de quoi, fait de nouveau
Sa Majefte très expreffes inhibitions & défenfes aux gardes de fon trefor royal, treforiers généraux de fa maifon , de l'ordinaire
& extraordinaire des guerres, de la marine,
des galeres , & généralement à tous autres

Q v

treſoriers, payeurs & comptables, de payer
à l'avenir auxdits officiers leſdits gages, pen-
ſions, appointemens & autres droits, qu'à
commencer du jour de l'acte de preſtation
de ſerment, à peine de radiation, à moins
qu'il n'en ſoit autrement ordonné par Sa
Majeſté. Et pour l'exécution du préſent Arrêt feront toutes lettres néceſſaires expédiées. Fait au conſeil d'état du Roi, Sa Majeſté y étant, tenu à Verſailles le dix-ſeptie-
me Janvier mil ſept cent douze.

Signé, PHELYPPEAUX.

LOUIS, par la grace de Dieu, Roi de
France & de Navarre : A nos amés & féaux
conſeillers les gens tenans notre chambre
des comptes à Paris, SALUT. Ayant été informé que pluſieurs de ceux qui ſont revê-
tûs de charges, tant de notre couronne &
de notre maiſon, que d'autres charges &
offices, ſoit militaires de terre & de mer,
ſoit de juſtice ou de finances, négligent de
prêter le ſerment auquel ils ſont tenus ; &
que néanmoins les treſoriers & payeurs ont
la facilité de leur payer leurs gages, pen-
ſions & appointemens attribués auſdites
charges, quoiqu'il leur ſoit défendu d'en
faire aucun payement que du jour de la preftation de ſerment ; Nous avons remédié à
cet abus ſi contraire aux bonnes regles &
au bien de notre ſervice, par Arrêt ce jour-
d'hui rendu en notre conſeil d'état, nous y
étant & ordonné que pour l'exécution d'i-

celui toutes lettres nécessaires seront expédiées. A CES CAUSES, conformément audit Arrêt ci-attaché sous le contre-sçel de notre chancellerie, Nous avons ordonné & ordonnons par ces présentes, signées de notre main, que les officiers pourvûs de charges, tant de celles de notre couronne & de notre maison, que de toute autre charge & office, soit militaire de terre & de mer, ou de justice & de finances, généralement quelconque, ne pourront en faire les fonctions, ni être payés des gages, pensions, appointemens & autres droits y attribués, que lorsqu'ils auront prêté serment, soit que par les prérogatives de leurs charges ils doivent le prêter entre nos mains, soit que la prestation doive être faite entre les mains d'officiers supérieurs, ou aux différentes cours & jurisdictions de notre royaume; à l'effet de quoi Nous faisons de nouveau défenses aux gardes de notre trésor royal, tresoriers généraux de notre maison, de l'ordinaire & extraordinaire des guerres, de la marine, des galeres, & généralement à tous autres tresoriers, payeurs & comptables, de payer à l'avenir ausdits officiers, lesdits gages, pensions, appointemens & autres droits, qu'à commencer du jour de l'acte de prestation de serment, à peine de radiation, à moins qu'il n'en soit par Nous autrement ordonné. Si vous MANDONS que ces présentes, ensemble ledit Arrêt, vous ayez à faire enregistrer, & le contenu en iceux faire exécuter de point en point felon leur forme & teneur : Car tel est notre plaisir. Donné à Verfailles, le dix-huitieme jour de Janvier, l'an de grace mil fept cent douze, & de notre regne le foixante-neuvieme.

Nota. Cet Arrêt ne concerne, à l'égard du Militaire, que les charges des Gouverneurs & Lieutenans - Généraux de Provinces, les Gouverneurs des Places, les Commiffaires des guerres, & autres qui font tenus par leurs provifions de prêter ferment entre les mains du Roi, de M. le Chancelier, ou de MM. les Maréchaux de France.

Quoique les Meftres-de-camp & autres Officiers des troupes foient tenus de prêter ferment entre les mains des commiffaires, les treforiers ne font pas obligés de rapporter l'acte de preftation de ces fermens pour autorifer leurs payemens.

TITRE XLVII.

Réglemens pour les Brevets d'affûrance.

EXTRAIT des Regiftres du Confeil d'Etat.

VU par le roi étant en fon confeil, le placet préfenté à Sa Majefté par les nommés Gautier, la Roue & le Blanc, créanciers & fyndics des autres créanciers du feu fieur marquis de Tilladet, capitaine des Cent-Suiffes de fa garde ordinaire, contenant que ledit fieur de Tilladet leur eft demeuré redevable de plufieurs fommes, tant pour marchandifes par eux fournies, fuivant leurs parties arrêtées, que pour argent à lui prêté pour l'aider à se mettre en équipage la campagne derniere, suivant les obligations dont ils sont porteurs ; qu'ils ont prêté lesdites sommes de bonne-foi, & sur l'asûrance que ledit sieur de Tilladet leur a donnée, que venant à mourir, ils trouveroient leur sûreté dans le brevet de cent mille livres d'asûrance sur sa charge, qu'il avoit plû à Sa Maj sté lui accorder le 23 Janvier 1679, qu'il leur a montré, & notamment audit le Blanc l'un des supplians, qui lui prêta six cens louis d'or avant que de partir ; lequel brevet s'est en effet trouvé sous le scellé, & porte que lesdites cent mille livres seroient payées aux sieurs de Villeromard, le Clerc, & la Jonchere, qui avoient avancé pareille somme audit sieur de Tilladet, pour partie de l'achat de ladite charge : & qu'en cas que ledit sieur Tilladet leur payât ladite somme de cent mille livres, & qu'il vînt à se défaire de sa charge, ou à décéder revêtu d'icelle, aucun n'en pourroit être pourvû sans avoir payé à lui ou à ses héritiers ladite somme de cent mille livres. Et comme ledit sieur de Tilladet a payé de ses deniers dans le mois d'Avril 1688 auxdits sieurs de Villeromard, le Clerc & de la Jonchere lesdites cent mille livres, comme il est justifié par leurs quittances, il est certain qu'aux termes dudit brevet les cent mille livres d'asûrance appartiennent à sa succession, & conséquemment à ses créanciers, & qu'ils doivent être payés par le sieur marquis de Courtenvaux qui est à présent pourvû de ladite charge ; car encore que Sa Majesté lui en eût accordé la survivance, il ne peut pas pour cela se dispenser d'acquitter la somme portée par ledit brevet, lequel est demeuré en sa force & vertu. C'est une charge d'un prix considérable que Sa Majesté a fixée à deux cens mille écus, dont ledit sieur de Courtenvaux ne doit pas profiter au préjudice des créanciers ; & c'étoit si peu l'intention du feu sieur marquis de Louvois, qu'avant son décès il promit de payer audit sieur de Tilladet une somme considérable sur ledit brevet. Qu'il est dû deux cens mille livres aux supplians, dont ils perdroient la plus grande partie s'il n'avoit lieu. Ainsi, ils ont recours à la bonté & équité ordinaire de Sa Majesté, en laquelle ils mettent leur unique espérance, à ce qu'il lui plaise ordonner que ledit sieur de Courtenvaux sera tenu de leur payer ladite somme de cent mille livres, portée par ledit brevet : puisqu'il n'a rien payé sur icelui : que ladite charge se trouve avoir passé en sa personne, & qu'il en jouit même beaucoup plutôt qu'il n'auroit pû espérer suivant le cours naturel, si ledit sieur de Tilladet n'avoit pas été tué dans le service, âgé seulement de cinquante ans. La requête dudit sieur marquis de Courtenvaux, servant de réponse au placet qui lui a été communiqué de l'ordre de Sa Majesté, contenant que Sa Majesté a toujours établi pour maxime sur le fait des charges de sa maison, qu'une survivance éteint un brevet d'assûrance, & qu'indépendamment de cette maxime, la demande desdits créanciers n'est pas fondée en raison, en ce que le brevet d'assûrance de cent mille livres qu'ils ont trouvé sous le scellé du feu sieur de Tilladet, du 23. Janvier 1679, porte qu'en cas qu'il vienne ci-après à se demettre de sa charge de capitaine des cent-suisses, ou à décéder en possession d'icelle, auparavant qu'il ait payé au sieur de Villeromard, le Clerc & la Jonchere, la somme de cent mille livres, nul n'en pourra être pourvû, ni être reçu en ladite charge, qu'après avoir payé ausdits sieurs de Villeromard, le Clerc & la Jonchere, ou à leurs héritiers, en cas de décès, ladite somme de cent mille livres : & le même brevet porte encore, qu'au cas que ledit sieur de Tilladet, après avoir payé ladite somme ausdits sieurs de Villeromard, le Clerc & la Jonchere, ou à leurs héritiers, vienne à se défaire de ladite charge, ou à décéder en possession d'icelle, personne ne pourra être pareillement pourvû ni reçû en icelle, sans lui avoir payé, ou à ses héritiers, ladite somme de cent mille livres, par forme de récompense de ladite charge. Ce cas est arrivé, car ledit sieur de Tilladet est mort quitte envers lesdits tresoriers : il leur paya en 1688, cinquante mille livres qu'il leur devoit pour lors de reste de ladite somme de cent mille livres : le surplus leur ayant été

par lui payé lorsqu'il vendit sa charge de
maître de la garde-robe au sieur marquis de
la Salle : ainsi , en donnant sa démission à
condition de survivance, les trois créanciers
dénommés audit brevet n'y avoient plus
d'intérêt , puisqu'ils étoient payés de ladite
somme de cent mille livres ; & il étoit libre
au sieur de Tilladet d'anéantir ce brevet ; ce
qu'il a fait en retirant un profit bien plus
considérable par les avantages que le sieur
de Louvois lui a faits à cette occasion. Les
créanciers sont mal informés quand ils avan-
cent, comme ils le font dans leurs placets ,
que le feu sieur de Louvois avoit promis
avant son décès au sieur de Tilladet de lui
payer une grosse somme sur ce brevet ; &
personne de sa famille n'a connoissance de
cette prétendue promesse. Il est vrai que ledit sieur de Tilladet, après la mort du sieur
de Louvois, fit proposer à sa veuve & à ses
enfans, de lui payer cinquante mille livres ,
qui est ce à quoi il faisoit monter toute sa
prétention sur le brevet dont est question ;
mais après qu'ils eurent lû ledit brevet &
deux contrats passés entre lesdits sieurs de
Louvois & de Tilladet , il convint que sa
demande étoit mal fondée, & il n'en fut plus
parlé. Ses créanciers reconnoissent qu'il étoit
quitte dès l'année 1688 , des cent mille livres
que les tresoriers de l'extraordinaire des
guerres lui avoient prêtées : il faut qu'ils
avouent aussi que ledit sieur de Tilladet ne
devant plus rien ausdits tresoriers , a été le

maître pendant fa vie de faire de son brevet
d'afsûrance l'ufage qui lui convenoit ; &
qu'il n'étoit pas néceffaire qu'il avertît les
créanciers qu'il avoit pour lors, du deffein
qu'il avoit de demander fa furvivance pour
ledit fieur de Courtenvaux ; puifqu'aucun
d'eux n'eft dénommé dans ce brevet ; les
feuls treforiers de l'extraordinaire des guerres y étant nommés : & ledit fieur de Tilladet ne pouvoit faire de son brevet un meil-
leur ufage, que de tirer de la démiffion de
fa charge, à condition de furvivance, beaucoup plus que les cent mille livres que le
Roi lui avoit afsûrées par ce brevet. C'eft
ce qu'il a fait ; car en donnant la démiffion
de fa charge, à condition de furvivance au
fieur de Courtenvaux, il en a confervé les
fonctions & les appointemens pendant fa
vie, & il a tiré dudit fieur de Louvois 320000
livres, & 7500 livres de penfion viagere par
chacun an ; ce qui eft conftant par les deux
contrats paffés entr'eux, le premier du 8
Mars 1688, dans lequel le fieur de Louvois
reconnoît que ledit fieur de Tilladet lui a
délivré fa démiffion qu'il a faite entre les
mains de Sa Majefté, de fa charge de capitaine des cent-fuiffes de la garde ordinaire
du corps du Roi, & ce à condition de furvivance en faveur du fieur de Courtenvaux :
& ledit fieur de Louvois, en confidération
de ladite démiffion, promet & s'oblige de
payer dans un mois prochain audit fieur de
Tilladet, 150000 livres, & de lui créer

7500 livres de rente viagere par chacun an, la vie durant dudit sieur de Tilladet. Ledit sieur de Louvois fit compter cette somme de cent cinquante mille livres au sieur de Tilladet le 5 Avril 1688, comme il appert par sa quittance qui est au pied dudit contrat; & la pension viagere lui a été réguliérement payée. Ledit sieur de Louvois ayant fait ce contrat avec le sieur de Tilladet, le Roi eut la bonté d'agréer sa démission, & fit pourvoir le sieur de Courtenvaux de la charge de capitaine des cent-suisses de sa garde ordinaire : & ledit sieur de Louvois voulant, depuis l'expédition de ces provisions encore mieux reconnoître le plaisir qu'il venoit de recevoir du sieur de Tilladet, fit un second contrat le 2 Mai 1688, portant qu'au cas que le sieur de Tilladet

vienne à décéder étant encore pourvû de sa charge, avant le sieur de Courtenvaux, la succession dudit sieur de Tilladet sera déchargée de la somme de cent soixante-dix mille livres, qui est le principal de sept mille sept cens vingt-sept livres de rente, que ledit sieur de Tilladet avoit constitué au profit dudit sieur de Louvois par contrat du 7 Février 1673, laquelle somme ledit sieur de Louvois avoit prêtée au sieur de Tilladet pour acquitter une partie du brevet d'assûrance que les héritiers du feu sieur Comte de Nogent avoient sur la charge de maître de la garde-robe, lorsque ledit sieur de Tilladet en fut pourvû en 1672. De tout ce

que dessus il résulte que le sieur de Tilladet
pendant sa vie, en considération de sa démission, à condition de survivance en faveur
du sieur de Courtenvaux, a touché cent cinquante mille livres, avec sept mille cinq
cens livres de pension viagere par chacun
an ; & que sa succession après sa mort est
demeurée déchargée de cent soixante - dix
mille livres en principal, que ledit sieur de
Tilladet devoit légitimement au feu sieur
de Louvois ; & que par conséquent , en consentant à la survivance de sa charge en faveur dudit sieur de Courtenvaux , il a tiré
du sieur de Louvois trois cens vingt mille
livres , & sept mille cinq cens livres de pension viagere ; ce qui excede de beaucoup le
brevet d'assûrance dont est question. C'est
par ces raisons que ledit sieur de Courtenvaux espere de la justice de Sa Majesté, qu'-
Elle déboutera les créanciers dudit sieur de
Tilladet de la demande qu'ils font contre
lui. Autre requête desdits créanciers , servant de replique à celle dudit sieur de Courtenvaux , contenant que ledit sieur de Tilladet avoit payé six cens mille livres au sieur
marquis de Wardes, pour le prix de sa charge de capitaine des cent - suisses ; sçavoir,
cinq cens mille livres, provenant de la vente
de la charge de maître de la garde-robe, &
cent mille livres qu'il emprunta des sieurs
de Villeromard , le Clerc & la Jonchere ,
qu'il a acquittées de ses deniers. Ainsi ledit
sieur de Courtenvaux doit convenir que si

le sieur de Tilladet se fût défait de sa charge
purement & simplement, il ne l'auroit pas
vendue moins que ladite somme de six cens
mille livres, cette charge ayant toujours été
estimée d'un prix beaucoup plus considérable : que ledit sieur de Louvois n'a payé
que la moitié de ce qu'elle valoit, &
qu'il n'est pas juste que ledit sieur de Courtenvaux profite de cent mille écus ; & que
les créanciers du sieur de Tilladet, ausquels
il avoit proposé son brevet pour toute sûreté, & sur la foi duquel les uns lui ont
fourni de la marchandise, & les autres de
l'argent comptant pour faire son équipage,
soient ruinés. Ainsi, ils osent esperer de la
bonté & de l'équité ordinaire de Sa Majesté, en laquelle ils mettent toute leur espérance, qu'Elle ordonnera audit sieur de
Courtenvaux de leur payer ladite somme de
cent mille livres ; & ils ont en cette occasion d'autant plus de confiance en la bonté
de Sa Majesté, qu'ils ont appris que le sieur
de Tilladet, durant sa maladie, s'est souvenu
d'eux, & a supplié Sa Majesté de les faire
payer. Ils ne demandent audit sieur de Courtenvaux que les cent mille livres portées par
le brevet, qui n'a pas été annullé, n'en
étant point parlé dans aucun des actes passés lors de sa démission à condition de survivance. Et en effet, ledit sieur de Tilladet
comptoit si fort sur cette somme, que ledit
sieur de Courtenvaux convient lui-même,
qu'après le décès dudit sieur de Louvois,

ledit ſieur de Tilladet avoit propoſé à ſa famille, de lui payer une ſomme de cinquante mille livres. Ainſi, on ne peut pas appliquer à l'eſpece dont il s'agit, la maxime établie par ledit ſieur de Courtenvaux, qu'une ſurvivance éteint un brevet d'aſſûrance; parce que cette maxime peut ſouffrir ces exceptions, ſelon les conventions ou les circonſtances particulieres, notamment dans des charges ſi conſidérables. Vû auſſi les quittances des payemens faits par ledit ſieur de Tilladet, de la ſomme de cent mille livres portée par ledit brevet, aux ſieurs de Villeromard, le Clerc & la Jonchere. Et tout conſideré, Le Roi étant en ſon conſeil, en conſéquence du payement fait par ledit ſieur de Tilladet, de la ſomme de cent mille livres aux ſieurs de Villemorard, le Clerc & la Jonchere, dénommés audit brevet du 23 Janvier 1679, a déclaré & déclare, que ledit brevet eſt demeuré nul & caduc à l'égard des héritiers, créanciers & ayans cauſe dudit ſieur de Tilladet, au moyen de la démiſſion par lui faite ès mains de Sa Majeſté de ſa charge de capitaine des cent-ſuiſſes, à condition de ſurvivance accordée par Sa Majeſté audit ſieur marquis de Courtenvaux; ce faiſant, a débouté les créanciers dudit ſieur de Tilladet des fins & concluſions de leurs requêtes; leur faiſant défenſe de faire, pour raiſon de ce, aucunes demandes ni pourſuites contre ledit ſieur de Courtenvaux. Et voulant à cette occaſion Sa Majeſté déclarer plus particuliérement quelle est sa volonté sur les brevets d'assûrance des sommes qu'il lui plaît accorder sur les charges de sa maison, & autres charges ou gouvernemens, Sa Majesté a déclaré & déclare, que tous brevets d'assûrance qui ont été, ou pourront être ci-après accordés sur le prix desdites charges ou gouvernemens, seront & demeureront nuls, au moyen des survivances qui en ont été ou seront expédiées sur la démission des titulaires ; sans que leurs enfans, héritiers ou ayans cause y puissent rien prétendre, ni que ceux qui auront obtenu les survivances, puissent être troublés ni inquiétés pour raison de ce, par les co-héritiers, créanciers, ou autres, à l'exception néanmoins des créanciers, lesquels se trouveroient compris & dénommés èsdits brevets, pour les sommes qu'ils auront prêtées pour l'acquisition desdites charges ou gouvernemens ; lesquelles sommes leur seront payées, si elles se trouvent dûes lors de la démission des titulaires, à condition de survivance, ou lors de leur décès ; sans que les survivanciers puissent, sous prétexte de la survivance à eux accordée, prétendre se dispenser de payer lesdites sommes. Fait au conseil d'état du Roi, Sa Majesté y étant, tenu à Versailles, le dix-septieme jour de Novembre mil six cens quatre-vingt douze.

Signé, PHELYPEAUX.

EXTRAIT DES REGISTRES
du Conseil d'Etat.

Concernant les Brevets d'afsûrance.

LE Roi ayant par arrêt de son conseil du 17 Novembre 1691, en forme de réglement sur les brevets d'afsûrance des sommes que Sa Majesté accorde sur les charges de sa maison, & autres charges de pareille nature, ou gouvernemens, ordonné que tous les brevets d'afsûrance qui ont été, ou pourront être ci-après accordés sur le prix desdites charges ou gouvernemens, seront & demeureront nuls, au moyen des survivances qui ont été ou seront expédiées sur la démission des titulaires ; sans que leurs enfans, héritiers ou ayans cause, y puissent rien prétendre, ni que ceux qui auront obtenu les survivances puissent être troublés ni inquiétés pour raison de ce, par les co-héritiers, créanciers ou autres, à l'exception néanmoins des créanciers, lesquels se trouveroient compris & dénommés èsdits brevets, pour les sommes qu'ils auront prêtées pour l'acquisition desdites charges ou gouvernemens ; lesquelles sommes leur seront payées, si elles se trouvent dûes lors de la démission des titulaires, ou lors de leur décès, sans que les survivanciers puissent, sous prétexte de la survivance à eux accordée, prétendre se dispenser de payer lesdites sommes. Et Sa Majesté étant informée que nonobftant qu'Elle ait fuffifamment expliqué fes intentions en faveur des créanciers nommés dans lefdits brevets , on pourroit néanmoins ; en y donnant diverfes interprétations , douter que Sa Majefté ait entendu conferver aufdits créanciers leur droit pour les fommes portées par lefdits brevets , nonobftant que les titulaires & les furvivanciers vinffent à décéder, ou à fe démettre fans les avoir acquittées ; Sa Majefté a réfolu, pour afsûrer davantage lefdits créanciers , d'interprêter en tant que de befoin ledit arrêt: A quoi voulant pourvoir , Sa Majefté étant en fon confeil , a ordonné & ordonne que l'arrêt du 17 Novembre 1692 , fera exécuté felon fa forme & teneur ; & conformément à icelui , & en l'interprêtant en tant que de befoin , a déclaré & déclare, veut & entend que tous brevets d'afsûrance de fommes , qui ont été & feront ci-après expédiés fur le prix des charges de fa maifon, & autres charges de pareille nature , ou gouvernemens, foient & demeurent nuls & caducs, au moyen des provifions ou brevets qui ont été ou feront expédiés à condition de furvivance , fur la démiffion des titulaires ; fans que leurs enfans , héritiers ou ayans caufe y puiffent rien prétendre , ni que ceux qui auront obtenu la furvivance , puiffent être troublés ni inquiétés pour raifon de ce , par les co-héritiers , créanciers ou autres , à l'exception toutefois des créanciers compris & dénommés èfdits brevets , pour les fommes qu'ils auront prêtées pour l'acquisition desdites charges ou gouvernemens, lesquelles, si elles se trouvent dûes lors de la démission des titulaires, ou lors de leur décès, seront payées ausdits créanciers, ou à ceux qui auront leurs droits ; sans que les pourvûs en survivance, puissent sous prétexte de la survivance à eux accordée, prétendre se dispenser de payer lesdites sommes. Ordonne en outre Sa Majesté, veut & entend que, si lesdites dettes ainsi établies par ses brevets se trouvent encore existantes & non acquittées lors de la démission, ou lors du décès des possesseurs desdites charges ou gouvernemens, tant titulaires que survivanciers, aucun ne puisse en être pourvû de nouveau, qu'après le payement actuel aux créanciers dénommés èsdits brevets, ou à ceux qui auront leurs droits, des sommes pour lesquelles ils y auront été compris, & qui pourront alors leur être dûes ; voulant qu'il ne soit expédié aucunes provisions ou brevets desdites charges ou gouvernemens, qu'après qu'il sera apparu de la quittance desdites sommes. Fait au conseil d'état du Roi, Sa Majesté y étant, tenu à Versailles, le vingt-cinquieme jour de Janvier mil six cens quatre-vingt quatorze.

Signé, PHELYPEAUX.

AUTRE ARREST
du Conseil d'Etat.

Concernant les Brevets d'assûrance.

LE Roi s'étant fait représenter en son conseil son brevet du 29 Avril 1692, par lequel Sa Majesté auroit accordé au sieur comte de Tessé une assurance de la somme de deux cens mille livres, sur la charge de colonel-général des dragons, pour lui donner les moyens d'emprunter pareille somme de deux cens mille livres, faisant partie de celle de quatre cens mille livres, qu'il a payée par forme de récompense à celui sur la démission duquel il en a été pourvû, ainsi qu'il est plus au long porté par ledit brevet; dans lequel, pour plus grande sûreté des créanciers qui lui ont prêté ladite somme, ils ont tous été nommés & exprimés. Sa Majesté ayant aussi vû l'arrêt de son conseil d'état du 8 Mai 1692, portant confirmation dudit brevet, & que les arrérages & intérêts qui seront dûs ausdits créanciers, jusqu'à l'entier payement des sommes principales par eux prêtées, seroient pris par privilege spécial, tant sur les appointemens attribués à ladite charge de colonel-général des dragons, & à eux payés par chacun an par les tresoriers-généraux de l'extraordinaire des guerres, chacun en l'année de son exercice, sur leurs simples quittances, que

Sa Majesté veut, être passés & alloués dans les comptes desdits tresoriers ; sans que ledit comte de Tessé puisse rien toucher desdits appointemens, pendant qu'il sera dû quelque chose ausdits créanciers de leurs arrérages ou intérêts, ni même qu'il puisse se servir à l'encontre d'eux d'aucune lettre d'état, ni arrêt de surséance ; Et Sa Majesté voulant donner audit comte de Tessé de nouvelles marques de la satisfaction qu'Elle a des services considérables qu'il a encore continué de lui rendre depuis ledit tems, & lui faciliter les moyens d'établir la demoiselle Marthe-Henriette de Froulay de Tessé, l'une de ses filles, par le mariage qui est prêt d'être contracté avec le sieur François-Edouard Colbert, marquis de Maulevrier, & d'assurer la dot qui lui est dûe ; Sa Majesté étant en son conseil, a déclaré & déclare, veut & entend que toutes les sommes que ledit sieur comte de Tessé a remboursées & rachetées de celle de deux cens mille livres portée audit brevet, soit que le remboursement en ait été fait par ledit sieur comte de Tessé, à ceux même qui sont dénommés audit brevet, ou qu'il ait été fait à ceux qui leur ont été subrogés, demeurent affectés & hypothequés pour la dot de la demoiselle de Tessé ; & ce jusqu'à concurrence de la somme de cent mille livres, faisant partie de la dot que ledit sieur comte de Tessé doit lui constituer ; consentant Sa Majesté, qu'en contemplation & en faveur

dudit mariage , toutes les claufes & men-
tions qui feront faites par le contrat à cet
effet , ayent leur exécution, comme fi elles
étoient inférées mot à mot au préfent arrêt ;
qu'en conféquence , ladite demoifelle de
Teffé entre au lieu & place defdits créanciers rembourfés ; & que jufqu'à ce qu'elle
foit payée ou rembourfée elle-même du principal de la fomme de cent mille livres , elle
jouiffe des arrérages ou interéts d'icelle, tout
ainfi qu'il eft porté audit brevet du 29 Avril
1692 , & audit arrêt du 8 Mai de la même
année , & en la même maniere que feroient
ou pouvoient faire ceux qui auront été rembourfés de ladite fomme de cent mille livres ; fans que pour quelque prétexte que
ce foit , ladite fomme foit fujette à aucun
rapport dans la famille ou fucceffion dudit
feur Comte de Teffé , ni aux hypotheques ,
dett es ou autres chofes généralement quelconques , attendu que cette fomme procede
de la pure libéralité de Sa Majefté. Veut à
cet effet , qu'en cas que ledit fieur comte de
Teffé fe démette de ladite charge de colonel-général des dragons , ou qu'il décede en
poffeffion d'icelle , ou autrement , en quelque forte & maniere qu'elle puiffe vacquer , celui qui fera agréé par Sa Majefté
pour en être pourvû , n'y puiffe être admis ni reçu , ni lui être expédié aucunes
provifions , qu'après avoir payé actuellement & réellement en deniers comptans à
ladite demoifelle de Teffé , ladite fomme de

cent mille livres, faiſant moitié de celle portée audit brevet, qui ſera exécuté ſelon ſa forme & teneur ; à la charge néanmoins que ſi ladite demoiſelle de Teſſé décede ſans enfans, ladite ſomme de cent mille livres retournera audit ſieur comte de Teſſé, ou à ceux qui le repréſenteront. Fait au conſeil d'état du Roi, Sa Majeſté y étant, tenu à Verſailles le quatrieme jour de Janvier mil ſix cens quatre-vingt dix-ſept. *Signé*, LE TELLIER.

TITRE XLVIII.

Des Commiſſaires & Contrôleurs ordinaires des Guerres.

ARTICLE PREMIER.

LEs commiſſaires ordinaires des guerres que Sa Majeſté a créés, & ceux créés par ſes prédéceſſeurs, tant à la conduite des régimens des gardes françoiſes & ſuiſſes, que des compagnies de gendarmes & de chevaux-legers de la garde de Sa Majeſté, qu'Elle a réſervés, auront la conduite, police & diſcipline des troupes de gendarmerie, cavalerie, infanterie & dragons, françoiſe & étrangeres, levées & à lever. *Louis XIV. Edit du mois de Décembre* 1691.

II. Ils rendront compte de leur état au ſecrétaire d'état de la guerre ; feront obſerver auſdites troupes les ordonnances, ordres & réglemens faits par Sa Majeſté

& les Rois ſes prédéceſſeurs , & ceux
qui pourront être faits ci-après ſur la diſcipline & police militaire ; & ſeront ſous les
ordres de Sa Majeſté, employés dans les armées , garniſons , places & provinces , tant
du dedans que du dehors du royaume, pays
conquis & à conquerir. *Louis XIV. ibidem.*

*Henri II. à Paris , Novembre 1549 , article
XLII. Charles IX. à Saint Germain-en-Laye ,
Février 1574. Article LX. Henri III. à Saint
Germain en Laye , Février 1584. Art. LXXXVI.*
Pour l'exécution de nos ordonnances, comman-
dons aux commiſſaires & contrôleurs de nos
guerres , que faiſant les montres , ils ayent à
porter chacun avec ſoi une copie de nos ordonnances, pour à leur pouvoir les faire étroitement
garder & obſerver , & que devant que proceder
au fait deſdites montres , iceux commiſſaires &
contrôleurs les faſſent lire & publier, pour être
entretenues, gardées & obſervées, ſur peine de
nous en prendre à eux.

III. Les fonctions & exercices, profits &
émolumens dépendans deſdits offices de
commiſſaires ordinaires, ne pourront être,
ſous aucun prétexte, ſéparés du titre deſdits
offices , ni donnés ou renvoyés pour un
tems ou autrement , à d'autres qu'à ceux qui
en ſeront pourvûs. *Louis XIV. ibidem.*

IV. Leſdits offices venant à vacquer par
le décès des titulaires , il y ſera pourvû par
Sa Majeſté de perſonnes capables, ſur la ſim-
ple préſentation de la veuve, enfans ou héritiers des décédés , ſans qu'ils ſoient tenus

de payer autre chose que les frais des provisions & le droit de marc d'or, suivant le rôle
qui en sera arrêté au conseil. *Louis XIV. ibidem.*

V. Les pourvûs desdits offices pourront
prendre le titre & la qualité d'écuyer (*) &
de conseiller de Sa Majesté, & jouiront, pour
eux & leurs veuves, d'exemptions de tailles,
subsides, ustensiles & logemens de gens de
guerre, du service du ban & arriere-ban,
& de toute contribution à icelles; de tutelle, curatelle, nominations à icelles, guet
& garde, & autres charges publiques. *Louis
XIV. ibidem, & arrêt du conseil d'état des
16 Juin & 21 Novembre 1693.*

(*) *Par l'ordonnance de Charles IX. en
Février 1574, art. XLI. & de Henri III. du
mois de Février 1584, art. XLVI. aucun ne
pouvoit être admis aux offices de commissaires, s'il n'étoit gentilhomme, & n'avoit suivi
les compagnies d'ordonnances, durant six
ans au moins.*

*Le Roi leur avoit accordé en 1710, la no-
blesse héréditaire, mais cette grace a depuis
été révoquée par édit du mois d'Août 1715;
art. V. qui revoque toute noblesse accordée par
les charges militaires, à ceux qui n'en jouis-
soient pas avant l'année 1689.*

❋

ARREST DU CONSEIL
d'Etat du Roi.

Concernant les privileges des Commissaires &
Controleurs des Guerres ; du 16 Juin 1693.

LE Roi étant en son conseil, a ordonné
& ordonne, que les édits des mois de Décembre 1691, & Septembre 1692, feront
exécutés selon leur forme & teneur; en conféquence, a maintenu & maintient les commiſſaires & contrôleurs des guerres, en
tous les droits ; privileges, franchifes &
exemptions à eux attribués par lefdits édits,
& par ceux de création des anciens pourvûs
de pareilles charges : Veut Sa Majefté, que
lefdits commiſſaires & contrôleurs en joüiſ-
fent à l'inſtar des officiers commenſaux de
fa maifon, dans les lieux de leurs demeures
ordinaires, où leurs biens font aſſis ; encore
que lefdits commiſſaires foient obligés de
faire leur réſidence dans les lieux qui leur feront donnés en département, pour y faire
le service & les fonctions de leurs charges,
même de l'exemption du service au ban &
arriere-ban, & de contribution à iceux. Fait
Sa Majefté très-expreſſes inhibitions & défenfes à tous maires, échevins, jurats, ca-
pitouls des villes & communautés, même
aux baillifs, fénéchaux, & tous autres ayant
charge d'aſſembler le ban & arriere-ban, &
de taxer les contribuables à iceux, d'impo-

poser lesdits commissaires & contrôleurs des
guerres à aucunes taxes pour raison des
charges des villes & communautés, de quelque
que nature qu'elles soient ; de les commander pour le service personnel du ban & arriere-ban, ni les taxer pour raison d'iceux,
sous quelque prétexte que ce soit, à peine
de tous dépens, dommages & interêts.

AUTRE ARREST DU CONSEIL
d'Etat du Roi.

Concernant les privileges des Commissaires &
Contrôleurs des Guerres ; du 4 Août 1693.

LE Roi en son conseil, a ordonné & ordonne, que les pourvûs des offices de commissaires & contrôleurs des guerres, créés
par les édits des mois de Décembre 1691,
& Septemb. 1692, jouiront aussi de l'exemption de tutelle, curatelle, nomination à icelles, guet & garde, & de toutes autres charges publiques de ville, quoique non expri-
mées dans lesdits édits.

VI. Jouiront en outre du droit de *com-*
mittimus, à l'instar des commensaux de la
maison de Sa Majesté, de tous les droits &
privileges accordés ausdites charges de commissaires, par Sa Majesté & les Rois ses pré-
décesseurs ; & généralement de tous pou-
voirs, facultés, prérogatives, honneurs,
prééminences, franchises, libertés, places
& rangs ci-devant attribués aux pourvûs d'i-

celles. *Louis XIV. édit du mois de Décembre 1691, & arrêt du 7 Juillet 1693.*

L'arrêt du 7 Juillet 1693, confirmoit aussi les commissaires dans la jouissance du droit de nouveau serment, mais il en suspendoit la perception pendant le cours de la guerre qui étoit alors : & par ce même arrêt, Sa Majesté se réservoit de régler ce droit à la paix, ainsi qu'Elle jugeroit à propos : mais comme il a été attribué par édit du mois de Mars 1704, aux commissaires provinciaux, exclusivement à tous autres, les commissaires ordinaires ne peuvent plus y prétendre.

Le Committimus attribué dans le même article, ne concerne que les affaires personnelles desdits commissaires, & non celles qui naissent des fonctions de leurs charges ; Sa Majesté ayant déclaré par arrêt de son conseil d'état du 30 Avril 1697. qu'Elle n'avoit entendu rien innover à cet égard par son édit, ni préjudicier à la jurisdiction de la connétablie.

VII. Tout commissaire des guerres marchera, en toutes occasions (*) à la gauche du commandant de la troupe dont il aura la police ; & prendra son logement immédiatement après celui dudit commandant, tant en route qu'en garnison. *Louis XIV. Ordonnance du 4 Avril 1664.*

(*) *En exécution de cet article, le commissaire Tixier ayant voulu prendre séance dans un conseil de guerre tenu à Toulon en 1685, à côté du commandant ; & ce com-*

mandant ayant prétendu que les commissaires n'avoient nul droit d'entrer au conseil de guerre, M. de Louvois écrivit audit commissaire le 8 Septembre de ladite année, que l'intention du Roi étoit qu'il prît la séance par lui prétendue.

VIII. Défend très-expressément Sa Majesté à tous gens de guerre, même aux gardes & troupes de sa maison, de loger dans les maisons, fermes & terres appartenantes aux pourvûs desdits offices; & à tous capitaines, maréchaux-des-logis, & autres officiers des troupes, de l'artillerie, des vivres, munitions, & généralement à tous soldats & cavaliers, de loger, fourrager, ni souffrir qu'il soit logé & fourragé dans les fermes, terres & maisons appartenantes aux pourvûs desdits offices, quelque part qu'elles soient situées, ni de prendre ou souffrir qu'il soit pris & enlevé aucune denrée, sans leur consentement ou de leurs gens, serviteurs ou fermiers, même en payant, à peine aux officiers d'être cassés, & d'être condamnés en leur nom, à la restitution & réparation des dommages, & aux soldats de punition corporelle. *Louis XIV. Edit du mois de Décembre* 1691.

IX. Défend pareillement Sa Majesté aux maires, échevins, syndics, marguilliers, receveurs, collecteurs, manans & habitans des villes, bourgs, villages & paroisses où les maisons, fermes & terres desdits commiſſaires ſeront aſſiſes, & ceux des paroiſſes voiſines, de nommer, faire nommer, ni donner logement en leurſdites fermes, maiſons & terres, ſous peine d'être reſponſables du dommage ſur la plainte deſdits commiſſaires, certifiée & ſignée de leur main, & ſelon l'apprétiation qui en ſera faite ſur leur certification, par le plus prochain juge du lieu où aura été fait le dommage, ou par le lieutenant de la maréchauſſée à la table de marbre de Paris; Sa Majeſté ayant mis en ſa ſauve-garde les pourvûs deſdits offices; leſquels, pour marque de ladite ſauve-garde, pourront mettre ſur le portail de leurs maiſons, & aux entrées & barrieres de leurs villages, les panonceaux & bâtons royaux, & faire lire & publier ladite exemption aux revûes des troupes, en tels lieux que bon leur ſemblera, à ſon de trompe & cri public. *Louis XIV. ibidem.*

X. Ne ſeront leſdits commiſſaires tenus de prêter ſerment ailleurs qu'ès mains des maréchaux de France; auſquels, ou à l'un d'eux ſur ce requis, ils feront apparoir de leurs bonnes vie & mœurs, religion & âge, qui ſera réputé compétant, pourvû qu'ils ſoient dans leur vingt-cinquieme année; ſans qu'ils ſoient tenus de ſe faire recevoir en aucune cour ſupérieure. *Louis XIV. ibidem.*

XI. Trouve bon Sa Majeſté, que leſdits commiſſaires puiſſent commettre à l'exercice de leurs charges, toutes fois & quantes il leur plaira, telles perſonnes capables qu'ils choiſiront avec l'agrément de Sa Majeſté. *Louis XIV. ibidem.*

XII. Au cas que le même département ſe trouve accordé à pluſieurs commiſſaires ou contrôleurs des guerres, ſoit par un, ſoit par différens maréchaux de France, généraux d'armée, intendans, contrôleurs généraux de l'extraordinaire des guerres, & autres ayant droit de donner des départemens; veut Sa Majeſté que ceux deſdits commiſſaires & contrôleurs qui n'auront été payés de leurs taxations, à cauſe des ſuſdits départemens, ne puiſſent en faire aucune demande auſdits treſoriers ou leurs commis, ni les faire condamner au payement d'icelles; en faiſant par leſdits treſoriers apparoir du payement par eux fait deſdites taxations, à d'autres commiſſaires & contrôleurs ayant le même département, ſauf auſdits commiſſaires & contrôleurs leurs recours les uns à l'encontre des autres, pour la reſtitution qui ſe devra faire deſdites taxations, à leurs riſques & fortunes : & ſans pouvoir prétendre répétition à l'encontre deſdits treſoriers, en cas d'inſolvabilité de la part des commiſſaires & contrôleurs condamnés à la reſtitution deſdites taxations. *Louis XIV. Déclaration du mois de Janvier* 1660.

XIII. Leſdits treſoriers ne pourront être pareillement condamnés de payer aucunes taxations aux commiſſaires & contrôleurs

des guerres, qui n'auront pris les départemens des maréchaux de France ou contrôleurs-généraux des guerres, quelques fom-
mations & proteftations que lefdits commiffaires puiffent prétendre avoir été faites
à leur requête pour cet effet ; fauf à eux leur
recours, comme dit eft, à l'encontre des
commiffaires & contrôleurs qui auront reçu
lefdites taxations. *Louis XIV. ibidem.*

*Les deux articles précédens ne concernent
que les taxations employées dans l'état des
garnifons ordinaires, fous le nom de commiffaires & contrôleurs départis pour faire les
montres & revûes defdites garnifons, ou des
compagnies de gardes des gouverneurs-géné-
raux compris audit état. Ces départemens font
fans fonctions, & les taxations y attribuées,
font des mortes-payes qui dépendent des maréchaux de France, pour les commiffaires ;
& les contrôleurs-généraux, pour les contrôleurs des guerres.*

*Quant aux gages & appointemens des com-
miffaires des guerres, & à ceux des contrôleurs, ils font payés à l'ordinaire & l'extraordinaire des guerres, fur les états de Sa Majefté, fignés par le fecretaire d'état de la guerre, & fur les fimples quittances des proprié-
taires.*

XIV. A l'égard des contrôleurs des guerres anciennement créés, que Sa Majefté a
confirmés en poffeffion de leurs offices, &

de ceux qu'Elle a créés de nouveau pour tenir regiſtre & contrôle des montres & revûes de ſes troupes ; veut Sa Majeſté, qu'ils jouiſſent des privileges, exemptions, droits de *committimus* , & autres attachés auſdits offices, nonobſtant toutes revocations auſquelles Sa Majeſté a derogé ; enſemble de l'hérédité deſdits offices , de l'exemption de tailles, uſtenſiles, ſubſides & logement des gens de guerre. *Louis XIV. ibidem.*

XV. Leſdits contrôleurs prêteront ſerment entre les mains des contrôleurs-généraux de l'ordinaire des guerres & gendarmerie de France ; leſquels pourront commettre le plus prochain juge royal de la demeure deſdits contrôleurs , pour procéder à leurs réceptions , faire l'information de leurs vie, mœurs & religion ; leur faire prêter le ſerment accoutumé ; & du tout faire mention ſur le repli des proviſions , ainſi que leſdits contrôleurs-généraux pourroient faire. *Louis XIV. Arrêt du 30 Juin & 21 Novembre* 1693.

XVI. L'âge pour la réception deſdits contrôleurs , ſera réputé compétant lorſqu'ils ſeront entrés dans leur vingt-cinquieme année ; & ils ſeront exempts , ainſi que les commiſſaires , de ſe faire recevoir en aucune cour ſupérieure. *Louis XIV. Edit de Décembre* 1691.

XVII. Quant aux gages, taxations & appointemens deſdits commiſſaires & contrôleurs , ſelon la déclaration du 15 Janvier

1707. Chacun des cent quarante commissaires ordinaires, qui aura financé pour sa charge, la somme de cinquante-cinq mille livres, à laquelle nous les avions fixées, jouira de deux mille deux cens livres de gages, tant anciens que nouveaux, ci. . . . . . 2200 liv.

Appointemens. . . . . 3000 liv.

Ceux desdits commissaires qui n'ont financé que 33000 liv. d'ancienne finance, auront pour gages. . . . . 1300. liv.

Ceux qui ont financé 40000 liv. auront pour gages. . . . . 1600 liv.

Et pour appointemens. . . . . 3000 liv.

Les Commissaires n'ont des appointemens que quand ils sont employés.

Six commissaires des gardes françoises.

Sçavoir:

Le premier pour gages anciens & nouveaux. . . . . 5300. liv.

Taxations. . . . . 400. liv.

Paye de 10. livres 15. sols dans chacune des XXXIII. Compagnies. . . . . 4257. liv.

Le 2e. pour anciens gages. . 5040. liv.

Taxations. . . . . 400. liv.

Droits des trois payes de vingt-cinq livres par mois. . . . . . . 900. liv.

Le 3 . pour anciens & nou-
veaux gages. . . . . 840 liv.

Taxations. . . . . 400 liv.

Droit d'une paye de vingt-
cinq livres. . . . . 300 liv.

Le 4ᵉ. pour anciens & nou-
veaux gages. . . . . } *Idem.*
Taxations & paye. . . . .

Le 5 . pour gages. . . . . . . 740 liv.

Taxations. . . . . 400 liv.

Droit de paye de vingt - cinq
livres. . . . . 300 liv.

Le 6 . pour gages. . . . . . 740 liv.

Taxations. . . . . 400 liv.

Le commiffaire à la conduite du régiment
des gardes-fuiffes , qui a acquis les quatre
charges.

Gages. . . . . 5400 liv.
Taxations des quatre charges. . 1920 liv.
Taxations à caufe de la compa-
gnie générale. . . . . 480 liv.

Chacun des quatre commiffaires des gardes du corps du Roi, dont la finance eft fixée à foixante mille livres.

Gages. . . . . 1500 liv.
Appointemens. . . . . 3600 liv.

Le commiffaire de la compagnie des gendarmes du Roi.

Gages. . . . . 3600 liv.

Taxations à la suite de la compagnie. . . . . 480 liv.

Taxations à cause des cinquante gendarmes de quartier. . . . . . . 480 liv.

Le commissaire de la compagnie des chevaux-legers.

Pour anciens & nouveaux gages. . . . . 357 l. 10 s.

Taxations ordinaires & extraordinaires. . . . . } 4582. liv.
Appointemens. . . . .

Chacun des deux commissaires des mousquetaires, dont la finance est fixée à soixante-dix mille livres.

Gages. . . . . 1200 liv.

Appointemens. . . . . 3600 liv.

Le commissaire des grenadiers à cheval, & chacun des quatre commissaires de la gendarmerie.

Gages. . . . . 1000 liv.

Appointemens. . . . . 3600 liv.

CONTROLEURS.

Chacun des quatre contrôleurs généraux des tresoriers des troupes de la maison du Roi, dont la finance est de trente-six mille livres.

Gages. . . . . 1800 liv.

Taxations. . . . . 540 liv.

Chacun des fix contrôleurs de l'extraordinaire des guerres, dont la finance eft de
cinquante-fix mille livres.

Gages. . . . . 2800 liv.

Taxations & appointemens. . . 420 liv.

Trois contrôleurs provinciaux des
guerres.

Gages à chacun. . . . . 480 liv.

Chacun des cent quarante contrôleurs ordinaires des guerres.

Pour gages. . . . . 210 liv.

Quatre contrôleurs du régiment des gardes françoifes.

Gages. . . . . 955 l. 10 f.

Taxations. . . . . 300 liv.

Droit de regiftre. . . . . . 262 liv.

Droit de paye. . . . . 300 liv.

Deux nouveaux contrôleurs dudit régiment.

Gages. . . . . 650 l. 12 f.

Taxations. . . . . 300 liv.

Droit de regiftre. . . . . . 249 l. 8 f.

Droit de paye. . . . . 300 liv.

Quatre contrôleurs anciens des gardes
fuiffes.

Gages. . . . . 918 liv.

Taxations. . . . . 360 liv.

Droit de regiftre. . . . . . 300 liv.

Quatre nouveaux contrôleurs dudit régiment.

Gages. . . . . 500 liv.

Taxations. . . . . 360 liv.

Droit de regiftre. . . . . . 300 liv.

Un contrôleur de la compagnie générale.

Gages. . . . . 714 l. 8 f.

Taxations. . . . . 360 liv.

Droit de regiftre. . . . . . 300 liv.

Chacun des quatre contrôleurs des gardes du corps, pour gages. . . . . 1000 liv.

Chacun des contrôleurs provinciaux, ancien, alternatif & triennal de la compagnie des gendarmes du Roi.

Gages. . . . . 1200 liv.

Droits de regiftre dans l'année d'exercice. . . . . 600 liv.

Taxations dans ladite année, tant ordinaires qu'extraordinaires. . . . 720 liv.

Chacun des trois contrôleurs de la compagnie des chevaux-legers.

Gages. . . . . 500 liv.

Taxations ordinaires. . . . .⎫
Taxations à caufe du quar-⎬ 1320 liv.
tiers.
Droit de regiftre. . . . .⎭

Chacun des deux contrôleurs des mouf-
quetaires. . . . . 252 liv.

Celui de la compagnie des grenadiers à
cheval. . . . . 224 liv.

Chacun des quatre contrôleurs de la gendarmerie . . . . 224 liv.

*Par le XXVII. article du réglement de Louis
XII. du 20 Janvier 1514, il eft ordonné à
tous les capitaines & gens de guerres des ordonnances, d'obéir aux commiffaires qui les
meneront.*

*Par l'art. CIV. de l'ordonnance de 1566 de
Charles IX.* des offices de commiffaires des
guerres, ne feront pourvûs que gentils-
hommes & expérimentés. *Le même Roi par
l'art. XLI. de fon ordonnance du premier Février 1704.* Avenant vacation des offices de
commiffaire des guerres, Nous n'entendons qu'aucuns puiffent être admis en iceux,
s'ils ne font gentils-hommes, ayant auparavant fuivi nos ordonnances durant le tems
de fix années continuelles pour le moins.
*Par la fufdite ordonnance de Charles IX.
du premier Février 1574, art. XXX. confirmée par ordonnance de Henri III. du 9 Fé-*

vrier 1584 , *art.* XXXVII. L'injure & malice du tems a tellement perverti toutes choses, qu'il seroit par ci-devant arrivé qu'aucuns de nos commissaires , contrôleurs & payeurs ordinaires faisant leurs états, & voulant tenir la main à faire pratiquer nos ordonnances , ont par quelqu'un des capitaines membres des compagnies , hommes d'armes & archers d'icelles , les voulant intimider , & s'opposant trop licentieusement à eux , au contraire du respect que Nous voulons & entendons être porté à nosdits officiers faisant leurs charges , où ils représentent notre personne , outragé avec paroles arrogantes & injurieuses aucuns de nosdits officiers , à notre grand mécontentement : Pour à quoi remédier , Nous voulons que , où telle chose aviendroit , qu'à la seule plainte qu'en fera icelui notredit officier à notredit service , à l'un de nos maréchaux de france , que chacun d'eux à qui s'adressera la plainte , ait sur le champ à mander ledit chef, homme d'arme ou archer qui aura fait ladite insolence , & le casser , & à jamais priver de nos ordonnances, & ce à la vérification de deux autres nos officiers, ou autres gens de bien qui pourront certifier dudit outrage. Et le cas avenant qu'ils fussent si téméraires , que d'attenter en la personne de nosdits officiers , Nous voulons qu'ils soient punis par corps , attendu le lieu qu'ils tiennent pour notre service , faisant la montre.

Outre les commissaires ordinaires des guerres créés en titre d'office héréditaire, le premier prince du sang, & chaque maréchal de France, est en droit sa vie durant, de créer en commission seulement un commissaire des guerres, dont l'emploi finit à la mort du prince ou maréchal de france, quoique celui qui en étoit revêtu, jouisse pendant sa vie des gages & privileges attachés à sa charge, & que sa veuve ait les mêmes exemptions que les veuves des commissaires des guerres ordinaires.

TITRE XLIX.

Des Commissaires Provinciaux des Guerres.

ARTICLE PREMIER.

LE Roi a créé & érigé en titre d'office formé & héréditaire, trente offices de conseillers de Sa Majesté, commissaires ordinaires provinciaux de ses guerres, pour être départis dans les provinces & généralités du royaume.

SÇAVOIR:

Un pour Dunkerque, Gravelines, Bergues, Furnes, Bourbourg. *Citadelles, forts & dépendances.*

Un pour Lille, Tournay, Douay, Menin. *Citadelles, forts & dépendances.*

Un pour Valenciennes, Condé, Bouchain, Cambray. *Idem.*

Un pour Amiens, Dourlens, Peronne,

Montreuil, Boulogne, Calais, Ardres;
Idem.

Un pour Arras, Bapaume, Aire, Saint-
Omer, Bethune, Hesdin. *Forts & citadelles en dépendans.*

Un pour Maubeuge, le Quesnoy, Landre-
cy, Avesne. *Idem.*

Un pour Philippeville, Charlemont, Gi-
vet, Mariembourg. *Et dépendances.*

Un pour Sedan, Mezieres, Charleville,
Stenay, Rocroy, Bouillon. *Forts & citadelles en dépendans.*

Un pour Metz, Toul, Verdun, Montme-
dy, Longwy. *Idem.*

Un pour Thionville, Sar-Louis, Trarback,
Marsal, Phalsbourg, Sarbourg, Vic,
Moyenvic. *Et dépendances.*

Un pour Strasbourg, Fort-Louis du Rhin,
Landau, Saverne, Haguenau. *Idem.*

Un pour Huningue, Lanscroon, Betfor,
Vieux - Brisack, Neuf - Brisack, Col-
mar, Scheleftat. *Idem.*

Un pour Besançon, Salins, Gray, Vezoul.
Et autres places du comté de Bourgogne.

Un pour toute la généralité de Dijon.

Un pour toutes les places de Dauphiné.

Un pour celles de Roussillon.

Un pour Toulon, Saint Tropez, Isles-Sainte-
Marguerite & S. Honorat, Fort Saint-
Vincent, Yeres, Brignoles, S. Maxi-
min, Barjouls, Daulps, de Lorgues,
de Draguinan, de Grace, de Saint-
Paul,

Paul, de Caſtellane, d'Aunot, de Di-
gne. *Et dépendances.*

Un pour Marſeille, Château-d'If, Pomé-
gués, Rotonneau, Tour de Bouc,
Ville & Citadelle de Siſteron, For-
calquier & autres Villes & Places des
Vigueries d'Aix, Arles, Taraſcon &
Apt. *Et dépendances.*

Un pour la Ville & Citadelle de Montpel-
lier, Peccais, Aiguemortes, Sommie-
res, Niſmes, Saint Hyppolite, Chȃ-
teau de Saint-André & Saint-Eſprit, Be-
ziers, Narbonne, & autres Villes &
Places du bas Languedoc.

Un pour Touloufe, Caſtelnaüdary, Car-
caſſonne, Caſtres, Château de Ferrie-
res. *Et dépendances.*

Un pour Bordeaux, Château-Trompette,
Fort Ste. Croix, Ville & Citadelle de
Blaye, Fort de Medoc, Dax. *Et dé-*
pendances.

Un pour la Ville & Citadelle de Bayonne,
Château-vieux & Château-neuf, Re-
doute d'Andaye, Château de Lourdes.

Un pour Montauban, Navarreins, Saint
Jean de Pied-de-port & autres Places
& Villes de la Généralité de Montau-
ban.

Un pour la Rochelle, & les Places des Iſles
de Ré, Brouages & Oleron.

Un pour les Villes & Garniſons de la Généralité de Poitiers.

Un pour celles de Limoges.

Un pour celles de Tours.

Un pour celles de Bretagne.

Un pour celles de la Province de Normandie.

Un pour celles de la Province de Soiſſons.

II. Leſdits commiſſaires provinciaux feront leur réſidence actuelle dans la ville de leur département la plus convenable au ſervice de Sa Majeſté, & y auront leurs logemens. *Louis XIV. Edit du* 11 *Avril* 1704, *& déclaration du* 14 *Juin* 1704. *Cette citation eſt relative à tout ce titre.*

III. Veut Sa Majeſté qu'ils ſoient chargés, chacun dans leur département, de la conduite, police & diſcipline de ſes troupes; de leur faire obſerver les ordonnances, ordres & réglemens militaires faits par Sa Majeſté, & les Rois ſes prédéceſſeurs, & ceux qui pourront être faits par la ſuite ; qu'ils faſſent les montres & revûes des troupes d'infanterie, cavalerie & dragons, tant françoiſes qu'étrangeres, ſoit qu'elles ſoient pour tenir garniſon ou de paſſage, toutefois & quantes ils aviſeront pour le bien du ſervice de Sa Majeſté; comme auſſi de celles de nouvelle levée, de milice, du ban & arriere-ban, qui ſont ou ſeront ci-après en garniſon dans les places fortes ou ailleurs, en quartier d'hyver, de rafraichiſſement ou autrement ; qu'ils procedent contre les contrevenans auſdites ordonnances

fuivant la rigueur d'icelles, par interdiction
d'officier, arrêts d'appointemens, & même
de perfonnes, fuivant l'exigence des cas ; lefquelles interdictions & arrêts de perfonnes
ne pourront être levés fans un ordre exprès
de Sa Majefté.

IV. Pourront lefdits commiffaires provinciaux rebuter en bonne connoiffance &
fuivant l'intention de Sa Majefté, tous foldats, cavaliers, dragons, chevaux & équipages qui ne feront point en état de fervir ;
les cafferont, fans que les officiers puiffent
les reprendre, à moins d'ordre exprès de
Sa Majefté ; laquelle enjoint à tous colonels, meftres-de-camp, capitaines & tous
autres officiers de fes troupes, d'obéir aufdits commiffaires dans ce qui concernera
fon fervice dans les fonctions de leurs charges.

V. Lefdits commiffaires provinciaux feront feuls, & privativement à tous commiffaires & autres, les montres & revûes
des compagnies de gardes des gouverneurs
& lieutenans-généraux des provinces du dedans du royaume, appellées garnifons ordinaires & morte-payes.

Nota. *Les compagnies dont il s'agit ne*
font point appellées garnifons ordinaires, ni
morte-payes ; mais elles font employées pour
leur payement fur l'état qui s'expédie tous les
ans fur le treforier-général de l'extraordinaire
de la guerre, fous le titre d'état des garnifons
ordinaires. La compagnie du lieutenant-géné.

ral d'Alface y eft comprife ; celle du gouver-
neur-général de Dauphiné ; celle du gouver-
neur de Rouffillon. Ainfi l'article doit s'é-
tendre au-delà des provinces du dedans du
royaume.

VI. N'entend toutefois Sa Majefté difpenfer lefdits commiffaires provinciaux, de
fe préfenter en perfonne ou par procureur
au doyen des maréchaux de France, pour
obtenir les départemens fuivant l'ufage ordinaire.

VII. A l'égard des troupes qui feront en
garnifon dans les places de Sa Majefté, Elle
veut & entend, que lorfqu'il s'y trouvera
un commiffaire ordinaire établi en réfidence
par fes ordres, le commiffaire provincial du
département, foit tenu de lui indiquer le
jour & l'heure aufquels il conviendra faire
la revûe defdites troupes, & d'en laiffer le
tiers au moins audit commiffaire ordinaire,
pour en faire la revûe en même tems.

VIII. Veilleront lefdits commiffaires provinciaux à la diftribution des étapes, qui
feront fournies aux troupes qui pafferont
dans leurs départemens, & pourront, lorfqu'ils croiront leur préfence néceffaire à la
difcipline d'icelles, fe mettre à leur conduite
dans l'étendue de leur département, & en
faire les revûes, ou les faire faire en leur
préfence par le commiffaire aux revûes, au
cas qu'il y en ait d'établis dans les lieux où
ils fe trouveront ; voulant Sa Majefté, que
lefdits commiffaires aux revûes reçoivent les

ordres desdits commissaires provinciaux ; & leur obéissent en tout ce qui concernera le service de Sa Majesté.

IX. Feront, privativement aux commissaires ordinaires & subdélegués des intendans des provinces, le détail de tout ce qui concerne les troupes dans leur département; tiendront la main à ce que les corps-de-garde & cazernes soient bien entretenues, & à l'exécution de tous marchés, soit de vivres, fourrages, hôpitaux, lits, bois & chandelles de corps-de-garde, & généralement tout ce qui peut regarder lesdites troupes ; & dont ils donneront seuls les états & certificats, sur lesquels les intendans des provinces ordonneront du payement : & desquels états & certificats ils seront tenus d'envoyer autant tous les trois mois, & plus souvent si besoin est, au secrétaire d'état ayant le département de la guerre.

X. Ils tiendront aussi la main à ce que le logement soit fait aux troupes dans les villes, suivant les ordonnances de Sa Majesté ; & régleront toutes les contestations qui pourroient arriver à ce sujet : & dans le cas où ils le croiront nécessaire, ils pourront eux-mêmes faire lesdits logemens ; ordonnant pour cet effet Sa Majesté aux gouverneurs ou commandans de ses places, de leur donner toute assistance, en cas qu'ils ne fussent pas obéis ; sans néanmoins innover en cela à l'usage qui se pratique actuellement.

en quelques-unes defdites villes, en conféquence des privileges particuliers.

XI. Veut Sa Majefté que lefdits commiffaires provinciaux, privativement à tous
commiffaires ordinaires & fubdélegués, or-
donnent, en l'abfence des commiffaires départis dans les provinces, de toutes les mêmes chofes concernant la guerre, dont font
chargés les commiffaires départis ; & qu'ils
foient, comme eux, obéis dans les chofes
qui regardent le fervice de Sa Majefté, &
la fubfiftance, entretien & police defdites
troupes, dont ils rendront compte directement au fecrétaire d'état de la guerre, fans
être néanmoins difpenfés de réferer le tout
aufdits commiffaires départis à leur retour
dans les provinces, & de les informer de ce
qu'ils auront fait pour le fervice de Sa Majefté en leur abfence.

XII Sa Majefté a attribué & attribue à
chacun defdits trente offices de commiffaires
provinciaux, quatre mille livres de gages
effectifs pour deux quartiers de huit mille
livres, qui feront affignés fur les deniers du
taillon, & dont le payement leur fera fait
par le treforier général de l'ordinaire des
guerres, de quartier en quartier, & trois
mille fix cens livres d'appointemens, dont
ils feront payés à raifon de trois cens livres
par mois, par le treforier-général de l'extraordinaire des guerres en exercice, ou
leurs commis fur les lieux.

XIII. Sa Majefté leur accorde en outre

quatre rations de fourrage par jour, lefquelles leur feront payées pendant toute l'année
dans les villes de leur réſidence, en nature
ou en argent, à leur choix, à raiſon de dix
fols la ration; dont l'impoſition fera faite
annuellement par les intendans & commiſ-
faires départis dans les provinces & généralités du royaume; ſçavoir, dans les pays tail-
lables, au marc la livre de l'impoſition de
la taille, & dans les pays d'états au marc la
livre des impoſitions ordinaires.

XIV. Sa Majeſté veut pareillement qu'ils
reçoivent fix rations de pain de munition par
jour, dans les tems feulement qu'il en fera
ordonné par Sa Majeſté aux troupes qui tiendront garniſon dans les places de leurs départemens ; comme auſſi deux minots de
fel par chacun an, à prendre dans le plus
proche grenier du lieu de leur réſidence.

XV. Sa Majeſté a auſſi attribué & attribue
à ceux qui feront pourvûs defdits offices de
commiſſaires provinciaux feuls, à l'excluſ-
fion de tous commiſſaires ordinaires, le
droit de ferment des officiers des troupes
qui fe feront recevoir dans leur département,
que Sa Majeſté a fixé, ſçavoir :

A cinquante livres pour chaque colonel
ou meſtre-de-camp d'infanterie & cavalerie,

Quarante-cinq livres pour chaque colonel de dragons.

Quarante livres pour chaque lieutenant-
colonel & major d'infanterie ou cavalerie,
& pour chaque capitaine de cavalerie.

Trente-fix livres pour chaque lieutenant-colonel, major ou capitaine de dragons.

Trente livres pour un capitaine & aide-major d'infanterie, aide-major, lieutenant de cavalerie.

Vingt-cinq livres pour chaque lieutenant, ou aide-major de dragons.

Vingt livres pour un lieutenant d'infanterie.

Vingt livres pour un cornette de cavalerie.

Dix-huit livres pour un cornette de dragons.

Quinze livres pour un sous-lieutenant ou enseigne d'infanterie.

XVI. Il sera délivré ausdits officiers un certificat de ladite prestation de serment, par le commissaire provincial qui l'aura reçû ; lequel certificat lesdits officiers seront tenus de représenter, pour éviter de prêter un nouveau serment, & d'en payer le droit dans un autre département ; où le commissaire provincial sera bien reçû à demander ladite prestation de serment, & à en faire payer le droit, faute dudit certificat : lequel droit de serment Sa Majesté n'entend devoir être payé que par les officiers qui seront pourvûs depuis le présent édit.

XVII. Comme l'intention de Sa Majesté est de choisir dans la suite, parmi lesdits commissaires provinciaux, ceux qu'Elle jugera les plus capables d'entre eux & les plus attachés au bien de son service, pour en faire des ordonnateurs, foit dans les places ou dans les camps & armées ; ils auront alors des appointemens plus confidérables que ceux qui leur font attribués par le préfent édit, dix places de fourrage, & douze rations de pain ; & dans ce cas, ils ne feront tenus de faire des revûes qu'au feul défaut des commiffaires ordinaires.

XVIII. Jouiront lefdits commiffaires provinciaux, pour eux & leurs veuves, de tous les mêmes droits, exemptions & privileges accordés aux commiffaires ordinaires des guerres, par édit du mois de Décembre 1691. Autres édits, déclarations & arrêts rendus en conféquence, encore que le tout ne foit ici plus particulierement expliqué.

XIX. Et pour donner aufdits commiffaires provinciaux des marques particulieres de diftinction ; veut Sa Majefté, non-feulement qu'ils prennent la qualité d'écuyer comme les autres commiffaires ordinaires, mais de plus qu'ils faffent fouche de nobleffe, lorfqu'eux & leurs enfans fucceffivement & fans interruption, auront poffédé & exercé lefdits offices pendant vingt années ; enforte que comptant les années de fervice du pere & ceux des enfans enfemble, fe trouvant vingt années de fervice entr'eux, la nobleffe leur foit acquife pour eux & leur poftérité, enfans nés & à naître en légitime mariage.

XX. Auront lefdits commiffaires en toutes occafions, le pas après les gouverneurs, commandans des places & lieutenans de Roi,

S v

& auront la gauche auſſi en toutes occaſions du commandement de chaque régiment & troupe.

XXI. Le mot & ordre leur ſera porté par un aide-major des places de leurs départemens où ils ſe trouveront.

XXII. Veut Sa Majeſté, que ceux qui acquerront les offices créés par le préſent édit, en ſoient pouvûs ſur les quittances du treſorier des revenus caſuels, qui leur ſeront par lui délivrées en vertu des rôles qui en ſeront arrêtés au conſeil de Sa Majeſté pour faire les fonctions, & jouir des gages, appointemens, droits & privileges ci-deſſus exprimés.

XXIII. Seront leſdits commiſſaires provinciaux reçûs, & prêteront ſerment entre les mains des maréchaux de France ; auſquels ou à l'un d'eux ſur ce requis, ils feront utilement apparoir de leurs bonnes vie & mœurs, religion & âge, qui ſera réputé compétent, pourvû qu'ils ſoient dans leur vingt-cinquieme année ; ſans qu'ils ſoient tenus de ſe faire recevoir en aucune cour ſupérieure ni ailleurs, dont en tant que beſoin, Sa Majeſté les a diſpenſés & diſpenſe.

XXIV. Veut Sa Majeſté que ceux qui prêteront leurs deniers pour l'acquiſition deſdits offices aient un privilege & hypotheque ſpéciale, tant ſur leſdits offices, que ſur les gages y attribués, juſqu'à concurrence des ſommes qu'ils auront prêtées ; & que les tréſoriers des revenus caſuels faſſent mention defdits emprunts, s'ils en font requis, dans les quittances de finance qu'ils expédieront, & des noms & qualités de ceux qui auront prêté ; fans que le défaut d'expreffion du prêt dans lefdites quittances puiffe nuire ni préjudicier aux privileges & préférences que Sa Majefté a accordées ; pourvû que dans les contrats & obligations, il foit ftipulé que les deniers prêtés font pour être employés au payement de partie ou du total de la finance defdits offices.

XXV. Mande Sa Majefté à tous gouverneurs des provinces, lieutenans-généraux en icelles, gouverneurs, commandans particuliers, lieutenans de Sa Majefté, intendans de juftice, police & finances èfdites provinces, & autres officiers qu'il appartiendra, de prêter main-forte, aide & affiftance aufdits commiffaires provinciaux, en ce qui concernera les fonctions de leurs charges.

XXVI. Enjoint pareillement Sa Majefté à tous prevôts, vice-baillifs & autres, de les affifter & de fe tranfporter avec leurs compagnies, ou partie d'icelles, ès lieux où ils fçauront par lefdits commiffaires provinciaux, que befoin fera.

TITRE L.

Concernant les Commiffaires Provinciaux &
ordinaires des Guerres.

LETTRE DE M. DE LOUVOIS
à M. de la Grange, Intendant en Alface,
fur le rang des Commiffaires avec les Majors
des Places, du 14 Juillet 1687.

J'Ai reçû votre lettre du 7 de ce mois ; ce
qu'il y a à dire fur le rang des commiffaires avec
les majors eft, que les premiers doivent marcher
après les lieutenans de Roi, hors dans les tems
que les majors fe trouvent commander dans les
places en l'abfence des lieutenans de Roi.

Signé, DE LOUVOIS.

LETTRE CIRCULAIRE de M. de
Chamillart, aux Commiffaires ordinaires, fur le
droit de Serment, du 16 Septembre 1704. A.
Marly.

MESSIEURS, j'ai reçû votre lettre du
dernier du mois paffé au fujet de votre ancienne
prétention pour le droit de ferment de fidélité des
officiers des troupes. Les déclarations du Roi qui
ont été rendües à ce fujet font fuffifantes pour
vous en démouvoir. Quant à ce que vous dites
que les commiffaires provinciaux, aufquels Sa
Majefté a attribué ce droit, l'étendent fur les officiers qui fervent à l'armée, aufquels ils donnent
des certificats fans les avoir vûs ni connus, il eft
difficile à croire que lefdits officiers, qui étant reçûs à l'armée, fçavent qu'ils n'ont rien à payer,
s'accommodent avec les commiffaires provin-

ciaux qui font en droit de recevoir ce droit ; fi le cas arrivoit, le Roi fçauroit bien les punir d'une prévarication directement contre le fervice de Sa Majefté ; la preftation de ferment n'étant pas regardée comme une fimple formalité, mais comme un ufage néceffaire & qui fe pratique à la premiere revûe où paffe un nouvel officier. Si le commiffaire provincial n'a point fait de revûe aux troupes qui paffent par fon département pour aller à l'armée, il n'a pas été en état de faire prêter ferment aux officiers, vous le devez recevoir de ceux defdits officiers qui ne juftifient pas l'avoir prêté, & leur en donner vos certificats, mais fans exiger aucun droit.

Par autre Lettre de M. de Chamillart du 22 Juillet 1705, écrite au Commiffaire Provincial des Evêchés, il a été décidé qu'il ne pouvoit recevoir le droit de ferment d'un officier caffé & rétabli dans fa compagnie.

Par décifion du Confeil de la Guerre, du 6 Juillet 1717, il a été dit, que les commiffaires provinciaux non employés ne devoient pas jouir du droit de ferment.

ARREST DU CONSEIL
d'Etat du Roi,

Portant Réglement pour les Commiffaires & Contrôleurs des Guerres, créés par Edit de Sa Majefté du mois de Décembre 1691.

Du 30 Avril 1697.

EXTRAIT *des Regiftres du Confeil d'Etat.*

SUr la requête préfentée au Roi en fon confeil par les officiers du fiége général de

la connétablie & maréchaussée de France,
à la table de marbre du palais à Paris, contenant qu'ils font en droit de connoître des
gages, droits, fonctions & exercices des trésoriers, commissaires & contrôleurs des
guerres; ensorte qu'ils sont obligés de rendre compte dans ce tribunal de toutes les
fonctions dépendantes de leurs charges. Ils
y doivent, aux termes des ordonnances,
faire enregistrer leurs provisions, déclarer
le lieu de leur résidence, & les noms de
leurs cautions. Cette attribution appartient
aux officiers de la connétablie par la déclaration du Roi Charles IX. du 15 Janvier
1573, confirmée par une autre du 6 Janvier 1574. L'ordonnance de Louis XIII. du
24 Avril 1621, rendue sur la remontrance
de M. le Connétable de Luynes, ordonne
positivement ledit enregistrement : la déclaration du Roi du mois de Janvier 1660,
l'arrêt du conseil d'état du 10 Mars 1663,
rendu en exécution de ladite déclaration,
jugent la même chose. Ces déclarations &
l'arrêt du conseil ont toujours été exécutés
jusqu'au jour de l'édit du mois de Janvier
1691, par lequel il a plû à Sa Majesté de
créer de nouvelles charges de commissaires
des guerres. Depuis ce tems-là il y a eu quelques commissaires qui ont négligé cette formalité essentielle : mais comme cet édit n'é-
tablit point un droit nouveau, & qu'au contraire ils sont créés à l'instar des anciens
commissaires des guerres, ils ne peuvent se

dispenser de reconnoître la Jurisdiction dans laquelle ils doivent rendre compte de leur conduite. Les officiers de la connétablie sont demeurés dans le silence jusqu'à présent, dans la crainte d'empêcher le débit des charges. Mais comme elles sont toutes remplies, ils ont recours à Sa Majesté pour leur être sur ce pourvû, & esperent qu'Elle les confirmera dans un droit qui leur appartient, & dont ils ont joui depuis un tems immémorial, sur le fondement des déclarations & ordonnances, & de l'arrêt du conseil. Vû ladite requête, ladite déclaration du mois de Janvier 1660, qui attribue droit de Jurisdiction aux commissaires & contrôleurs des guerres pardevant les officiers de la connétablie & maréchaussée de France, en tous procès mûs & à mouvoir, concernant les fonctions de leurs offices, & par appel en la Cour : Arrêt du conseil du 5 Février audit an, & autres pieces y attachées. Oüi le rapport du sieur Phelypeaux de Pontchartrain, conseiller ordinaire au conseil royal, contrôleur général des finances. Le Roi en son conseil ayant égard à ladite requête, a ordonné & ordonne que les nouveaux commissaires & contrôleurs ordinaires des guerres, créés par son édit du mois de Décembre 1691, reconnoîtront la Jurisdiction desdits officiers de la connétablie & maréchaussée de France, ainsi & en la même maniere que le faisoient, & étoient obligés de faire, les anciens commissaires & contrôleurs des

guerres fupprimés, fuivant les ordonnances
& réglemens ; Sa Majefté n'ayant entendu
par fon édit rien innover quant à ce, ni préjudicier à ladite jurifdiction. Fait au confeil
d'état du Roi, tenu à Verfailles le 30 Avril
1697. Collationné.

Signé, DU JARDIN.

*EXTRAIT des Regiftres du Siege général de la
Connétablie & Maréchauffée de France, à la Table de Marbre du Palais à Paris.*

LEs Connétable & Maréchaux de France :
A tous ceux qui ces préfentes Lettres verront,
SALUT. Sçavoir faifons que fur ce que le procureur du Roi en notre fiége, nous a judiciaire-
ment remontré, que dans tous les tems (*a*) les
commiffaires & contrôleurs des guerres, comme
officiers de guerres & gendarmerie, ont toujours
été jufticiables pour tout ce qui regarde le fait de
leurs charges, fonctions & exercices d'icelles,
gages, droits, appointemens, privileges & exemptions, tant en demandant que défendant, du
fiége général de la connétablie & maréchauffée
de France, à la table de marbre du palais à Paris, qui eft la jurifdiction contentieufe de Mef-
fieurs les maréchaux de France, ou leur lieutenant, pour connoître tant en matieres civiles que
criminelles, de toutes les caufes & affaires de la
guerre & gendarmerie, primativement & à l'ex-
clufion de toutes cours & juges, & ce avec cet

_____

(*a*) Connoîtront les connétable & maréchaux de France,
ou leur lieutenant, des montres & revûes, payemens, gages, foldes, appointemens, taxations, droits de paye, &
de regiftres, & autres droits des commiffaires & contrôleurs des guerres, treforiers payeurs, &c. *Ordonnance de
1356, Art. IV. du 15 Janvier & 3 Août 1574.*

avantage, qu'ils sont en droit d'y plaider, & faire
entendre leurs causes par eux-mêmes sans le mi-
nistere d'avocats, ni procureurs, (*a*) & ont une
séance convenable à la dignité de leurs charges :
que suivant cet ordre & cette dépendance, les
ordonnances des Rois, tant anciennes que modernes, représentées au conseil du Roi, enjoi-
gnent toutes ausdits commissaires & contrôleurs
des guerres, deux mois après l'expédition de leurs
lettres de provisions, icelles faire enregistrer au
greffe de la maréchaussée de France, (*b*) avec la
déclaration signée d'eux, contenant le lieu de
leur résidence & domicile ; avec défenses aux tresoriers ordinaires des guerres, de payer ni assigner les gages desdits commissaires & contrôleurs, s'il ne leur appert qu'ils ayent fait enregistrer leurs lettres de provisions, & déclaration
de leurs domiciles audit greffe de la maréchaussée
de France à peine de pure perte, & de radiation
desdits gages, sur leurs comptes. Qu'aux termes
de ces ordonnances & réglemens rendus en conséquence, les commissaires & contrôleurs supprimés par l'édit de Sa Majesté du mois de Dé-

---

(*a*) *Ordonnance des 18 Octobre 1553 & premier Février
1574. Déclaration de Janvier 1660.*

(*b*) Lesquels commissaires des guerres & contrôleurs seront tenus deux mois après l'expédition de leurs lettres de
provision, icelles faire enregistrer au greffe de la maréchaussée de France, avec la déclaration signée d'eux, contenant le lieu de leur résidence & domicile. *Ordonnance
de 1356. Art. IV. & 15 Janvier 1573. Déclarations du
6 Janvier 1573, & 24 Avril 1521.* dont la première fait
défenses aux trésoriers ordinaires des guerres, de payer ni
assigner les gages desdits commissaires & contrôleurs, s'il
ne leur appert qu'ils ayent fait enregistrer leurs lettres de
provisions, & déclaration de leur domicile, au greffe du
siége de la maréchaussée de France, à peine de pure perte
& de radiation desdits gages sur leurs comptes.
Arrêt du Réglement du Conseil d'Etat, du 10 *Mars*
1615.

cembre 1691, ont été dans l'uſage généralement
de plaider & répondre audit ſiege de la connétablie, (*a*) tant en matieres civiles que criminelles , pour ce qui concerne les gages, droits, taxations, privileges & exercices de leurs charges,
où ils ont toujours été renvoyés pour leurs différends ; & de faire enregiſtrer leurs lettres de pro-
viſion au greffe dudit ſiege, qui eſt le dépôt public des titres de tous les officiers de guerre &
gendarmerie , juſqu'audit édit de 1691 , par lequel Sa Majeſté ayant ſupprimé leſdits commiſſaires & contrôleurs des guerres, & en leur lieu
& place créé de nouveaux commiſſaires & contrôleurs ordinaires des guerres , pour jouir de
leurs charges aux mêmes droits, exercices , fonctions, & en la même maniere que le faiſoient
ceux qui ont été ſupprimés par ledit édit ; les officiers dudit ſiege de la connétablie auroient par
requête , ſur laquelle eſt intervenu l'arrêt du conſeil du 30 Avril 1697 , demandé pour la conſer-
vation de leurs droits & juriſdiction , qu'il plût à
Sa Majeſté les maintenir aux droits de juriſdiction
& d'enregiſtrement de proviſions , ſur leſdits
commiſſaires & contrôleurs nouvellement créés,
comme ils l'avoient ſur les anciens ſupprimés par

(*a*) Faiſons défenſes auxdits commiſſaires & contrôleurs,
treſoriers des guerres & autres officiers de gendarmerie pri-
vilégiés , de faire évoquer les cauſes concernant leurs
charges & adminiſtration aux requêtes du palais , à peine
d'être privés de leur *committimus* en autres cauſes ; & aux
officiers deſdites requêtes, d'en connoitre. *Ordonnance du*
3 *Août* 1573.
L'ordonnance du premier Février 1574 , fait pareilles
défenſes au lieutenant civil de Paris , & tous autres Juges ; & caſſe & annulle tous jugemens par eux rendus ou
à rendre ſur le fait de la gendarmerie.
La déclaration du mois de Janvier 1660 , fait les mêmes défenſes , & évoque toutes les inſtances pendantes au
conſeil & autres juriſdictions , & les renvoye audit ſiege
de la connétablie.

ledit Edit. Sa Majesté par sondit Arrêt du 30 A-
vril dernier, les auroit maintenus en leurs droits,
& ordonné que les nouveaux commissaires & contrôleurs ordinaires des guerres, créés par son édit
du mois de Décembre 1691, reconnoîtroient la
jurisdiction de Messieurs les maréchaux de France, & officiers de la connétablie, ainsi, & en la
même maniere que faisoient & étoient obligés de
faire les anciens commissaires & contrôleurs supprimés, suivant les ordonnances & réglemens,
Sa Majesté n'ayant entendu rien innover quant à
ce, ni préjudicier à ladite jurisdiction : lequel arrêt nous auroit ledit procureur du Roi requis être
enregistré pour être exécuté ; & qu'il nous plût
ordonner que suivant icelui les commissaires &
contrôleurs des guerres, créés par ledit édit du
mois de Décembre 1691, plaideront en premiere
instance en notredit siege, tant en matieres civiles que criminelles, en toutes causes, procès,
différends concernans le fait de leurs charges,
fonctions, exercices, gages, droits, appointemens, privileges & exemptions d'icelles ; & y
apporteront les provisions de leursdits offices,
pour être enregistrées au greffe dudit siege, avec
leur déclaration contenant le lieu de leur résidence & domicile, ainsi que le faisoient & étoient
tenus de le faire les anciens commissaires & contrôleurs des guerres, supprimés, suivant les ordonnances des Rois & réglemens faits en conséquence, que Sa Majesté a déclaré vouloir être
exécutés par sondit arrêt du 30 Avril dernier,
suivant lequel & lesdites ordonnances & réglemens, défenses être faites aux tresoriers généraux de l'ordinaire des guerres, de faire aucuns
payemens des gages attribués ausdits commissaires & contrôleurs des guerres, créés par ledit
édit du mois de Décembre 1691, qu'il ne leur ait
apparu de l'enregistrement des provisions de

leurſdits offices au greffe de ce ſiege, à peine de perte deſdits gages en leurs noms, & de radiation d'iceux en la dépenſe de leurs comptes, conformément aux ordonnances & réglemens, & audit arrêt du 10 Avril dernier, qui en ordonne l'exécution. Et ſera la ſentence exécutée nonobſtant oppoſitions ou appellations quelconques, & ſans préjudice d'icelles. Sur quoi, vû ledit requiſitoire du procureur du Roi, les ordonnances & déclarations de Sa Majeſté, & notamment celles de 1356, Août 1573, Novembre 1617, 29 Novembre 1656, & Janvier 1660, 1663, l'arrêt du conſeil d'état de Sa Majeſté du 30 Avril 1697; Nous ordonnons que ledit arrêt du 30 Avril dernier ſera enregiſtré au greffe de notredit ſiege; & que ſuivant icelui les ordonnances & réglemens, les commiſſaires & contrôleurs ordinaires des guerres, créés par l'édit du Roi du mois de Décembre 1691, plaideront, tant en matieres civiles que criminelles, en premiere inſtance, pardevant Nous en notredit ſiege de la connétablie, en toutes cauſes, procès & différends concernant le fait de leurs charges, fonctions, exercices, gages, droits, appointemens, privileges & exemptions d'icelles: comme auſſi, que dans un mois de la publication dudit arrêt & de notre préſente Sentence, leſdits commiſſaires & contrôleurs nouvellement créés par ledit édit, ſeront tenus de nous repréſenter en notredit ſiege les lettres de proviſions du Roi de leurs offices, pour être enregiſtrées au greffe d'icelui, & d'y faire la déclaration de leur réſidence & domicile, ainſi, & de la même maniere que le faiſoient & étoient en obligation de le faire les anciens commiſſaires & contrôleurs des guerres, ſupprimés par ledit édit, aux termes des ordonnances, tant anciennes que modernes, & réglemens faits en conſéquence, auſquels Sa Majeſté a déclaré qu'elle n'a

entendu déroger ni innover par ledit édit du mois
de Décembre 1691, ainsi qu'il est porté par ledit
arrêt du 30 Avril dernier ; suivant lequel, lesdites ordonnances & réglemens, faisons défenses
au sieur Paparel, & autres tresoriers de l'ordinaire
des guerres, de faire aucuns payemens des gages
attribués aux commissaires & contrôleurs des
guerres, créés par ledit édit de 1691, qu'il ne
leur ait apparu de l'enregistrement fait en notredit siege, des lettres de provisions du Roi de
leurs offices, à peine de perte desdits gages, &
de radiation d'iceux en la dépenses de leurs comptes, conformément ausdites ordonnances & réglemens, & à l'arrêt du conseil d'état de Sa Majesté dudit jour 30 Avril dernier. Si mandons au
premier huissier audiencier de ce siege, ou autre huissier ou sergent royal sur ce requis, de
mettre ces présentes à dûe & entiere exécution
selon leur forme & teneur ; de ce faire donnons
pouvoir : en témoin de quoi nous avons fait mettre notre scel à ces présentes, données à Paris par
Nous Jacques Caillard, Ecuyer, Seigneur de
Ville-Parisis, conseiller du Roi, lieutenant général audit siege de la connétablie & maréchauf-
sée de France, à la table de marbre du Palais à
Paris, assisté de maître Lancelot Favart, conseiller du Roi, lieutenant particulier audit siege, le
huitieme Mai mil six cent quatre-vingt-dix-sept.
Collationné. *Signé*, DE ST. HILAIRE.

*Le vingtieme Mai 1697, à la requête desdits of-
ficiers du siege général de la connétablie & maréchauf-
sée de France, à la table de marbre du Palais à Paris, le présent arrêt & sentence ont été signifiés, &
baillé copie aux fins y contenues, au sieur Paparel
tresorier général de l'ordinaire des guerres, en son domicile à Paris, parlant à sa personne ; à ce que ledit*

sieur Paparel n'en prétende cause d'ignorance, par nous, huissier ordinaire du Roi en ses conseils.

Signé, BRISSET.

TITRE LI.

Des Montres &c.

ARTICLE PREMIER.

LEs commissaires des guerres feront à l'avenir une fois le mois, la revûe des troupes dont ils auront la police, & n'y passeront que les officiers, gendarmes, cavaliers, dragons ou soldats qui seront effectivement sous les armes, ou dans l'hôpital du lieu où se fera la revûe, & marqueront à côté de chaque compagnie, dans l'extrait qu'ils dresseront de ladite revûe, la qualité des hommes, des armes, des habillemens & des chevaux. *Louis XIV. du premier Février* 1679. *& 28 Juin* 1702. *& Louis XV. du* 20 *Février* 1722.

II. Veut & entend Sa Majesté, que ceux desdits commissaires, soit ordinaires ou provinciaux, qui se trouveront coupables d'avoir reçû de l'argent des officiers de ses troupes, ou avoir fait avec eux, en quelque maniere que ce soit, des conventions pour passer dans les extraits de leurs revûes les régimens & compagnies sur un pied plus fort que l'effectif, ou qui se trouveront les y avoir effectivement passées, soient non-seu-

lement punis par la prifon & la privation
de leurs emplois, mais encore par la perte
réelle de leurfdits offices de commiffaires ordinaires ou provinciaux ; lefquels en ce cas,
Sa Majefté déclare dès-à-préfent, comme
pour lors, confifqués à fon profit. *Louis*
XIV. du 21 Janvier 1705.

III. Veut pareillement Sa Majefté, que
ceux des commandans, majors, capitaines,
ou autres officiers de fes troupes, qui auront fait de femblables conventions avec lefdits commiffaires, foient caffés de leurs charges, fans efpérance de pouvoir y être rétablis ; & foient d'ailleurs condamnés à tenir
prifon pendant fix mois. *Louis XIV. ibidem.*

IV. Lefdits commiffaires prendront foin
en faifant lefdites revûes de donner congé,
non-feulement aux foldats qui auront quelque infirmité naturelle qui les empêchera de
fervir, mais auffi à ceux qui par leur extrême
vieilleffe, ou leur trop grande jeuneffe, feront incapables de fupporter les fatigues de
la guerre. Enjoignant Sa Majefté aufdits
commiffaires de vifiter eux-mêmes dans les
hôpitaux les foldats malades, pour donner
congé à ceux qui fe trouveront être dans ledit cas. *Louis XIV. du* 26 *Août* 1676.

V. Défend Sa Majefté aufdits commiffaires de paffer aucun foldat qui ne monte effectivement la garde, fi ce n'eft qu'avec la
permiffion du gouverneur de la place, il
foit employé aux fortifications ; & qu'en
ce cas, il faffe monter la garde par un autre

foldat à fa place, à peine aufdits commiffaires d'en répondre. *Louis XIV. du 18 Août* 1671.

VI. Ils feront figner par les gouverneurs des places, ou en leur abfence, par les lieutenans de Sa Majefté ou commandans èfdites places, & par les majors d'icelles, les extraits des montres & revûes qu'ils feront des troupes qui y feront en garnifon. *Louis XIV. du 2 Mars* 1671.

VII. Dans les lieux où il n'y aura point de gouverneur, commandant, ni major, & où il fe trouvera des troupes, lefdits commiffaires feront tenus de faire figner leurs extraits de revûes par les maires, échevins ou autres magiftrats defdits lieux. *Louis XIV. du premier Février* 1679.

VIII. Lorfque lefdits extraits de revûe contiendront plufieurs feuilles, ils feront fignés fur toutes & chacune defdites feuilles, tant par lefdits officiers-majors ou magiftrats, que par les commiffaires qui les auront dreffés; à peine aufdits officiers, magiftrats & commiffaires qui auront figné lefdits extraits, de répondre en leur nom des abus que les commis de l'extraordinaire des guerres auroient commis au fujet defdits extraits, en inférant des feuilles différentes de celles qui auroient été dreffées. *Louis XIV. du 9 Décembre* 1682.

IX. Ils feront non-feulement figner aufdits officiers & magiftrats les extraits qu'ils envoyeront au fecrétaire d'état de la guerre, mais

mais encore ceux qu'ils envoyeront aux intendans dans les départemens desquels se feront lesdites revûes, & ceux qu'ils délivreront aux treforiers de l'extraordinaire des guerres ou ses commis, ausquels lesdits extraits ne pourront servir de décharge valable, à moins qu'ils ne soient signés comme il est marqué ci-dessus. *Louis XIV. du premier Février* 1679.

X. Délivreront pareillement lesdits commissaires, une copie de leurs extraits en la forme précédente, à chacun des entrepreneurs de la fourniture du fourrage & du pain de munition, lorsqu'il en sera fourni aux troupes dont ils auront la police. *Louis XIV. du 4 Novembre* 1651, & 10 *Octobre* 1701.

XI. Pour empêcher qu'il ne soit rien ajouté ausdits extraits après qu'ils auront été signés, les commissaires y écriront tout au long le nombre de gendarmes, cavaliers, dragons & soldats qui se feront trouvés effectifs à la revûe ; & ne laisseront pas de tirer encore ledit nombre en chiffre hors ligne, ainsi qu'il est accoutumé. *Louis XIV. du premier Février* 1679.

XII. Ils marqueront en tête de chaque extrait de revûe, les troupes arrivées dans la garnison depuis la précédente revûe, & celles qui en seront sorties, ensemble le jour de leur arrivée ou de leur départ, & le lieu où devront aller celles qui en seront parties. *Louis XIV. ibidem.*

Tome II.

XIII. Ordonne & enjoint Sa Majefté auſdits commiffaires, de faire toujours mention dans les premieres revûes qu'ils feront
des troupes qui arriveront dans les lieux où
ils feront départis, des jours qu'elles y feront arrivées, & de quel jour leur payement
devra commencer; à peine à ceux qui y
manqueront, d'être privés d'un mois de
leurs appointemens. *Louis XIV. du* 10 *Juin*
1702.

XIV. Et afin qu'ils foient à cet égard
exactement informés, veut Sa Majefté que
les commandans des troupes foient tenus de
rapporter aux commiffaires qui en feront
lefdites premieres revûes, les certificats qu'-
ils auront retirés dans la forme prefcrite par
les réglemens de Sa Majefté, des commis
du treforier général de l'extraordinaire des
guerres, des villes, places ou autres lieux
d'où lefdites troupes feront parties : portant le jour que lefdits commis auront ceffé
de les payer, enfemble les originaux des
ordres & routes fur lefquelles elles auront
marché : obfervant par lefdits commiffaires,
que lorfqu'une troupe marchera dans la fin
d'un mois qui aura trente-un jours, la fubfiftance doit lui être fournie pour ledit tren-
te-unieme jour, quoique le payement des
troupes ne fe faffe ordinairement que fur le
pied de trente jours pour chaque mois.
Louis XIV. ibidem.

XV. Défend Sa Majefté aux gouverneurs
de fes villes & places ; & à ceux qui doi-

vent figner fur lefdits extraits de revûes, de figner ceux des premieres revûes, à moins que les jours de l'arrivée defdites troupes n'y foient marqués, & qu'il n'y foit fait auffi mention de quel jour leur payement devra commencer. *Louis XIV. ibidem.*

XVI. Les commiffaires avertiront les officiers-majors, & dans les villes & lieux où il n'y en aura point, les magiftrats defdits lieux, de l'heure qu'ils auront prife pour la revûe, afin qu'ils s'y trouvent pour avertir lefdits commiffaires, des abus qu'ils pourroient remarquer dans les troupes; déclarant Sa Majefté aufdits officiers-majors & magiftrats, qu'Elle les rendra refponfables, s'il arrive qu'aucun abus foit venu à leur connoiffance, fans en avoir averti le commiffaire. *Louis XIV. du premier Février* 1679.

XVII. Dès le lendemain de chaque revûe lefdits commiffaires en envoyeront les extraits au fecrétaire d'état de la guerre, & à l'intendant dans le département duquel ils feront. Ils les délivreront auffi dès le lendemain, aux treforiers ou à leurs commis fur les lieux, au munitionnaire, & à l'entrepreneur des fourrages. *Louis XIV. ibidem,* & *du 4 Novembre 1651, & 10 Octobre 1701.*

Par des Lettres particulieres des fecrétaires d'état de la guerre, les commiffaires font obligés depuis 1722, de faire les revûes dans les premiers jours de chaque mois; & l'extrait defdites revûes doit être au plus tard le 10 de chaque mois, chez le secretaire d'état de la guerre.

XVIII. Ils joindront à chaque extrait qu'-ils envoyeront au secrétaire d'état de la guerre, un état de ce que ledit tresorier ou ses commis devront payer pour la solde de la troupe, sur le pied de la revûe & de la quantité de rations de fourrages qui devra être distribuée. *Louis XIV. du premier Février* 1679.

XIX. Outre la revûe qu'ils feront chaque mois, pour servir au payement des troupes, ils en feront une tous les Dimanches dans les places où ils feront leur résidence, pour informer le secrétaire d'état de la guerre, par des lettres missives, des diligences qu'ils remarqueront de la part des officiers, pour le rétablissement de leurs compagnies; afin qu'ils puissent en rendre compte à Sa Majesté. *Louis XIV. ibid.*

Nota. *Cet article ne s'observe plus, & les revûes sont réduites à une seule pour chaque mois.*

XX. Veut Sa Majesté que les officiers présens à la troupe assistent effectivement ausdites revûes, & qu'ils y portent les armes convenables à leurs charges, même les enseignes, cornettes & guidons, leurs drapeaux & étendards; & qu'en outre ils soient tenus de prêter à chacun desdites revûes, ès mains des commissaires, le serment de bien & fidélement servir Sa Majesté envers & contre tous, sous l'autorité de Sa Majesté,

& de ceux qui les commanderont ; faute de quoi ils ne pourront être paffés préfens. *Louis XiV. ordonnance du 25 Juillet 1865, art LII.*

Nota. Lorfqu'un officier a prêté une fois le ferment, on ne le lui fait pas preter une feconde fois. A l'égard de l'équipage, Henri II. par ordonnance du 7 Avril 1548, Article XXV. Faifant des mentres générales & en armes de notre gendarmerie, ne feront aucuns hommes d'armes ni archers paffés comme préfens, s'ils ne comparoiffent en perfonne armés & montés en l'équipage où ils doivent être.

XXI. Lefdits officiers ne pourront fe difpenfer de mettre leur troupe en bataille, & la faire paffer en revûe lors & ainfi qu'ils en feront requis par lefdits commiffaires. *Louis XIV. du 25 Juillet 1665, article LVI.*

XXII. Lorfque les foldats ou cavaliers d'une compagnie ne fe trouveront pas habillés, armés & montés comme il convient, les commiffaires retiendront les appointemens du capitaine dès le premier jour que la compagnie arrivera, jufqu'à ce que lefdits cavaliers ou foldats foient mis en état de bien fervir. *Louis XIV. du premier Février 1679.*

XXIII. A l'égard des capitaines fuiffes dont les foldats ne feront pas pareillement armés & habillés comme il convient, veut Sa Majefté que lefdits commiffaires retiennent deux cens livres par mois fur la paye de ladite compagnie, jufqu'à ce qu'elle ait été mife en bon état. *Louis XIV. ibidem.*

XXIV. Aucun foldat d'infanterie ne pourra être armé de pertuifane, & lefdits commiffaires ne pafferont point en revûe ceux qui s'en trouveront armés. *Louis XIV. du 25 Février 1670.*

XXV. Lefdits commiffaires tiendront la main à ce que les mousquets & fufils foient du calibre réglé par Sa Majefté ; laquelle veut & entend que ceux qu'ils trouveront dans leurs revûes d'un calibre différent, foient rompus & brifés par leurs foins. *Louis XIV. du 19 Février 1666.*

XXVI. Pour connoître fi lefdits mousquets & fufils font en bon état, lefdits commiffaires feront tirer tous les foldats les uns après les autres, auquel effet il leur fera diftribué la quantité de poudre réglée par Sa Majefté. *Louis XIV. du 6 Février 1670;* voyez *le titre particulier de l'exercice.*

XXVII. Les commiffaires en faifant leurs revûes, s'informeront des cavaliers, dragons & foldats de chaque compagnie, fi le capitaine leur aura fait le décompte, & fi les hautes payes feront effectivement payées; & ils interdiront les capitaines qui n'y auront pas fatisfait, & feront retenir fur leurs appointemens ce qu'ils auront indûement retenu. *Louis XIV. du 15 Septembre 1684.*

Les commiffaires font pour cet effet un ban à la tête des troupes avant de les paffer en revue.

XXVIII. Veut Sa Majefté que lefdits com-

miffaires fe trouvent préfens aux revûes que
les maires & échevins des villes de leur réfidence feront aux troupes qui y logeront
fur les routes de Sa Majefté , & que dès le
lendemain du paffage de chaque troupe ou
recrue , ils envoyent au fecrétaire d'état de
la guerre , un extrait de la revûe qu'ils auront faite , au bas d'une copie qu'ils prendront defdites routes, où ils marqueront les
numéro ou chiffre qui fe trouvera en tête
des originaux defdites routes. Et lorfque ce
fera dans un lieu où l'étape devra fe payer
en argent , ils joindront à l'extrait de leurs
revûes un état de ce que le commis du treforier aura payé à la troupe pour fon étape,
& de la quantité de fourrage qui aura été
diftribué. *Louis XIV. du premier Février* 1679.

Pour empêcher qu'il ne foit paffé dans les revûes au-
cun foldat au-delà de l'effectif, Henri II. par ordon-
nance du 23 Décembre 1553. Article IV. ordonne
ce qui fuit. Nous voulons que le capitaine de chacune des bandes, tant vieilles que nouvelles,
foit tenu de fournir & bailler aux commiffaires &
contrôleurs qui leur feront ordonnés pour faire
la montre , un rôle figné de lui , auquel feront
mis & couchés par ordre , premierement le capitaine , puis fon lieutenant , l'enfeigne , les
deux fergens , le fourrier , les deux tambours ,
le fifre , les trois caporaux , &c.
Article V. Et fuivant ledit ordre, les capitaines
feront marcher en bataille & par rang leurfdits
officiers & foldats en l'état & équipage contenu
audit rôle , qui feront vifités & comprés par lefdits commiffaires & contrôleurs , & puis appel-

lés nom par nom felon la forme dudit rôle , fur lefquels feront cottés ceux qui feront trouvés fuffifans & en équipage requis ; & les autres indignes de la folde , caffés & rayés d'icelui.

Par une autre précaution , Louis XIII. par fon ordonnance du 14 Août 1623 , art. XII. avoit ordonné ce qui fuit. A la fin du mois , lorfque les troupes feront en corps d'armée , montre & revûe en fera faite tout en un jour , non par les commiffaires aux conduites & polices defdits régimens , mais par d'autres qui en feront départis , & qui n'auront aucune connoiffance avec les capitaines pour cet effet , lefdits commiffaires réfidens & conducteurs délivreront à ceux qui font lefdites montres , autant du rôle & fignal , lequel leur fera rendu après ladite montre.

FIN du Tome fecond.